米海軍特殊部隊《ネイビー・シールズ》
伝説の指揮官に学ぶ 究極のリーダーシップ

ジョッコ・ウィリンク & リーフ・バビン
Jocko Willink & Leif Babin
訳 長澤あかね

CCCメディアハウス

2006年、キャンプ・マーク・リーにおけるジョッコ・ウィリンク（左）とリーフ・バビン（右）。イラク・ラマディで、タスクユニット「ブルーザー」と戦闘任務を開始する直前のショット。（写真：著者提供）

ジョッコのオフィス：キャンプ・マーク・リーの本館である、ブルーザーの「戦術作戦センター」。かつてはサダム・フセイン政権が所有していた。左手の階段は、第４章の冒頭に登場する。攻撃を受けたシールズ隊員たちは、ここから屋上へ駆け上がり、ユーフラテス川越しに銃撃してくる敵の戦闘員と交戦した。（写真：著者提供）

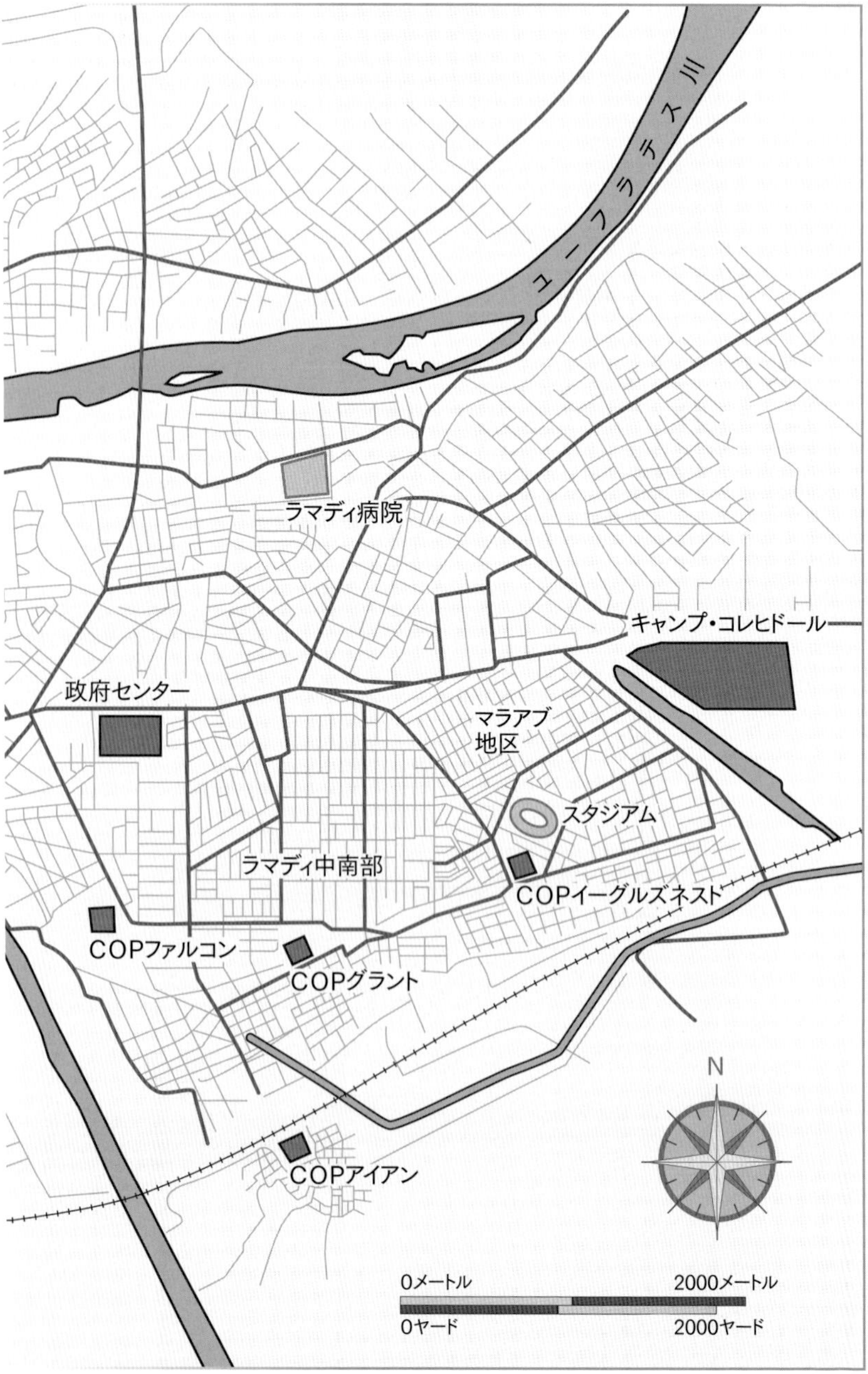

ユーフラテス川
ラマディ病院
キャンプ・コレヒドール
政府センター
マラアブ
地区
スタジアム
ラマディ中南部
COPイーグルズネスト
COPファルコン
COPグラント
COPアイアン
N
0メートル
2000メートル
0ヤード
2000ヤード

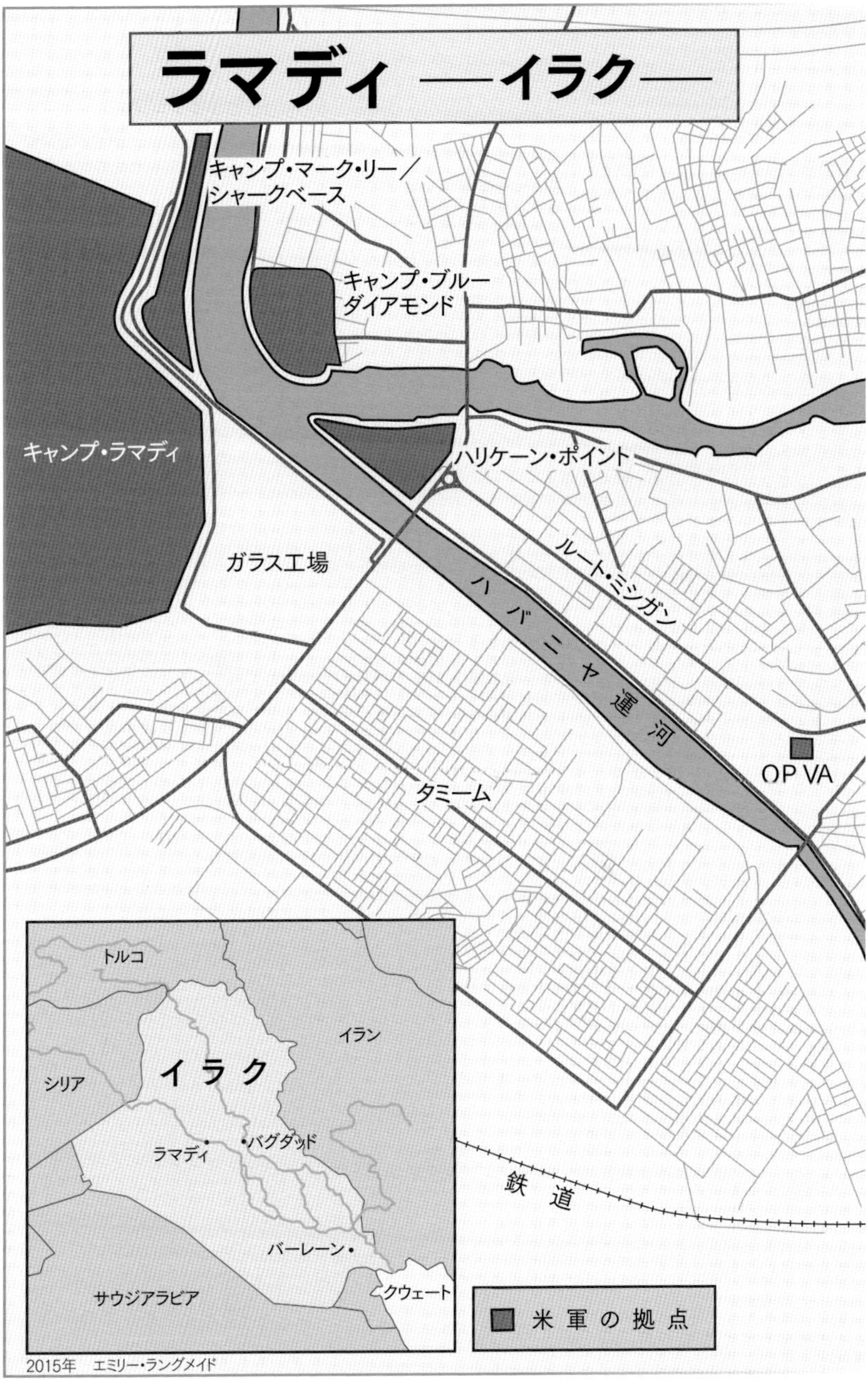

ラマディ ―イラク―
キャンプ・マーク・リー／
シャークベース
キャンプ・ブルー
ダイアモンド
キャンプ・ラマディ
ハリケーン・ポイント
ガラス工場
ルート・ミシガン
ハバニヤ運河
OP VA
タミーム
トルコ
イラン
シリア
イラク
ラマディ
バグダッド
バーレーン
サウジアラビア
クウェート
鉄道
米軍の拠点
2015年　エミリー・ラングメイド

キャンプ・マーク・リー。「シー・ビーズ」ことブルーザーの海軍工兵隊が、大規模な米軍基地「キャンプ・ラマディ」の外れにある、かつて「シャークベース」と呼ばれていた陣地の入口に、このサインを建てた。2006年８月２日に戦死したマークの勇敢さと犠牲を称え、キャンプにこの名がつけられた。背後の左手に見えるテントは、チャーリー小隊をはじめブルーザーが寝ていた場所だ。ジョッコのオフィスである戦術作戦センターの建物が、右手遠くに見える。（写真：著者提供）

夜間の戦闘活動から戻ったばかりのシールズ隊員と、ブルーザーとチャーリー小隊の爆弾物処理班隊員たち。夜明け前のもやの中、キャンプ・ラマディに集まり、捕虜の輸送や作戦で収集された情報を待っている。その後、キャンプ・ラマディの食堂へ「ビッグな食事」に向かった。（写真：著者提供）

ジョッコ・ウィリンク（左）とリーフ・バビン（右）。ネバダ州ラスベガスのベラジオ・グランド・ボールルームで開催された「ドライビングセールス・エグゼクティブ・サミット」で、共同基調プレゼンテーションを行う前の１枚。2015年10月、本書が出版された週に。（写真：著者提供）

エシュロン・フロント社の基調プレゼンテーションで、「戦闘で学んだリーダーシップの教訓」を伝えるジョッコ・ウィリンク。（写真：著者提供）

エシュロン・フロント社の基調プレゼンテーションで、「ラマディの戦い」で学んだリーダーシップの教訓を語る、リーフ・バビン。（写真：エシュロン・フロント提供）

ＴＥＤｘで、「究極の責任感」についてスピーチするジョッコ・ウィリンク。2016年、ネバダ大学にて。（写真：ＴＥＤｘのクリス・ホロマン提供）

2017年5月4日、ニューヨーク市で開催されたリーダーシップ訓練コース「Extreme Ownership Muster 002」でのエシュロン・フロント・チーム：（左から）リーフ・バビン、J・P・ディネル、デイブ・バーク、エコー・チャールズ、ジョッコ・ウィリンク。（写真：エシュロン・フロント提供）

「自分の世界のすべてに責任を持て」。リーダーたちが「Extreme Ownership Muster」を熱心に受講し、戦闘の教訓を人生に活かそうと学んでいる。（写真：エシュロン・フロント提供）

戦いに備えよ：タイムズスクエアに集まって、「Muster 002」の「0445クラブ（午前4：45）」トレーニングに参加する約300人の受講者。2017年５月４日、ニューヨーク市にて。（写真：エシュロン・フロント提供）

Muster：戦闘や戦争の準備のために、人々を集合させること。点検のために部隊が正式に集められること。入念なチェックのための集合命令。奮い起こすこと。（写真：エシュロン・フロント提供）

改訂版によせて

私たちが軍隊生活の中で仕えた、多くの傑出したリーダーたち。彼らを名将にした共通の要素は、必ず責任を取ることだった。そう、自分に責任があることだけでなく、自分の任務に影響を及ぼすあらゆることへの「究極の責任感」を持っていたのだ。

こうしたリーダーたちは、決して他人のせいにしないし、言い訳をしなかった。困難や挫折に愚痴をこぼす代わりに、問題の解決策を生み出していた。自分たちの強みや人間関係や資源《リソース》を活かし、やるべきことをやっていた。自分のエゴは脇に置いて、任務と部隊を優先していた。こうしたリーダーたちは、本当の意味でリーダーシップを発揮していた。

現役の軍務を退いてから、私たちは、もう何年もビジネスの世界で大勢のプロフェッショナルと仕事をしてきた。金融、建設、製造、テクノロジー、エネルギー、小売、製薬、医療、さらには軍隊、警察、消防、緊急救援……とさまざまな業界の上級幹部から現場の管理職に至るまで。私たちが一般社会で出会う成功者たちもやはり、「究極の責任感」を実行している。同じように、一緒に仕事をした、とりわけ優秀で結果を出しているチームも、組織全体がこの考え方《マインドセット》を実践している。

２０１５年に本書を刊行して以来、全米の、さらには世界中の読者から、「人生に大変プラスになった」という感想をいただいている。この本の原則を実行することでいかに人生が変化し、いかに成長できたか——さらに生産的な社員に、協力的な妻や夫に、意欲的な親になれたか——を語ってくれる。

言い訳をやめ、人のせいにするのをやめて、人生のすべてに責任を負えば、人は問題解決のために行動せざるを得なくなる。そうすれば、さらによいリーダーに、さらに優秀な部下に、チームのために積極的に貢献するさらに頼もしいメンバーになり、任務の達成を積極的に推し進める能力も上がる。それでいて、謙虚な姿勢を忘れないので、自分のエゴで人間関係を損なったり、任務やチームに悪影響を及ぼしたりせずにいられる。

もう数え切れないほどの物語を耳にしてきた。「戦闘のリーダーシップ」の原則を活用することで、いかに読者のみなさんが、それまで周りが、いや自分自身さえ「無理だ」と思っていたことを達成できたのかを。

本書は、世界中の人たちが、素晴らしい企業やＮＰＯを立ち上げる力になっている。また、大きな昇進を果たしたり、さらに大きな責任や成長のチャンスをくれる仕事に転職したりするのを助けている。あるいは、予想をはるかに超える数字を達成したり、優秀なチームメンバーとして一目置かれたりと、いかなる目標であれそれを実現する力になっている。

私たちは毎日、新しい物語を耳にしている。さまざまな業界で、さまざまなビジネスに携わる、多くの人たちから。細かい部分や登場人物は違っているし、物事の展開の仕方も、もちろんわずかずつ違う。しかし、結末は同じなのだ。「こんなに効果があるなんて信じられない」というのが、共通の反応である。

ここで紹介する原則は、シンプルだが簡単ではない。ミスや失敗の責任を取るのは難しいことだからだ。しかし、それが学び、解決策を見つけ、最終的に勝利を収める鍵となる。この原則をうまく実行できる人たちが、世の中でほかのみんなに大差をつけることになるのだ。

本書が世に出て以来、イラクの戦場で学んだ「戦闘のリーダーシップ」の基本原則が、全世界の何十万人もの読者に紹介され、理解され、実行されている。私たちは、さらに何千人もの人たちと、リーダーシップ・コンサルティング企業「エシュロン・フロント」を通じて仕事をし、SNSでも大勢の人たちに情報を届けている。また幸運にも、彼らの多くから毎日のようにフィードバックをいただいている。反響は、驚くほどに大きい。

読者のみなさんから、「人生が一変した」「これまで読んだ中で最高のリーダーシップ本だ」「まさに私が必要としていた内容だった」という感想が届いている。2度目、3度目、4度目の読了で、さらに多くの学びがあったと言っていただける。自分たちがサインをした多くの本に、色とりどりの付箋がつけられ、下線やマーカーが引かれ、ページの角が折られ、余白に走り書きがされているのを目にするときほど、著者として光栄な瞬間はない。

これは本書が、ビジネスや人生の難所でかじ取りをする忙しいリーダーの参考書として、たびたびお役に立てている証しだ。そうした証しや批評を見るたびに、自分自身も「いっそう努力しなくては」という気持ちにさせられる。

しかし、さらに喜びを感じるのは、「成果」について耳にしたときだ。

軍事の最前線にいるリーダーたちから、「この原則を活かして、国家の敵に立ち向かっています」という報告をいただいている。彼らは戦場で重大な任務に着手したり、重要なリソースを活用したりする許可を得るために、上司を導いている。

巨大グローバル企業のＣＥＯからも、社内でどのように「究極の責任感」に取り組み始めたのかを、詳しくうかがっている。その結果、いかにあらゆる立場の社員が積極的にリーダーシップを取るようになったのかも。

また、警察や救急隊のような緊急対応者《ファースト・レスポンダー》の方々からも、「正式な訓練プログラムであなたの本の教訓を活用し、ストレスや危険だらけの状況で隊員を導いています」という報告を受けている。

こうしたすべての物語は、私たちが米海軍特殊部隊「ネイビー・シールズ」のチームで学んだことに説得力をくれる。つまり、**戦場で何よりも重要なものはリーダーシップであり、優れたリーダーシップの原則は、任務や環境や関係者の個性によって変わるものではない、ということ。人を導くことに変わりはないからだ。**

以前、建設会社のとある部署と仕事をした。その部署全体が安全性の問題を抱え、廃止の憂き目に遭いかけていた。しかし、部署のメンバーたちが「究極の責任感」を実行したところ、その後も活動できることになったばかりか、安全性にかけては社内でトップの部署になった。

私たちはこれまで、企業が製造工程を合理化し、商品の配達期限を守り、膨大なプロジェクトを期日通りに予算内に全《まっと》うするサポートをしてきた。また、優秀で意欲的だが、上司と対立して苦労の絶えない若いリーダーたちが、「言い訳しない」「人のせいにしない」というマインドセットを実行できるよう、指導してきた。

責任を負い、自分のエゴを抑え、うまくいかない人間関係の責任を背負うことで、彼らは人との関係を修復し、上司の信頼を取り戻した。その結果、同僚をしのぐ評価を獲得し、素晴らしい業績をあげ、業界全体からも高く評価された。医療業界のリーダーたちからも、こう聞かされている。

「チームに対して『なぜか』を説明し、指示を『シンプルに、明確に、簡潔に』伝えることで、チームの能力が飛躍的に高まり、手術室で命を救うことができました」と。

消防署の大隊訓練長たちが本書をハンドブックとして活用するのも見てきた。消防隊員に「仲間をカバーして動け」と教えることで、チームの機能が高まり、危険にさらされた隊員を守りながら、地域社会にさらに貢献できるようになったという。また、大きな権限や責任を伴うリーダーに昇格した警察官たちが、「ひとえに本に書かれている原則のおかげです」と語るのも目にしてきた。

学校の先生、監督やコーチといった多くの教育者が、「この本の考え方のおかげで成長できました」と話してくれる。生徒やアスリートにさらに大きな影響を及ぼし、彼らの人生をよりよいものにできるようになった、と。牧師や布教グループの方たちの感想も、伝わってきている。

「あなたの本のおかげで、チームの力が高まり、困っている人たちの人生に、大きな影響を及ぼせるようになりました」と。

　さらには、「この本のおかげで、結婚生活が円満になった」と言ってくれる人たちまでいる。妻や夫を責めたり、相手のせいにしたりするのをやめたところ、「もっとよい結果を出すために、自分はどんな責任を負えばいいのだろう?」と深く省みることができるようになった。すると、関係が修復され、絆が深まったという。

　これほど幅広く、並々でない影響を目にすることは、著者としてとても意義のあることだ。この本を書いたのは、人々――リーダーやリーダーの卵たち――の成長を助けたい、と心底願ったからだ。彼らがさらに成功に満ちた充実した人生を送り、さらに意欲的で優れた人物になり、周りのすべての人たちにもっともっとプラスの影響を及ぼせるように。

　人々がよりよい人生を生きるサポートをするのは、私たちにとっては、戦場で共に戦い、死力を尽くした仲間たちが遺してくれたものに敬意を払う手段でもある。すべては彼らのおかげなのだ。

　私たちがこの原則を信じているのは、それが戦場のみならず、ビジネスでも人生でも、とてつもない成果を生み出すのをこの目で見てきたからだ。このメッセージが今後も広く遠くまで広がって、「究極の責任感」のマインドセットを学んだすべてのリーダー、すべての部下、すべての人が、今後も力を伸ばすのを楽しみにしている。彼らが「リーダーシップを発揮し、勝利を収める」という究極の目標を達成する姿を、目にすることができる日を。

さあ、実行しよう。

２０１７年７月

ジョッコ・ウィリンク＆リーフ・バビン

contents

Part 02

戦闘の法則

Part 03
勝利を維持する

EXTREME OWNERSHIP

Published by arrangement with St. Martin's Publishing Group
through Tuttle-Mori Agency, Inc., Tokyo.

序文

「ある日、おれは……」

美化された戦争の体験談の多くは、そんな言葉から始まる。ネイビー・シールズのチームで、尾ひれをつけた体験談を語ると、みんなから茶化される。シールズ隊員は面白おかしく、たいていこんなふうに話し始める。

「ある日、いやウソじゃないって、おれはひざまで手榴弾《しゅりゅうだん》のピンに埋まってたんだ……」

この本は、個人の戦争体験を美しく語るためのものではない。シールズは、どこよりもタフな軍事演習とどこよりも厳しい選考プロセスを経て集まった、優秀かつ多才な個人で構成されたチームとして活動している。シールズのプログラムにおいては、チームがすべてなのだ。全体の力は、個人の力をはるかに上回っている。私たちは、プロの戦闘集団である自分たちを「チーム」と呼び、自分自身を「チームガイ」と呼んでいる。

本書では、シールズの戦闘活動や訓練を、私たち2人の目を通して——あくまでも個人的な観点から——描写し、その経験をビジネスの世界でのリーダーシップやマネジメントに応用している。

しかし、シールズでの活動は、私たち個人のものではない。ここで語る物語は、私たちが幸運にも指揮することができた、シールズの小隊《プラトーン》と任務隊《タスクユニット》にまつわるものだ。シールズの狙撃手《スナイパー》であり、のちに『アメリカン・スナイパー』として映画化されたベストセラー本、『ネイビー・シールズ最強の狙撃手』（原書房）の著者クリス・カイルも、この小隊とタスクユニットの一員（チャーリー小隊の狙撃手長であり、タスクユニット「ブルーザー」の尖兵《せんぺい》〔訳注：本隊の前方で警戒や偵察を行う兵士〕）だった。

彼も、本書に例として登場する戦闘に参加していた。素晴らしい活躍をしながらもいまだ脚光を浴びていない、多くのチームメイトと共に。だから、この本で語られる戦争の物語は、決して私たち2人のものではない。これは、共に任務に就き、共に戦った仲間たちやリーダーたちの――チームの――物語なのだ。戦闘の状況には、チームとしてどのように障害に立ち向かい、どのように難局を克服したかが描かれている。結局のところ、チームがなければ、リーダーシップも存在しないのだ。

ベトナム戦争から「対テロ世界戦争」までの30年間、米軍は事実上、持続的な戦闘活動のない状態を経験した。（グレナダ、パナマ、クウェート、ソマリアといった）例外はいくつかあったが、実際の戦闘経験を持つ米軍のリーダーは一握りしかいなくなっていた。シールズ・チームにとっても、それは「空白の年月」だった。ベトナムのジャングルで激しい戦闘を経験した人たちは退役し、彼らが学んだ戦闘のリーダーシップの教訓も失われつつあった。

そんなすべてが、２００1年9月11日に変わった。米国本土を襲った恐ろしいテロ攻撃が、米国を再び持続的な戦闘状態へと引きずり込んだのだ。10年を超えるイラクやアフガニスタンでの厳しい戦闘活動を通して、米軍の戦闘部隊のさまざまな階級で、新世代のリーダーたちが生まれた。

このリーダーたちは、教室での仮想訓練や理論から生まれたのではなく、戦争の最前線――前線部隊《フロント・エシュロン》[1]――で、実地体験から生み出された。数々のリーダーシップ理論や仮説が、戦火の試練の中で厳しく試され、米軍のあらゆる階級で、忘れ去られた戦時の教訓が再び――血で――書き直されることになった。

訓練で培われた「リーダーシップの原則」の中には、戦場では役に立たないものもあった。そういうわけで、使えない原則は捨てられ、実効性の高いリーダーシップ・スキルが磨かれて、米軍全体――陸軍、海兵隊、海軍、空軍――および同盟国軍のあらゆる階級から、新世代の戦闘のリーダーが生み出されていった。

米海軍特殊部隊「ネイビー・シールズ」のチームは、このリーダーシップ変容の最前線にいた。この変容は、戦争の勝利と悲劇を通して、とてつもなく困難な環境で成功するには何が必要なのかを、明確に理解することから生まれた。

新世代の戦闘リーダーにまつわる、戦争の物語は数多くある。長年の間に、オサマ・ビンラディンを殺害した勇ましい奇襲のような作戦の成功もあって、「ネイビー・シールズ」は世間の関心をそそり、望んだ以上の注目を集めてきた。そのせいで、組織の秘密にしておく

1　私たちはリーダーシップの教訓を戦場の前線部隊《フロント・エシュロン》で学んだので、わが社の名前を「エシュロン・フロント」にした。

べき側面にもスポットライトが当たってしまった。

本書においては、そうした覆いをこれ以上剥がすことがないよう、注意を払っている。機密計画について詳しく語ったり、自分が関わった軍事作戦の機密保持契約を破ったりしないように。

これまでに、シールズにまつわる数多くの回顧録が出版されている。中には経験豊富で広く尊敬されている隊員が、チームの勇敢な行為や偉業を伝えようと執筆したものもある。しかし、残念ながら一部には、仲間たちにあまり貢献しなかった隊員が書いた本もある。シールズの多くのチームメイトと同様に、私たちもシールズの本が出版される際には、ネガティブな見方をしていた。

それではなぜ、本を書くことを選んだのだろう？　戦場のリーダーとして、私たちは成功や失敗を通して、この上なく貴重な教訓を学んだ。間違いを犯してはそこから学び、何がうまくいき、何がうまくいかないのかを突き止めた。シールズのリーダーたちを訓練し、私たちが学んだ原則を彼らが実行して、厳しい戦場でやはり成功を勝ち取る姿を目にした。

その後、民間企業と仕事をした際にも、戦場のリーダーシップの原則が、研修した企業や幹部の方々を勝利に導くのを改めて目の当たりにした。そのうちシールズ・チームからも、クライアント企業の方々からも、「リーダーが参照できるように、お二人が学んだ教訓を具体的な文書にしてくれませんか？」と依頼されるようになった。

そう、このリーダーシップの原則を次世代のために記録しようと、この本を書いたのだ。

そうすれば、原則は忘れられず、戦争が始まったり終わったりするたびに、貴重な教訓を学び直す必要も、さらに血を流して書き直す必要もなくなる。

私たちは、このリーダーシップの教訓が戦場を超え、今後もリーダーシップが必要なあらゆる状況でチームに影響を及ぼせるよう、この本を書いた。人が集まって目標や任務の達成に取り組む、企業やチームや組織の役に立つように。リーダーシップを発揮し、勝利を収めるために学んだこの原則を、あらゆる場所にいるリーダーたちが活用できるように。

では、そんな本を書く私たちは、一体何者なのだろう？　自分自身を『すべてのリーダーの憧れの的』なんて思う人間は、人は思うかもしれない。「『リーダーシップの本が書ける』なんて思う人間は、自分自身を『すべてのリーダーの憧れの的だ』と信じてるに違いない」と。

だが、私たちは完璧からはほど遠い人間だ。相変わらず学び続けているし、リーダーとしても日々成長を続けている。自分自身に正直なリーダーなら、必ずそうするように。リーダーとして数々の試練を経験し、貴重な教訓を学べたのは、ひとえに幸運だったからだ。この本は、そうした教訓を高みからではなく、自分たちの不手際の傷跡が今も残る場所から謙虚にお伝えしたいという、私たちの精いっぱいの取り組みなのだ。

私たちはジョッコ・ウィリンクとリーフ・バビン。「イラクの自由作戦」において、イラク・ラマディで共に任務に就いたシールズの元将校だ。あの場所で私たちは、戦争の屈辱的な試練をよく知るようになった。あのときは幸運にも、勝利を収める極めて優秀なチームを育て、訓練し、導くことができた。戦場で任務に就き、油断がどれほど危険なものかを目の当たりにした。いつ何時、拠点が完全武装した敵の大群に制圧されてしまうかわからないのだから。

私たちは、失敗する——失う、驚く、裏をかかれる、打ちのめされる——とはどういうことかを知っている。こうした教訓は何よりも厳しいものだが、おそらく何よりも重要なものだ。私たちが学んだのは、勝利を収めるためには、リーダーは任務の正当性を信じていなくてはならないし、不屈の忍耐力を持っていなくてはならない、ということ。とくに、疑い深い者たちが「本当に勝てるのか？」と疑問を抱いているときには。

シールズのリーダーとして、私たちは、マネジメントや組織にまつわる最善のやり方に加えて、リーダーシップの教訓を明らかにし、試し、確認し、記録していた。そしてその後、シールズのリーダーシップの訓練を構築し、実施し、シールズの新世代のリーダーのために、その原則を書き記すサポートも行った。

シールズの私たちのタスクユニットは、今では「ラマディの戦い」として知られる戦闘の大半で任務に就いていた。だが、この本は、そうした戦闘活動を歴史的に説明するためのものではない。こうした短めの書籍で、彼《か》の地で任務に就き、戦い、血を流して死んだ米軍の男たち、女たちの貢献と犠牲の物語を語ることなどとてもできない。

私たち——本書の著者であり、ラマディで共に戦ったシールズ隊員——は、米陸軍第28歩兵師団旅団戦闘団・第2旅団および米陸軍第1機甲師団・第1旅団（レディファースト旅団戦闘団）のもとで共に戦った部隊が示してくれた勇気、献身、プロ意識、無私の精神、犠牲には、この上なく謙虚な気持ちにさせられた。もちろんそれ以外の、米陸軍および海兵隊の勇敢で名高い数々の部隊にも。彼らの勇敢な行為や、任務と祖国への揺るぎない献身を詳しく語るなら、丸ごと一冊（もしくは、シリーズ本）で語る必要があるだろう。彼ら全員に、神の祝福がありますように。

ラマディでの戦争を遂行した仲間たちの中に、わがシールズのタスクユニット（海軍特殊戦任務隊「ブルーザー」）も含まれていた。繰り返しになるが、本書でお伝えする戦闘経験は、歴史的な参考資料を目指すものではない。当時の会話の内容をお伝えするために誰かの言葉を引用している箇所もあるが、必ずしも完璧に再現できていない。時間の経過や構成上の制約、さらには記憶が十分でないなどの影響もあるだろう。

また、本書に描かれるシールズの戦闘経験については、具体的な戦術、技術、手順を隠し、ある軍事作戦がいつどこで行われ、誰が参加したかなどの機密情報を守るために、慎重に編集や改変を行っている。この原稿は米国国防総省に提出され、同省の要件に従って、安全保障の審査手続きを経て承認されている。

私たちは、共に任務を遂行したシールズ・チームの仲間たちや、今も危険な任務に就いている仲間たちの身元を保護するべく、最善を尽くしている。彼らは寡黙なプロフェッショナルであり、称賛を求めてはいない。私たちは、彼らを守る重大な責任を真摯に果たしている。

レディファースト旅団戦闘団のほかの戦士たちについても、同様の予防策を取った。勇敢な米軍兵士や海兵隊員の誰かについて書くときには、ほぼ100パーセント、階級のみを表記している。これは決して彼らの貢献を損なうためではなく、プライバシーと安全を守るためだ。同様に、私たちのリーダーシップ・マネジメント・コンサルティング企業「エシュロン・フロント」のクライアントの保護にも、全力で取り組んでいる。人物や企業の特定を避けるため、企業名は出さず、個人名は変更し、業種が推測できるような情報は隠し、場合によっては幹部の地位や業種も変更している。守秘義務は絶対に守らなくてはならないからだ。

ビジネスの世界で得た教訓の物語は、私たちが実際に経験したことに基づいているが、原則をわかりやすく伝えるために、場合によっては状況を組み合わせたり、時間軸を短縮したり、話の筋を修正したりしている。

この本の構想は、ある気づきから生まれた。それは、**戦場でのシールズの成功に欠かせない原則――シールズがいかにリーダーを訓練して戦闘に備えさせるのか、いかに優秀なチームをつくって成長させるのか、戦闘の中でいかにリーダーシップを発揮するのか――は、どんなグループにも組織にも企業にもビジネスにも、ひいては人生にもそのまま応用できる、**という気づきだ。

本書は、読者のみなさんに「成功の秘訣」を伝授している。それは、シールズのリーダーたちと戦闘部隊がけた外れな成果を出せる、「マインドセット」と「基本原則」だ。そのマインドセットと基本原則をビジネスや人生にそのまま活かして、同じく勝利を収める方法を、明らかにしている。

はじめに――イラク・ラマディ――戦闘リーダーのジレンマ

＜リーフ・バビン＞

ディーゼルエンジンの低い音だけがガタガタと響く中、ハンヴィー[2]の隊列がゆっくりと速度を落とし、運河沿いの道路に停まった。暗闇の中、畑とナツメヤシ林がやや遠くまで四方八方へ広がっている。静かな夜だった。時折遠くで吠える犬の声と、ぽつんと寂しげに揺らめく明かりだけが、畑や林の向こうにあるイラクの村の気配を伝えている。

情報報告が確かなら、あの村は、テロ組織の大物のリーダーとおそらく側近の完全武装した戦闘員たちをかくまっている。隊列からは明かりも見えず、暗闇が道路を覆って、肉眼ではほとんど何も見えない。だが、暗視ゴーグルの緑色の光のもとでは、慌ただしい動きが見える。

ネイビー・シールズの小隊がヘルメットや防弾チョッキや武器など装備一式を身に着け、

2　高機動多用途装輪車両（ＨＭＭＷＶ）。「ハンヴィー」と呼ばれる。

イラク兵の分隊と共に車両から降りると、速やかに整列し、パトロールの態勢をつくった。爆発物処理班（ＥＯＤ）の爆弾技術者がさっと前へ出て、前方の運河にかかる土橋をチェックした。武装勢力はよくこうした難所に、殺傷能力の高い爆発物を仕掛ける。中には、いきなり灼熱地獄を発生させ、ギザギザに裂けた金属片が飛び交う中、車両を乗員ごと破壊し尽くしてしまうほど強力な爆弾もある。今のところ、前方の道に障害物はないようだ。シールズの急襲部隊とイラク兵たちはこっそり徒歩で橋を渡り、テロリストが逃げ込んだとされる建物群へと向かった。

この反乱分子はとりわけ邪悪で、米軍兵士やイラクの治安部隊、さらには罪なき一般市民の死にも関与している。この悪名高いイラクのアルカイダ司令官は、何カ月も巧みに逮捕を免れていた。今こそ彼を捕獲、もしくは息の根を止める絶好のチャンスだ。この男が次の攻撃を仕掛けてくる前に。

シールズ急襲部隊は、住宅地の高い壁と壁との間の狭い通りをパトロールしながら、目標の建物の玄関ドアまで移動した。

ドーン！

ドアを打ち破る爆薬の深い衝撃が、夜の静寂をぶち破った。住人にとっては、恐ろしい警告である。ドアが破壊されて内側にへこむと、完全武装して戦闘の準備を整えた攻撃的な男たちが、家の中へどっと踏み込んだ。ハンヴィーの隊列も橋を渡って前進し、車１台がやっと通れるような狭い道を通って、目標の建物の周りに防御の姿勢で停車した。各車両の砲塔《ほうとう》には重機関銃を扱うシールズ隊員が陣取り、状況が悪化したら掩護《えんご》射撃を行う準備を整えている。

私は地上部隊の指揮官で、この軍事行動を仕切るシールズの上官だ。指揮車両から降りて目標の建物に近い通りへと踏み出すと、突然誰かが叫んだ。「逃亡だ！」。目標の建物から逃げ出そうとしている男を見つけたのは、近くにいるＥＯＤ隊員だった。

テロリスト本人か、彼の居所を知る人間かもしれない。逃がすわけにはいかない。追跡できる位置にいるのは、ＥＯＤ隊員と私だけなので、２人してダッシュで後を追う。建物群の周囲を走る狭い路地を追いかけ、ハンヴィーが停車する通りと平行する暗い路地を走った。

ようやく追いつくと、男は伝統的なアラブの民族衣装「ディスダーシャ」をまとった中年のイラク人だった。訓練を積んでいる私たちに、あっという間に地面に組み伏せられ、両手の自由を奪われた。手に武器を持ってはいないが、ポケットに手榴弾を隠し持っているかもしれないし、最悪の場合、服の下に自爆テロ用の爆弾ベルトを装着しているかもしれない。これほど大物のテロリストとつながっている人物なら、殺人兵器を持っていても不思議ではない。油断は禁物だ。念のために、早急に調べなくてはならない。

そのとき、ハッとした――ここには今、自分たちしかいない。部隊から完全に離れ、孤立してしまった。急襲部隊の仲間たちは、私たちの居場所を知らない。知らせる時間がなかったからだ。部隊がいる場所から見て、どのあたりにいるのかすら正確にはわからない。自分たちを取り囲んでいるのは、まだ捜索していない建物群の、明かりの消えた窓や屋上だ。敵の戦闘員たちが潜み、今にも襲いかかって地獄の攻撃を仕掛けようと準備しているかもしれない。大至急、来た道を戻って、部隊に合流しなくては。

ところが、男に手錠をかけてボディチェックを始める前に、耳が動きをキャッチした。暗視ゴーグル越しに路地を見ると、7~8人の男たちが角を曲がってくるのが見えた。40メートルも離れていない。重武装して、足早にこちらへ向かってくる。ほんの一瞬、わが目を疑ったが、間違いない。明らかにAK-47ライフルとRPG-7[3]肩撃ち式ロケット擲弾《てきだん》発射器、そして少なくともベルト給弾式機関銃を1挺《ちょう》携えた男たちのシルエットが見える。彼らは、握手をしにやってくるのではない。襲いかかろうともくろんでいる、武装した敵の戦闘員なのだ。

つまり、私たち2人——EOD隊員と私——は、とんでもない窮地に陥ってしまった。取り押さえているテロリストかもしれない男のボディチェックはまだで、大きな危険をはらんでいる。退却して味方の部隊と合流しなくてはならないのに、重武装した敵が大勢こちらへ向かってきていて、人数でも武器の数でも負けている。

何より私は、何としても地上部隊の指揮官としての任務に復帰しなくてはならない。捕虜の相手をするのではなく、急襲部隊と車両を指揮し、離れた場所にいる支援リソースとの調整を行う、本来の仕事に戻らなくてはならないのだ。それも、今すぐに。

過去にもイラクに派遣されたことはあったが、こんな状況に陥ったのは初めてだった。戦闘シーンが映画やビデオゲームで描かれるのはよくあることだが、これは映画でも、もちろんゲームでもない。近づいてくるのは、米軍とイラク軍の兵士を殺害しようと心に決めた危険な男たちだ。万一彼らの手に落ちれば、言うに耐えない拷問を受け、首を斬り落とされる動画が世界中に公開されるだろう。彼らは私たちを殺したくてたまらない。そのためなら死もいとわない連中が、山ほどいるのだ。

血がわき立ち、アドレナリンがどっと噴出した。10億分の1秒を争う事態だとわかる。どれほど優秀なリーダーで、どれほどベテランの戦闘経験者であっても、この状況には圧倒されるだろう。だが、直属の上司——タスクユニットの指揮官であるジョッコ・ウィリンク海軍少佐——の言葉が、頭の中をこだましていた。それは、丸1年の集中訓練の間に、日常的に耳にしていた言葉だった。

「落ち着いて、周りを見回し、判断せよ」

シールズの小隊やタスクユニットが、絶望的で無秩序でとんでもない状況を体験する大規模な訓練を積んでいるのは、ひとえにこんな瞬間のためだ。私は、ジョッコに教わった「戦闘の法則」をどう実行すればいいのかを心得ていた。

「仲間をカバーして動け」「シンプルに」「優先順位を決めて実行せよ」「権限を分散させ

3　RPG－7は、ロシア人が開発した肩撃ち式ロケット擲弾発射器で、広く流通し、殺傷力の高さから、米国の敵の間で非常に人気が高い。一般通念とは裏腹に、「RPG」は「Rocket Propelled Grenade（ロケット発射式擲弾）」の略ではない。ロシア語の「Ruchnoy Protivotankoy Granatamyot」（大ざっぱに訳すと「携帯式対戦車擲弾発射器」）の略である。

よ」――この4つの法則は、こうした悲惨な状況で生き延びるだけでなく、さらに勢力を伸ばし、敵を完全に支配して勝利を収める鍵になってくれる。この法則が、私を次の動きへと導いてくれた。

優先順位を決めよ：差し迫った課題はいくつもあるが、まずは数秒後に襲いかかってくる敵の戦闘員に対処しなければ、どうにもならないだろう。2人とも、命を失うことになるから。いや、それどころか、敵は攻撃を続け、シールズ急襲部隊のメンバーをさらに何人も殺害するかもしれない。目の前の敵に対処する――これが最優先事項だ。

実行せよ：私は躊躇《ちゅうちょ》なく、敵の戦闘員たちとコルトM4カービンで戦った。列の先頭でRPGを構えた反乱分子の胸に、ドドッと3～4発たたき込んだ。そう、ど真ん中に。男が倒れると、すばやく次の悪党を撃ち、また次の悪党を撃つ。銃口の火花とライフル音が、それを聞いたすべての人間に「銃撃戦が起こっている」と知らせている。

敵の集団は、それを考慮していなかった。だからパニックに陥り、まだ走れる者たちは大慌てで元来た道を逃げ出した。這いつくばって逃げる者もいれば、負傷者や死にかけの仲間を引きずって、とりあえず身を隠せる場所へ避難する者もいたが、私は銃撃し続けた。少なくとも3～4人に命中したはずだ。

弾は狙い通りに飛び、敵が集まっている場所にダメージを食らわすことはできたはずだが、5・56ミリ弾は小さすぎて、一網打尽とはいかなかった。悪党たちはまだそばにいて、死んだ者も、重傷で間もなく死亡する者もいるだろう。しかし間違いなく、無傷の者たちはまた形勢を立て直し、再び襲いかかってくるはずだ。おそらく、さらに多くの兵士をかき集めて。

私たちは、とにかく動く必要があった。複雑な計画を立てている暇はない。隣にいる射撃の相棒（ＥＯＤ隊員）に、具体的な指示を出す余裕もない。それでも、今すぐ動かなくてはならないのだ。最優先事項――攻撃をもくろむ武装した敵――には対処ずみで、脅威がとりあえず抑えられている今、次の優先事項は退却してシールズ急襲部隊に合流すること。そのために、ＥＯＤ隊員と私は**「仲間をカバーして動け」**というチームワークの法則を活用した。

私が掩護《カバー》している間に、彼が速やかに退却し、私の掩護《えんご》射撃ができる場所へと移動する。すると、今度は私が新たな場所へ移動して、彼をカバーする。そんなふうに私たちは、拘束した男を引き連れて、交互に相棒を追い越しながら、チームのもとへ向かった。

路地に直角に突き出たコンクリートの壁までたどり着くと、私は即座に武器を構えてカバーの態勢を取り、ＥＯＤ隊員がすばやく捕虜のボディチェックを行った。武器が見つからなかったので退却を続け、チームに合流し、ようやく捕らえた男を捕虜対応チームに引き渡すことができた。そのあと、地上部隊の指揮官としての任務を再開。車両を担当する機動指揮官に、キャリバー50重機関銃を装備したハンヴィー1台を動かすよう指示した。敵の戦闘員が先ほどの方向から再度攻撃してきた場合に備え、撃退できる態勢を取るためだ。

次に、シールズの無線手に、何キロも離れた場所にいる「戦術作戦センター（ＴＯＣ）」と連絡を取るよう指示した。戦闘準備をしているＴＯＣに最新情報を提供し、航空支援の調整をしてもらうためだ。

次の30分間は、武装勢力の戦闘員たちが侵攻しようと何百発も撃ち込んできたが、一歩リードを続け、繰り返し撃退した。私たちが拘束した男は、標的《ターゲット》ではないことがわかった。男は簡単な勾留尋問をされたあと、勾留施設へ送られたが、その後釈放された。

あの晩は、標的を発見できなかった。イラクのアルカイダの司令官は、シールズが到着する前に立ち去っていたらしい。しかし、わずかではあるが彼の戦闘員を殺害し、敵の活動や組織にまつわる貴重な情報を収集することができた。

今回の作戦は第1の目的を達成することはできなかったが、テロリストと取り巻きたちに、「安全に身を隠せる地域はない」と示すことはできた。これで敵も（少なくとも当面は）、次の攻撃を企てるのではなく、身を守ることに集中せざるを得ないだろう。そういう意味で、イラクの治安部隊と無辜《むこ》の市民に加え、米国人の命を守ることに貢献できた。それが、せめてもの慰めだった。

私にとって、最大の収穫は、リーダーシップの教訓を学べたことだった。いくつかは、ごくシンプルなことだ。たとえば、どんな戦闘活動の前にも、入念に地図を調べ、標的周辺の基本的なレイアウトやそのエリアを頭にたたき込んでおく必要があること。地図をすぐに見られない状況もあるからだ。また、手続きに関する教訓もいくつか学んだ。

たとえば、チームのほかのメンバーとの調整がないまま、逃亡者をどの程度遠くまで追うべきなのかについて、全隊員向けの明確な手引きを作成すること。それ以外の教訓は、戦略に関するものだった。「戦闘の法則」を正しく理解して活用することで、困難で危険な状況を生き延びただけでなく、圧倒的に優位に立つことができたのだ。

私を含むシールズのある世代のリーダー全員が学んだように、この「戦闘の法則」は激しい銃撃戦でも、それよりはるかに穏やかでプレッシャーの少ない状況でも、等しく効果を発揮する。この法則は、ラマディでの何カ月にもわたる都市型の戦闘においても、シールズ将校としてのキャリアを通しても、それ以外の分野でも、私を導いてくれた。

この原則は、戦場でもビジネスの世界でも、あらゆるチームの成功の鍵になる。つまり、人が集まって一緒に職務を遂行し、任務を達成しなくてはならない、あらゆる状況において。どんなチームやグループや組織に活用した場合でも、「戦闘の法則」の正しい理解と実行が意味するものは一つしかない。そう、勝利である。

リーダーシップ――唯一最大の要素

〈リーフ・バビン&ジョッコ・ウィリンク〉

本書は、リーダーシップについての本だ。大小を問わずさまざまなチームのリーダーたち、男性や女性、成長したいと願うすべての人のために書いた本だ。シールズの戦闘活動の刺激的なエピソードが含まれてはいるが、戦争の回顧録ではない。これは、リーダーが勝利を収めるのに役立つよう、経験から学んだ教訓を集めたものなのだ。本書が「勝利を収める優秀なチームをつくり、訓練し、導きたい」と望むリーダーたちの指針としてお役に立てたとしたら、当初の目的を果たしたことになる。

リーダーシップにまつわる本は数多く出ているが、ほとんどの本が個人の習慣や性格に焦点を当てていることに気がついた。同時に気づいたのは、企業のリーダーシップ研修プログラムや経営コンサルティング企業の多くにおいても、それは同じだということ。

だが、**チーム――任務を達成するために働く個人の集まり――がなければ、リーダーシップも存在しない。だから、リーダーを評価する重要な物差しは、「チームが成功したか失敗したか」だけなのだ。あらゆるリーダーの定義や描写や特性の中で、重要なものは2つだけ。そう、「有能さ」と「無能さ」だ。**

有能なリーダーは、任務を達成して勝利を収める、優れたチームを率いている。無能なリーダーは、率いていない。この本で説明される原則や概念が正しく理解され、実行されれば、どんなリーダーでも有能なリーダーになれるし、戦場で圧倒的な影響力を及ぼせる。

どんなリーダーでもチームでも、ある地点やある時期には失敗し、その失敗と向き合わなくてはならないだろう。失敗も、本書の大きな部分を占めている。私たちは決して完全無欠なリーダーではない。どれほど経験を積んでいようと、完璧なリーダーなどいない。それに、私たちがすべての答えを持っているわけでもない。すべてに答えられるリーダーなどいないのだ。私たちも大きなミスを犯してきた。そんなミスが最大の教訓をくれ、私たちを謙虚にし、成長させ、よりよい人間にしてくれた。

リーダーにとって、失敗を認め、失敗の責任を負い、それを克服する計画を立てる謙虚さは、成功に欠かせない。最高のリーダーは、エゴや自分の利益で動いたりはしない。彼らは任務に集中し、どうすれば最高の形で任務を全うできるかに、ただ心を砕いている。

リーダーとして、私たちは勝利の喜びも悲劇も経験してきた。本書で語られる戦闘経験や物語のほとんどは、私たちの軍歴のハイライトとされる出来事をもとにしている。つまり、シールズ「チーム3」のタスクユニット「ブルーザー」のことと、「ラマディの戦い」として知られる2006年のイラク・ラマディでの歴史的な戦闘の話である。

ジョッコはタスクユニット指揮官として、「ブルーザー」の指揮を執った。リーフが率いた「チャーリー小隊」――「アメリカン・スナイパー」ことクリス・カイルが、狙撃手長兼尖兵を務めた――と「デルタ小隊」が行った持続的な戦闘は、いまだにシールズ・チーム史上まれに見る過酷な市街戦とされている。

ブルーザーの隊員たちは、米陸軍第1機甲師団・レディファースト旅団の「奪取、掃討、確保、構築」戦略において、重要な役割を果たした。この戦略は、戦火にまみれ、武装勢力に支配されたラマディの街をおおむね解放し、暴力を相当に抑え込んだ。こうした活動が、当時イラクで一番危険で不安定だった地域の安全保障を確立し、「アンバルの目覚め」――イラクでようやく米軍優位に潮目を変えた大衆蜂起――の条件を整えた。

タスクユニット「ブルーザー」が最初にラマディに到着した2006年の春、戦火で荒廃したアンバル州の州都ラマディは、イラクの反政府活動のまさに中心地だった。人口40万人を擁するラマディは完全な交戦地帯で、建物は破壊されて瓦礫《がれき》の山と化し、地面は爆撃で穴があくなど、継続的な暴力でひどいダメージを受けていた。

当時、米軍はラマディの3分の1ほどしか支配できていなかった。残りは、決意に満ち、完全武装した敵の戦闘員から成る残忍な武装勢力が支配していた。毎日、勇敢な米軍兵士や海兵隊員が血まみれになり、キャンプ・ラマディの医療施設には、重傷者や死者が絶え間なく運び込まれていた。

米軍の勇敢な外科チームも、命を救うために必死で戦っていた。だが、マスコミに漏れ出す米国の情報報告は無情にも、ラマディを含むアンバル州は「ほぼ敵に制圧された」と決めつけていた。実のところ、米軍が状況を覆し、勝利を収められると信じる者は一人もいなかった。

2006年の夏と秋を通して、ジョッコの指揮のもと、タスクユニット「ブルーザー」は、レディファースト旅団への支援を行った。「ブルーザー」の2つの小隊は、米陸軍兵士や海兵隊員と協力して戦い、ラマディの敵が支配する地域から、敵を排除していった。リーフはチャーリー小隊を率いて数々の激しい銃撃戦を展開し、優れた狙撃手掩護任務を行った。デルタ小隊も、数え切れないほどの激戦を経験した。タスクユニット「ブルーザー」隊員——狙撃手、ライフル銃手、機関銃手——は、合計数百名もの敵の戦闘員を殺害し、米軍兵士、海兵隊員、そしてイラク治安部隊に対する敵の攻撃を阻止した。

「ブルーザー」は、レディファーストの軍事作戦で最初に投入される米軍地上部隊として、たびたび先陣を切って、敵に支配された危険極まりない地域に侵入していた。建物を確保し、高台に陣取ると、米軍兵士や海兵隊員が紛争地域に入るときや、陸軍工兵が敵地で猛然と前哨《ぜんしょう》基地の建設や要塞化に努めている最中に、掩護射撃を行った。

「ブルーザー」の隊員とレディファースト兵士と海兵隊員が結んだ絆は、そこで任務に就いた者たちの胸に永遠に刻まれるだろう。おびただしい血と汗と労苦にまみれ、レディファースト戦闘団と「ブルーザー」は、任務を完遂したのだ。

暴力的な武装勢力が街からの撤退を強いられ、ラマディの部族長たちが米軍と手を結んだことで、「アンバルの目覚め」が起こった。最終的に、ブルーザーが去ってから数カ月のうちに、ラマディは安定し、暴力も以前なら考えられなかったほどに減少した。

ただし残念ながら、ブルーザーはこうした軍事作戦の成功に、多大な犠牲を払った。隊員8名が負傷し、極めて優秀な3名の戦士が命を落としたのだ。マーク・リーとマイケル・モンスーアは戦死し、ライアン・ジョブは敵の狙撃手に撃たれて失明。のちに、戦闘によるけがの修復手術からの回復途中に、病院で亡くなった。彼らを失ったことは、とてつもなく大きな打撃だったが、この3名のほかにも、レディファースト旅団戦闘団の一員として戦った約100名の米兵が戦死した。どの死も痛ましく、計り知れないほどの喪失だった。

懐疑論や否定論もあったが、ラマディの戦いは勝利を収め、街は安定し、市民は無事に守られた。2006年の大半を通して、敵の攻撃は1日に平均30～50回にも及んでいたが、2

007年前半までには、平均週1回になり、その後は月1回へと大幅に減少した。ラマディはその後何年間も、クルド人の支配により歴史的に治安が安定している北部を除けば、安定の模範とされ、イラクで最も安全な地域の一つとなった。

こうして軍事作戦では勝利を収めたものの、ことのほか謙虚な気持ちにさせられた。そこから得たものは――よいものも悪いものも――山のようにあった。ラマディの戦いはうんざりするほど多くの教訓をくれたので、私たちはそれを文章にして、人に伝えることができる。**何より素晴らしい教訓は、「戦場で最も重要な要素は、リーダーシップだ」と認識できたこと。リーダーシップは、あらゆるチームの成功を支える、唯一最大の要素なのだ。**

ここで言う「リーダーシップ」とは、トップにいる上級指揮官によるものだけではない。チームの重要なリーダー全員――試練の際に立ち上がり、責任を負い、指揮を執ってくれた上級下士官リーダー、4人を仕切る班長、8人を仕切る分隊長、下級下士官――のリーダーシップのことである。彼ら一人一人が、チームの成功に重要な役目を果たしてくれた。私たちは幸運にも、あの厳しい戦いで勝利を収めた、素晴らしいチームを率いるチャンスに恵まれたのだ。

戦闘から帰国すると、私たちは「リーダーシップの教官」という重要な任務に就いた。それまでは長年にわたって、ネイビー・シールズのリーダーシップ研修は、おおむねOJT（実地訓練）とメンター制度で構成されていた。若手のリーダーがいかに育つかは、ひとえに教育係《メンター》の力と経験と粘り強い指導に左右されていた。

中には優れたメンターもいたが、力不足のメンターもいた。適切なリーダーによる指導《メンターシップ》が不可欠なのだが、当時のやり方では、リーダーシップに関する知識にも理解にも相当なばらつきがあった。私たちはそこを改革し、シールズのリーダー全員がしっかりと基礎固めができるような、リーダーシップの訓練カリキュラムを開発した。

西海岸のシールズ・チームのすべての訓練を預かる将校として、ジョッコは世界屈指の現実的かつ困難な戦闘訓練を行った。ジョッコは、リーダーが戦闘にさらに周到に備えられるよう、強いプレッシャーのもとで行う重要な意思決定や、効果的なコミュニケーションの訓練に重きを置いた。

リーフは、「シールズ初級将校訓練コース」を担当していた。これは、「シールズ訓練パイプライン」を卒業した将校全員のための、リーダーシップの基礎訓練プログラムだ。そこでリーフは訓練の改革と強化を行い、新人将校たちが戦闘で成功するのに欠かせないリーダーシップの基礎固めが、より効率的に行えるようにした。ここで新世代のシールズ・リーダーの指導に力を注いだわけだが、彼らは今も戦場で比類なき活躍を見せ、私たちが教えたリーダーシップの原則の正しさを証明してくれている。

中にはいぶかしむ人もいるだろう。「ネイビー・シールズの戦闘のリーダーシップの原則？　それが軍隊以外の世界で、いろんなチームを導くのに、どう役立つと言うんだ？」と。

だが、戦闘は人生を反映している。人生が増幅され、激化しているような状態だ。そこでは、判断を下せば即座に結果が出るし、すべてが――間違いなくすべてが――危機にさらされている。

そして、**たとえ絶望的な状況に見えても、正しい判断をすれば、敗北の瀬戸際でも勝利をもぎ取れる。逆に、勝利がほぼ確実に思えても、間違った判断をすれば、致命的・壊滅的な失敗に終わる。**そういう意味で、戦闘リーダーはわずか数回の戦地への派遣で、一生分のリーダーシップの教訓を学べる。

「軍隊のリーダーシップなんて楽なものだ。部下がロボットのようにやみくもに命令に従ってくれるから」などという神話は、ここで一掃したいと考えている。米国の軍人は、ロボットではなく聡明で、クリエイティブで、自由な考え方を持つ個人――人間――だ。彼らは文字通り、命がけで任務を達成するわけだから、戦う目的の正当性を信じなくてはならないし、遂行する計画の正当性を信じなくてはならない。そして何よりも、自分が従うリーダーの正当性を信じ、信頼しなくてはならない。シールズ・チームではとくにそうだ。そういうわけで、シールズでは、(最年少の隊員を含む)全員による改革や意見を歓迎している。

戦闘リーダーは、戦略目標を達成するために、さまざまなグループのさまざまな人たちから成るチームに、複雑な任務を遂行させなくてはならない。それは、どんな企業や組織も同じだろう。だから、シールズの戦闘リーダーや部隊の優れた働きを支える原則を活用すれば、ビジネスの世界でも同じ成功をつかむことができる。

シールズのチームを去ってから、さまざまな企業と仕事をしてきた。業界は、金融、エネルギー、テクノロジー、建設、保険、自動車、小売、製造、製薬、サービス業と多岐にわたっている。多くのリーダーや企業幹部の研修を行い、共に仕事をする中で目にしてきたのは、この原則の驚くべき影響力だ。原則が正しく理解され、実行されたときには、組織の効率性、生産性、収益性が大きく向上するのだ。

本書で紹介されるリーダーシップやチームワークの概念は、抽象的な理論ではなく実践的で活用しやすいものだ。私たちは、リーダーが「やったほうがいいんだろうな」とわかっていながらやっていないことをやるように勧めている。それをやらないことで、リーダーとしてつまずき、チームを失望させているからだ。

原則は基本的に常識に根ざし、実際の経験に基づいてはいるが、実行するにはスキルが必要だ。ここで語られる概念は、シンプルだが簡単ではないのだ。[4] そして、ほぼどんな状況にも当てはまる。実績や能力や効率やチームワークを高めたい、どんなグループにもチームにも組織にも個人にも有効だ。原則が常識に反している場合もあるし、実行するには集中的な努力も訓練も必要だ。しかし、本書が必要な指導を行うので、どんな人でも原則を活用できるし、時間をかけて熱心に訓練すれば、マスターして優れたリーダーになれる。

4 「シンプルだが簡単ではない」は、米国の総合格闘家ディーン・リスターがよく使う言葉だ。リスターは、世界最高峰の総合格闘技大会「UFC（アルティメット・ファイティング・チャンピオンシップ）」の元ファイターで、ブラジリアン柔術黒帯の元世界チャンピオン。3度にわたってサブミッション・グラップリングの世界チャンピオンに輝いた。

組織と体制

シールズのリーダーとして、長年の経験から学んだ教訓を足し上げると、かなりの数に上るが、本書を書くにあたっては、最も重要な面――リーダーシップの基本的要素――に重きを置いた。この本の原書タイトル「*Extreme Ownership*」は、すべての土台をつくる基本原則（マインドセット）に由来する。そう、「究極の責任感」だ。リーダーは、自分の世界のすべてに責任を負わなくてはならない。責めを負うべき人間は、ほかにはいないのだ。

この本は、次の3つのパートで構成されている――Ｐａｒｔ 01：「内なる戦いに勝つ」、Ｐａｒｔ 02：「戦闘の法則」、Ｐａｒｔ 03：「勝利を維持する」。

「内なる戦いに勝つ」では、リーダーシップを発揮し、勝利を収めるのに必要な基本的要素とマインドセットを明らかにしている。「戦闘の法則」では、（前述した）４つの重要な概念を紹介している。これらはチームが最高レベルの成績をあげ、圧倒的な力を発揮するのを支える概念だ。最後の「勝利を維持する」では、チームが優位性を保ち、常に最高レベルの働きをするために、リーダーがかじ取りしなくてはならない、微妙で難しいバランスについて議論している。

章ごとに、異なるリーダーシップの概念に焦点を当てていく。それぞれの概念は独特のものだが、密接に関連し合い、相互に支え合っている。また、各章は3つのセクションに分かれている。

　最初のセクションでは、ネイビー・シールズの戦闘や訓練経験から学んだ、リーダーシップの教訓を紹介する。2つ目のセクションでは、そのリーダーシップの「原則」を説明する。そして、3つ目のセクションでは、さまざまな業界の多くの企業と行った仕事をもとに、原則をビジネスの世界でどのように「応用」できるのかをご紹介する。

　私たちがこのリーダーシップの概念を信頼しているのは、戦闘でもビジネスの現場でも効果を発揮するのを繰り返し見てきたからだ。この原則を正しく理解して活用すれば、素晴らしい成果を出す優れたリーダーやチームが生まれる。この原則があれば、チームは戦場で圧倒的な力を発揮できる。リーダーがリーダーシップを発揮し、勝利を収めるという目標を達成できるようになるからだ。

Part 01

Winning The War Within

内なる戦いに勝つ

第1章

究極の責任感

〈ジョッコ・ウィリンク〉

イラク・ラマディのマラアブ地区——戦場の霧

早朝の陽の光が、あたりを覆う「戦場の霧」でかすんでいる。通りで武装勢力が火をつけたタイヤから出る煤《すす》、米軍の戦車やハンヴィーが路上で舞い上げる砂埃《ぼこり》、機銃掃射で粉砕された建物の壁から舞い散る粉状のコンクリート……。

私たちの装甲ハンヴィーが角を曲がり、銃声に向かって前進すると、前方の道路の真ん中に米軍のM1A2エイブラムス主力戦闘戦車が見えた。巨大な主砲を携えた回転式の砲塔《ほうとう》が、ごく至近距離の建物に狙いを定めている。粒子でかすんだ空気の向こうに、くすんだ赤色の霧が見えた。明らかに、そのエリアで米軍が使った赤色発煙手榴弾《スモークグレネード》によるもの。通常それは、「助けて!」の合図だ。

さまざまな考えが、わっと頭の中を駆けめぐった。これは私たちにとって、ラマディで初めての大規模な軍事行動で、完全な混乱状態に陥っていた。文字通り「戦場の霧」に視界を妨げられている上に、プロイセン王国の軍事戦略家カール・フォン・クラウゼヴィッツの言葉だとされる、比喩的な意味での「戦場の霧」[5]〔訳注:戦場において、状況が混沌としてわかりづらいこと〕にも見舞われ、現場は混乱と誤った情報と通信の破綻、さらには暴力に満ちていた。

この軍事作戦のために、シールズは、戦火と暴力にまみれた街のさまざまな区域で、4つの分隊に分かれて行動していた。シールズの2つの狙撃チームは、米陸軍の偵察狙撃手やイラク兵の分遣隊と行動を共にしていた。そして別のシールズ分隊は、ある地区全体から建物1棟ごとに敵を排除していく任務を担う、イラク兵と米陸軍の戦闘アドバイザーのグループに組み込まれていた。そして最後に、シールズの上級下士官アドバイザーと私が、陸軍中隊長の一人と共に車に乗っていた。

合計約300名の米軍とイラク軍——味方部隊——が、ラマディ東部のマラアブ地区とい

5 「戦争とは不確実性の世界である」とは、プロイセンの将軍で軍事学者だったカール・フォン・クラウゼヴィッツ(1780~1831年)が、『戦争論』(中央公論新社)に書いた言葉だ。実は、クラウゼヴィッツは一度も「戦場の霧」という言葉は使っていない。

シールズ狙撃手の銃眼［訳注：敵を監視・銃撃するために、防壁などに設けた穴］を通して見た、任務部隊《タスクフォース》「バンディット」所有の米陸軍M1A2エイブラムス主力戦闘戦車。任務部隊「バンディット」（第１機甲師団・第１旅団第37機甲連隊・第１大隊）は、「ブルーザー」が密接に連動した、極めて優秀な部隊だった。積極的でプロフェッショナルで勇敢。爆発物や手工具で設けられた銃眼のおかげで、シールズ狙撃手は敵の攻撃からいくぶん守られながら、敵の戦闘員を監視し、戦うことができた。（写真：著者提供）

うこの危険な激戦区で任務に就いていた。その地区全体が、米軍が「ムージ」と呼ぶ者たちの巣窟《そうくつ》だった。敵の武装勢力の戦闘員たちが「ムジャヒディン」（アラビア語で「聖戦《ジハード》を遂行する者」の意味）と名乗っているのを、こちらが便宜上、短縮してそう呼んでいるのだ。

彼らはイスラム教の無慈悲で好戦的な一派に属しているが、狡猾で、野蛮で、危険極まりない。もう何年もマラアブは彼らの掌中にすっぽりと収まっているが、米軍は今、それを変えようとしている。

この軍事作戦は日の出前に始まり、太陽が地平線からじわじわ昇り始めている今、誰も彼もが発砲していた。米軍の地上・航空部隊が利用する無数の無線ネットワークは、突如として連絡や報告であふれ返った。米軍とイラク軍の負傷者や死者にまつわる詳しい情報がさまざまな地区から入ったあとには、敵の戦闘員が殺害された報告も入ってくる。

米軍の分隊は、周辺地区にいるほかの米軍とイラク軍の部隊に何が起こっているのか、把握しようと努めていた。米海兵隊「航空艦砲連絡中隊（アングリコ）」のチームは、頭上を飛ぶ米軍の攻撃機と連係し、敵陣に爆弾を落とそうとしていた。

作戦の開始からわずか数時間のうちに、シールズ狙撃分隊はどちらも攻撃を受け、深刻な銃撃戦に巻き込まれていた。イラク兵と米陸軍兵士とシールズから成る分隊は、その地区全体の建物から敵を排除していく中で、激しい抵抗に遭った。何十人もの武装勢力の戦闘員が、ロシア製ベルト給弾式機関銃「ＰＫＣ」[6]や破壊的なＲＰＧ－７肩撃ち式ロケット擲弾発射器、さらにはＡＫ－47自動小銃で猛攻を仕掛けてきた。

無線をチェックしたところ、イラク陸軍の分隊と行動を共にする米軍アドバイザーが、ほ

6　ＰＫは、「プリミョート・カラシニコヴァ（カラシニコフ機関銃）」の略。ロシア人が設計したベルト給弾式の中機関銃で、弾丸は破壊的な7・62×54ミリR弾（リム付き）で、通常１００発（もしくはそれ以上）がベルトに装弾できる。ＰＫＭ、ＰＫＳは普及しているバリエーション。イラクの米軍は「ＰＫＣ」という名称をよく使っていたが、これは、「ＰＫＳ」をロシアなどで使われるキリル文字で表記したもの。

かの分隊よりも早く、「激しい銃撃戦を展開中だ」と報告し、QRF（緊急即応部隊）に支援を要請していた。このQRFは、米陸軍の4台の装甲ハンヴィー（各車両にブローニングM2重機関銃「キャリバー50」を搭載している）と、車両から降りて支援する十数名の米軍兵士で構成されている。

その数分後、無線で、シールズ狙撃チームの一つが「集中的なQRFを！」と支援を求めた。つまり、120ミリの主砲と機関銃の圧倒的な火力で支えてくれる、米軍のM1A2エイブラムス主力戦闘戦車2台を要請したのだ。要するに、シールズは苦戦していて、相当な助けを必要としている。一緒にいた陸軍中隊長に「現場入りする戦車のあとにつけてほしい」と伝えると、その通りにしてくれた。

私たちのハンヴィーは、エイブラムス戦車のうち1台のすぐ後ろにゆっくりと停車した。戦車の巨大な主砲はまっすぐにある建物に向けられ、交戦の準備を整えている。私はハンヴィーの重装甲ドアを押し開けて、通りへ踏み出した。「何かがおかしい」と直感したからだ。そのまま海兵隊「アングリコ」の一等軍曹のところへ走っていき、「何が起きてるんだ？」と聞いた。

「上等ですよ！」と、彼は興奮して叫んだ。「ムージがあの建物の中にいて、思いきり抵抗してるんです！」。そう言って、通りの向こうの建物を指さした。彼の武器もそちらを向いている。明らかに、そのムージたちを強硬派だと考えているようだ。

「われわれが建物の中に入ったとき、仲間のイラク兵が1名殺されて、数名が負傷しました。

やつらのことはさんざん痛めつけてきたけど、今こそドカンと爆弾を落としてやりますよ」

一等軍曹はこの建物の中に潜んでいる敵を全滅させるべく、米軍の航空機と空爆の調整をしている最中だった。

私はあたりを見回した。彼が指さした建物は、弾痕だらけだ。QRFのハンヴィーがキャリバー50から150発以上を撃ち込み、ライフル銃や軽機関銃からも小さな弾をさらに大量に撃ち込んだのだ。そして今、エイブラムス戦車が巨大な主砲をその建物に向け、それを瓦礫に変えて、中にいる全員を殺害する準備をしている。たとえ戦車が役目を果たさなくても、空からの爆弾が控えている。

だが、何かがおかしいのだ。私たちが今いる地点は、シールズ狙撃チームがいるはずの場所に極めて近いはずだ。狙撃チームは当初使う予定だった場所を捨て、銃撃戦が始まった頃には、新たな建物へ移動している最中だった。この大混乱の中、彼らはまだ正確な居場所を報告してきていないが、私にはわかっている。今自分が立っている場所の、海兵隊の一等軍曹が先ほど指さした建物の、すぐそばにいるはずだと。

とくに納得いかないのは、このイラク兵たちと米軍アドバイザーたちは、あと2時間はここに到着してはいけないはずだった。ほかの味方部隊も、こちらが適切に「味方同士の戦闘を回避する」まで――シールズ狙撃チームが正確な場所を決め、その情報を作戦に参加している味方部隊に伝えるまで――この地区に入ってはいけないことになっていた。ところがどういうわけか、何十人ものイラク部隊と彼らと行動を共にしている米陸軍や海兵隊の戦闘ア

「さあ、始めよう」。シールズの砲塔射手が、ブローニングM2重機関銃「キャリバー50」越しに、敵地へつながるオグデン・ゲートを見ている。キャンプ・ラマディへの入口をふさぐ巨大なM88装甲回収車は、敵の最も破壊的な兵器である、自爆テロ犯が運転する数千ポンドの爆発物を積んだ車両爆弾（VBIED）を阻止するためのもの。ゲートを越えると、街中の脅威はとてつもないものだった。それを誰よりも感じたのは、ハンヴィーの先頭車両に乗り、昼間のパトロールを行う砲塔長だった。（写真：著者提供）

ドバイザーたちがここにいる。どう考えてもおかしい。

「一等軍曹、そのまま待ってくれ。私が調べてくる」。彼が先ほどから空爆の調整をしている建物を指さして、私は言った。

頭は大丈夫か？　と言わんばかりの表情で、一等軍曹が私を見る。彼ら海兵隊とイラク小隊の全員は、この建物の中にいる敵と激しい銃撃戦をしたけれど、敵を追い払うことはできなかった。相手が誰であれ、一度は恐ろしい戦いをしたのだ。

一等軍曹の目には、そんな場所に近づこうなんて自殺行為に見えるだろう。シールズの上級下士官アドバイザーにうなずくと、彼もうなずき返し、2人で通りを渡って敵がはびこる家へ向かった。

イラクの家はたいていそうだが、家の周りには高さ2・5メートルほどのコンクリートの壁がある。敷地に入ろうと壁の扉に近づくと、薄く開いている。M4カービンを構え、扉を大きく蹴破ると、そこにいたのはなんと、シールズ小隊長の一人だった。彼も大きく目を見開いて、私をじっと見返している。

「何があったんだ?」と私。

「ムージが何人か、この中にいます。一人撃ちましたが、こちらも攻撃されました。強硬派ですね。激しく抵抗されましたよ」。私は、一等軍曹が先ほど言ったことを思い出した。仲間のイラク兵が一人、敷地に足を踏み入れて撃たれたと。

その瞬間、何もかもがはっきりした。——この大混乱の中、勝手な行動を取るイラク兵の分隊が、入ってはならないエリアにふらふらと踏み込んで、シールズ狙撃チームが占拠した建物に入ろうとした。早朝でまだ暗い中、シールズ狙撃分隊は、AK-47で武装した男が敷地内に忍び込むシルエットを目にした。まだ味方部隊が到着する時間帯ではない上に、敵の戦闘員が付近に大勢いることは知られていたから、シールズは、攻撃されると考えて、AK-47を持つ男と交戦した。ここから、さらにとんでもない事態に陥った。

家から銃声がしたので、敷地の外にいたイラク兵たちが反撃し、そのあと通りを渡ってコンクリートの壁の後ろへ、周りの建物群へと避難した。彼らが部隊の増援を要請したため、米海兵隊と陸軍が、敵の戦闘員が占拠しているはずの家に向かって、激しい一斉射撃を浴びせた。

一方、家の中では、シールズ隊員たちが身動きできなくなっていた。味方の攻撃だと判断するすべもなく。彼らにできることはただ全力で反撃し、敵だと思い込んでいる相手から制圧されないよう戦い続けることだけ。海兵隊アングリコのチームは危うく、シールズが潜む家を「空爆せよ」と指示してしまうところだった。キャリバー50が攻撃を始めたとき、家の中にいたシールズ狙撃分隊は、敵の猛攻に遭っていると考え、「集中的なQRFを！」とエイブラムス戦車による支援を求めたのだ。そんなとき、私が現場に到着した。

敷地の中で、小隊長は戸惑った顔で私をじっと見つめた。間違いなく、「敵の猛攻の中、どうやってここまで歩いてきたんだ？」と考えている。

「同士討ちだ」と私は言った。そう、味方からの誤射という世にも最悪の事態。戦闘で敵に殺されたりけがを負わされたりするのも十分に悲惨だが、誰かがヘマをしたせいで、味方の誤射や誤爆で大変な目に遭うことほど、恐ろしい結末はない。だが、これもまた現実なのだ。私も、ベトナムでシールズ・チーム1のエックスレイ小隊に何が起こったかを聞いていた。彼らはジャングルで夜間のパトロールのために分隊に分かれたが、方向感覚を失い、暗闇の中で再び出くわしたときに、お互いを敵と勘違いして銃撃を始めた。それは猛烈な銃撃戦に発展し、1名が死亡、数名が負傷した。彼らはシールズ・チームで最後のエックスレイ小隊となった。そのあと名前を抹消されたのだ。これは災いであり、教訓でもあった。味方による誤射や誤爆は、シールズ・チームでは絶対に許されない。それなのに、たった今、自分たちに、私のタスクユニットで起こってしまった。

「ええっ?」。小隊長は、あ然として言った。

「同士討ちだ」。私はもう一度冷静に、淡々と言った。議論をしている暇はない。あたりには本物の悪党がいて、こうして話している間でさえ、あちこちから散発的に銃声が聞こえてくる。ほかの分隊が、近くで武装勢力と戦っているのだ。「それで、被害は?」と聞いた。小隊長と部下たちの状態を知る必要があるからだ。

「シールズ隊員が1名、顔を撃たれました。そうひどくはありませんが。ただ、みんな動揺してます。全員をここから出しましょう」

装甲兵員輸送車(APC)[7]が「集中的なQRF」と共に到着し、建物の前に停まっている。

「APCが前にいる。全員を乗り込ませろ」と私。

「了解」と小隊長が言った。

私が知る限り、この小隊長ほど戦術に長けたリーダーもなかなかない。彼はシールズの残りの隊員とほかの部隊の兵士を、速やかに玄関に集めた。私は、これほど動揺している人た

7 M113装甲兵員輸送車は、もともとはベトナムの米軍が使用した装軌装甲車だが、イラクでは隊員の輸送や死傷者の後送(後方への輸送)に使われた。乗員は2~3名で、最大10名の人員を輸送できる。

ちを見たことがなかった。破壊的な「キャリバー50」の的にされ、弾丸が周りの壁を突き破って降り注いでくる中、死が間近に迫り、生き延びられるとは到底思えなかったのだろう。だが、みんなすぐに冷静さを取り戻し、APCに乗り込んで、近くの米軍の前進作戦基地へ向かった。ただし、小隊長を残して。不屈の精神を持つこの男は、さらに戦うつもりで、私とその場に残った。起こった事態に動揺するどころか、次に何が起ころうと備えはできているらしい。

私は、海兵隊アングリコの一等軍曹のところへ戻って告げた。「建物の中に敵はいない」

「了解しました」。一等軍曹は驚いた顔で答え、すばやく無線で報告した。

「大尉はどこだ？」。陸軍の中隊長を探して、私は聞いた。

「ここの2階です」と、目の前の建物を指さして言う。

私は階段を上り、屋上でしゃがみ込んでいる中隊長を見つけた。「全員無事ですか？」と中隊長が聞いた。

「同士討ちです」と、ぶっきらぼうに答える。

「何だって？」と、がく然として言う。

「同士討ちです」と私は繰り返した。「KIA[8]はイラク兵が1名。負傷者は数名。私の部下も、1名が顔を撃たれて負傷。ほかの隊員は奇跡的に無事です」

「了解」。中隊長は、発生した事態に驚愕し、落胆しながら言った。傑出したリーダーである彼自身、間違いなく何らかの責任を感じている。ただし、この混沌とした都市部の戦場で、イラク兵と共に何カ月も活動してきて、こうした事態がどれほどたやすく起こってしまうかも理解していた。

それでも、まだやるべきことがあり、前進しなくてはならない。軍事作戦は続くのだ。私たちはさらに2つの任務を連続で果たし、マラアブ地区の大半から敵を排除し、武装勢力の戦闘員を何十人も殺害した。残りの任務は成功したのだ。

しかし、そんなことは関係ない。私は、実に気分が悪かった。部下の一人が負傷し、イラク兵が1名死亡し、ほかにもけが人が出た。それを仲間内でしでかしてしまった。しかもすべては、私の指揮下で起こったことだ。

その日の最後の任務を終えると、大隊の戦術作戦センターに向かった。センターの私の屋外用パソコンには、上級司令部からのメールが届くよう設定されている。画面を開いて事件について尋ねるメール調査に答えるのが恐ろしい。いっそ戦場で死ねたらよかったのに。それが当然の報いだった、と感じていた。

受信トレーには、山のようにメールが来ていた。私たちが同士討ちをしたうわさが、瞬く間に広まっていたからだ。司令官からのメールを開くと、単刀直入に要件を伝えている。

「**活動を停止せよ。軍事行動はここまで。審問官と最上級下士官と私が、そちらへ向かう**」

海軍で不運な出来事が起こるといつもそうだが、司令官は審問官を任命していた。何が起

8 戦死者（the killed in action）。

こったのか、誰に責任があるのか、事実を究明するために。

もう一通のメールは、昔の上司の一人から。彼はイラクの別の街に駐留しているが、ラマディで何が起こっているか、内情に通じている。そこにはシンプルに、こう書かれていた。

「同士討ちをやったそうだな。一体どうしたんだ？」

これまでのあらゆる善行も、シールズ隊員として必死に築き上げた確固たる名声も、もはや意味を成さない。成功裏に導いた数多くの作戦があっても、私は今やシールズの大罪を犯した部隊の指揮官なのだ。

審問官と司令官、それから最上級下士官（ＣＭＣ）――軍の命を受けたシールズ上級下士官――の到着を待つうちに、１日が過ぎた。その間、彼らは私に、「何が起こったか、簡潔かつ詳しく述べる準備をせよ」と指示していた。それが何を意味するかはわかっている。彼らは、責任を取るべき人間、いや十中八九、「解任」――軍隊における「クビ」の婉曲表現だ――すべき人間を探している。

起こったことにイライラし、腹を立て、落胆しながらも、私は情報収集を始めた。すでに上官に報告したように、計画段階でも戦場での実施段階でも、多くの個人による重大なミスがいくつもあった。計画は変更されたが、通知されなかった。コミュニケーション計画はあいまいで、無線連絡のタイミングをめぐる混乱が、決定的な失敗につながった。イラク陸軍は計画を微修正したが、私たちに伝えなかった。それぞれの予定が、不透明なまま推し進められた。味方部隊の居場所も、報告されなかった。失敗のリストは、延々と続いた。

私が指揮官を務めるタスクユニット「ブルーザー」の内部でも、よく似たミスが発生していた。問題の狙撃チームの居場所も、ほかの部隊に伝えられていなかった。敵の戦闘員と目されたがイラク兵だと判明した兵士の身元確認も、不十分だった。最初の戦闘が起こったあと、詳しい状況報告が私のところに上がってこなかった。

失敗のリストは、かなりの数に上った。指示に従って、私はマイクロソフトのパワーポイントで、スケジュールや、味方部隊の動きを描写したエリアの地図もつくり、簡潔なプレゼンテーションを準備した。それから、みんなが犯したすべてのミスのリストをつくった。

その資料は、起こったことを詳しく説明していた。任務を悪夢に変え、イラク兵の命を奪い、数名にけがを負わせた、重大な失敗の概略を伝えていた。奇跡が起こらなかったら、さらに多くのシールズ隊員の命が奪われていただろう。

しかし、何かが欠けている。問題が、私が特定できない欠けたピースがあるせいで、「これでは真実にたどり着けない」という気持ちにさせられる。一体誰が悪かったのだろう？

プレゼンテーションを何度も何度も見返し、欠けたピースを探そうとした。あの事件をもたらした、たった一つの致命的なミスを。だが、あまりに多くの要素が絡んでいて、見つけられなかった。

とうとう司令官と最上級下士官と審問官が、基地に到着した。彼らが荷物を下ろし、食堂ですばやく食事をすませたら、全員を集め、事件についての事情聴取をすることになる。

私は、誰かの責任を問うべく、自分のメモにもう一度目を通した。

そして、ハッとした。

個人や部隊やリーダーたちがさまざまな失敗を犯し、数え切れないほどのミスが発生していたけれど、この軍事作戦でうまくいかなかったすべてに責任を負う人間は一人しかいない。そう、私だ。狙撃チームがイラク人兵士と戦ったとき、私はチームと行動を共にしていなかったし、勝手に敷地内に入ったイラク兵を、私が管理していたわけではない。

しかし、そんなことは関係ない。シールズのタスクユニット指揮官として、任務を現場で仕切る最高司令官として、私はブルーザーにおけるすべてに責任を負っている。うまくいかなかったことに、私が100パーセント責任を負わなくてはいけない。それがリーダーの仕事なのだ。そう、たとえクビになったとしても。誰かが起こったことの責任を問われ、クビになるのだとしたら、私でなくてはいけない。

数分後、報告のために全員が集められた小隊の部屋に、私は足を踏み入れた。水を打ったように静まり返っている。司令官は最前列に座っているが、最上級下士官が後ろに立っているのが不気味だった。負傷した――キャリバー50で顔を撃たれた――シールズ隊員も出席していて、顔を包帯でぐるぐる巻きにされている。

私は、グループの前に立った。そして、部屋いっぱいのチームメイトに尋ねた。「一体誰が悪かったんだろう?」と。

一瞬の沈黙のあと、イラク兵と誤って戦ったシールズ隊員が、はっきりと言った。「私の責任です。私が標的《ターゲット》の身元を確認すべきでした」

「違う」と私は言った。「君の責任ではない。では、誰が悪かったんだろう？」。もう一度、グループにそう尋ねた。

「私の責任です」と狙撃分隊の無線手が言った。「私が自分たちの居場所を、もっと早く伝えるべきでした」

「いや、違う。君の責任ではない。では、一体誰が悪かったんだろう？」と、もう一度聞いた。

「私の責任です」と別のシールズ隊員が言った。彼は、イラク陸軍・掃討チームの戦闘アドバイザーだった。「私がイラク兵たちをきちんと管理して、持ち場にいるのを確認すべきだったんです」

「それは違う」と私。「君の責任じゃないんだ」。さらに多くのシールズ隊員たちが、説明しようと準備していた。自分がどんなミスを犯し、それがどのようにあの失敗につながったのかを。だが、私はもうたくさんだった。

「誰が悪いのか、わかるだろう？　誰がすべての責めを負うべきなのか？」

グループの全員が、一言も口をきかずに座っていた。司令官も、最上級下士官も、審問官も。間違いなく全員が、「一体誰の責任にするつもりだろう？」と考えている。ようやく私は、大きく息を吸ってから言った。

「これに関して、責任を負うべき人間は一人しかいない。私だ。私が指揮官だから、私が作戦全体に責任を負っている。上官として、戦場で行われたすべての行動は、私の責任なんだ。

私以外に責めを負うべき人間はいない。そして今ここで、はっきりと申し上げる。今後私たちに、二度とこんなことが起こらないと約束する」

背負うには重すぎる荷物だったが、それは100パーセント真実だった。**私がリーダーなのだから、仕切っていたのは私で、私に責任があった。だから、うまくいかなかったすべてに、私が責任を取らなくてはいけない。たとえ名声や自尊心に計り知れないほどのダメージを食らおうと、それが正しい行動で、唯一の選択肢だった。**

私は負傷した隊員に頭を下げ、「君がけがをしたのは私の責任だ」「君が死ななくて本当によかった」と伝えた。それから、この作戦全体を一つ一つ振り返った。起こったすべてを明らかにし、再発防止のために何ができるのかを確認していった。

今にして思えば、深刻な事態にもかかわらず、全責任を負ったことで、司令官と最上級下士官の私に対する信頼が増したのは明らかだ。もしほかの誰かに責任を転嫁していたら、私は解雇されたのではないだろうか。いや、当然そうだったろう。私がすべてをかぶるとは思っていなかったシールズの面々も、その選択に敬意を払ってくれた。さまざまな要素が絡み合って起こった状況だとみんな知っていたけれど、私がすべての責任を認めたからだ。

米陸軍と海兵隊の通常部隊の指揮官たちは、この報告を教訓として学び、さらに前進した。長期間にわたってラマディで戦う彼らは、シールズが知らないことを知っていた。都市部での同士討ちのリスクは、できる限り抑えなくてはならないが、ゼロにはできない、と。ラマディの戦いは、あらゆる戦争の中でもとりわけ複雑で困難な都市型の戦闘だった。だから、同士討ちのリスクなしに作戦を遂行するのは不可能なのだ。とはいえ、点目標に対して常に小グループで立ち向かうシールズにとって、同胞殺しは絶対に起こってはならないことだ。

シールズの大先輩で広く尊敬を集めている将校が、この事件の直後にタスクユニットを訪問してくださった。この先輩は、海軍に入る前は海兵隊の小隊指揮官として、ベトナムで歴史的な「フエの戦い」を経験していた。このとき、「フエでの海兵隊の死傷者の多くは、味方による誤射や誤爆によるものだったんだ。これも都市部での戦闘の過酷な現実だ」と話してくれた。私たちが経験したことも、それがどれほどたやすく起こってしまうかも、よく理解されていた。

ラマディのような環境では、同士討ちが「予想される」とまでは言わないが、「起こり得る」のは確かだろう。だが、私たちは「二度と起こさない」と誓った。起こったことを分析し、学んだ教訓を活かした。リスクを軽減しようと、それまでの活動手順や計画方法を見直したのだ。この悲惨な事件から学び、私たちは明らかに将来の命を救った。残りの任務期間にも、味方の分隊と誤って交戦してしまう事態をまた何度も経験したが、決してエスカレートさせず、毎回速やかに収拾することができた。

しかし、同士討ちを回避する戦術を練ることは、私が学んだことの一部にすぎない。この任務を終えて帰国したとき、「訓練分遣隊1」を引き継ぐことになった。ここは、西海岸のシールズ小隊とタスクユニットが戦闘配備に備えるための、あらゆる訓練をマネジメントしている。私はここで、味方同士の銃撃がほぼ確実に起こるようなシナリオをつくった。そして実際に起こったときには、私たち訓練幹部が、それを回避する方法を説明した。

だが、もっと重要なことは、指揮官たちが訓練を通して、リーダーシップについて私が学んだことを学べることだった。訓練での同士討ちをめぐって、全責任を引き受ける指揮官もいたが、部下の責任にする指揮官もいた。そうした心の弱い指揮官は、命令を下す重責や、責任の深い意味についてしっかりと説明を受けていた。**リーダーとは最終的に、すべての責任を負うものなのだ**、と。

これが「究極の責任感」だ。これはシールズ・チームでも、どんなリーダーシップの試みにおいても、優れたリーダーをつくる核なのだ。

原則

どんな組織のどんなチームにおいても、成否の責任はすべてリーダーにある。リーダーは、自分の世界におけるすべてに、全責任を負わなくてはならない。ほかに責めを負うべき人間はいない。リーダーはミスや失敗を認め、その責任を背負い、勝つための計画を立てなければならない。

最高のリーダーは、ただ仕事の責任を取るだけではない。自分の任務に影響を及ぼすすべてに「究極の責任感」を持っている。核となるこの概念のおかげで、シールズのリーダーたちは、とんでもない状況でも優秀なチームを導き、勝利を収められる。

だが、「究極の責任感」は、戦場でしか使えない原則ではない。この概念は、優れた成績をあげて勝利を収めるチームの、一番の特徴なのだ。そう、どんな軍隊でも、組織でも、スポーツチームでも、どんな業界のどんなビジネスのチームでも。

部下がやるべきことをやらないとき、「究極の責任感」を実行するリーダーなら、部下を責めたりはできない。**リーダーはまず、鏡に映った自分の姿を見なくてはならないからだ。リーダーは戦略的任務を説明し、戦術を練り、訓練とリソースを与え、チームにそれを正しく首尾よく実行させる、全責任を負っている。**

チームにいる個人がチームの成功に必要な働きをしないなら、リーダーはそのメンバーを訓練し、導かなくてはならない。しかし、そのメンバーがいつまでも基準を満たせない場合は、「究極の責任感」を実行するリーダーなら、個人よりもチームと任務に忠実でなくてはいけない。そのメンバーが成長できないなら、リーダーは「解雇」というつらい決断をし、仕事を全うできる別の人間を雇わなくてはならない。すべてはリーダーにかかっているのだ。

個人として、私たちはたびたび他人の成功を運や状況のおかげだと言い、自分や自分のチームの失敗には言い訳をする。成績の悪さを、「ツイてなかった」「やむを得ない状況だった」「部下の出来が悪かった」などと、自分以外の誰かのせいにする。**失敗の全責任を負うなんて受け入れ難いことだし、うまくいかないときに責任を取るのには、とてつもない謙虚さと勇気が必要だ。**だが、そうすることが、学び、リーダーとして成長し、チームの成績を上げるためには絶対に欠かせない。

「究極の責任感」はリーダーに、「『現実』という客観的なレンズを通して、予定や計画への思い入れを手放して、組織の問題を見つめなさい」と要求する。リーダーに、「エゴを脇に置いて、失敗の責任を認め、弱点に取り組み、着実によりよい、より優れたチームづくりに取り組みなさい」と命じる。

また、「究極の責任感」を持つリーダーは、チームの成績を自分の手柄にせず、部下のリーダーやチームメイトに花を持たせる。リーダーがそうした模範を示し、若手のリーダーたちにも同じことを期待すれば、そのマインドセットはチーム全体に、文化として広がるだろう。

「究極の責任感」があれば、若手のリーダーたちは、自分が担当する小さなチームにも、任務で受け持つパートにも責任を負うようになる。 効率も効果も飛躍的に高まって、結果的に、勝利を収める優れたチームが生まれる。

ビジネスへの応用

副社長の計画は、紙の上ではよく見えた。取締役会は前年にその計画を承認し、「生産コストが削減されるだろう」と期待した。ところが、計画はうまくいかず、取締役会はその理由を知りたがっている。誰に責任があるのだろう？ 誰が悪いのだろう？ と。

私はこの会社に依頼され、製造担当副社長（ＶＰ）にリーダーシップの指導と幹部向けのコーチングを行うことになった。副社長は実のところ、有能で経験豊富なのに、取締役会が示した製造目標を達成できていない。副社長の計画には、次の事柄が含まれている――製造工場を整理統合して余剰人員を減らす、「やる気の出るボーナス・プログラム」で労働者の生産性を上げる、製造工程を合理化する。

問題が発生したのは、計画を実行するときだ。四半期ごとの取締役会のたびに、副社長は、なぜ自分の計画がほとんど実行されていないのか、山ほど言い訳をした。1年後、取締役会は「副社長は本当に、改革を指揮できるのだろうか？」といぶかしむことになった。ほとんど進歩が見えない今、副社長の立場は相当危うくなっている。

次の取締役会を2週間後に控えた頃、私は現場に到着した。状況を把握するためにCEOと数時間過ごしたあと、製造担当副社長に紹介された。私の最初の評価は、悪くなかった。副社長はとても頭がよくて、ビジネスの知識も驚くほど豊富だった。でも、コーチングを受け入れてくれるだろうか？

「ところで、あなたは私を助けにいらしたんですよね？」と、副社長が聞いた。

私は、自尊心が高いせいで、どんなに建設的なものでも、批判やコーチングに腹を立てる人がいることを知っていたので、やや間接的なアプローチを選んだ。

「たぶんあなたをというより、状況を助けにきたんです」と、警戒心をうまく和らげた。

取締役会までの2週間、なぜ副社長の計画が失敗し、何がうまくいっていないのかを詳しく調べて分析した。そして、計画の実行を妨げている問題について、副社長と話をした。彼はこう説明した。

「製造工場の整理統合がうまくいかないのは、流通マネージャーたちが怖がってるからなんです。工場と流通センターが遠くなると、製造チームと顔を合わせる機会が減って、注文に細かく応える力が落ちると。それに、急ぎの注文に特急便で対応する力が削がれる、と考えているんです」

副社長は、流通マネージャーたちの懸念を「根拠がない」とはねつけていた。微修正やカスタマイズの必要性が生じたら、テレビ会議やビデオ会議をすればいい、と。

副社長は、なぜやる気の出るボーナスのシステムが導入されないのかも説明してくれた。工場マネージャーやリーダーたちに導入計画を伝えるたびに、みんなが懸念を示して突き返してくるからだ。

「こんなシステムになったら、社員は十分なお金を稼げなくなります」「みんな最低限の基準など求めてこない、もっと基本給の高い職場に転職するでしょう」「人材スカウト業者が変化につけ込んで、熟練労働者を奪っていくでしょうね」と。

副社長が製造マネージャーたちをせき立てると、彼らは営業マネージャーたちと手を組んだ。この2つのグループが副社長の計画に反対し、「うちに順調に仕事が入ってくるのは、『物づくりに長けた会社だ』という評判のおかげです。こんなふうに変えてしまったら、商売がガタガタになりますよ」と主張している。

3つ目の「製造工程を合理化する」計画については、反対派の主張は、昔から変化に抵抗する人たちが口にする「おれたちは、ずっとこのやり方でやってきたんだ」「問題が起きてもいないのに、下手にかき回すなよ」というもの。

「そうした理由について、取締役会はどう考えてるんですか？」。間もなくの年次取締役会について議論しながら、私は聞いた。

「耳を傾けてはくれますが、本当に理解してるとは思えません。それに、ずっと同じ理由を聞かされ続けているから、たぶんイライラし始めてると思うんです。私の話を今も信じてくれているかどうかはわかりません。つまり……」

「言い訳がましいと？」。私は、副社長の代わりに言った。その言葉自体が、彼の自尊心に大きなダメージを与えるとわかっていながら。

「そうです。そう、言い訳がましく聞こえるんですよ。でも、事実だし、真っ当な話なんです」と副社長は強く言った。

「あなたの計画が実行されない、ほかの理由はありませんか？」と私。

「もちろんあります」と副社長は答えた。「市場はずっと厳しい状態ですし、新たなテクノロジーの進歩に対処するのにも、いくぶん時間がかかります。それに、全員が大したことのない商品に注力しすぎましたね」

「そんなすべてが理由かもしれませんね。しかし、この計画がうまくいっていない、大きな理由が一つあるんです」

「それは何でしょうか？」と、副社長は身を乗り出した。

私は一息置いて、今から言わねばならないことに、相手の心の準備ができているかどうかを確かめた。その衝撃は決して気分がよいものではないが、避けては通れない。だから、率直に言った。「あなたです。あなたがその理由です」

副社長は驚き、ぐっと身構えた。「私?」と抗議するように言う。「私は計画を立てました！　それを何度も何度も伝えたんです。みんなが実行しないのは、私のせいじゃありませんよ！」

私は、辛抱強く耳を傾けた。

「工場マネージャーたちも、流通や営業のチームも、計画を十分にサポートしてくれません」と、副社長は続けた。「なのに私がどうやって実行すればいいんですか?　私は彼らと一緒に現場にいるわけじゃないんです。力ずくで耳を傾けさせることはできません」。副社長の言葉は、次第に語気を弱めていった。間もなく気づいたからだ。これは言い訳だ、と。

私は説明した。リーダーの責任の中には、人々に耳を傾けてもらい、サポートしてもらい、計画を実行してもらうことも含まれている、と。要点を明確にしようと、こう言った。

「自分の話に耳を傾けさせることはできませんよ。実行させることもできません。簡単な仕事なら、短期的にはできるかもしれませんが。本当に改革を実行したいなら、相当複雑な、困難な、もしくは危険な何かを達成するようみんなを動かしたいなら、させることはできません。あなたが導く必要があるんです」

「導きましたとも」と、副社長は抵抗した。「社員が実行しなかっただけだ」

いや、導いていない。少なくとも効果的には。その根拠は明らかだ。副社長の計画は実行されていない。

「私がシールズ小隊やタスクユニットを任されて戦闘活動をしていた頃、指揮したすべての作戦が成功したと思いますか?」

副社長はかぶりを振った。「いいえ」

「その通りです」と私。「もちろん、任務を全うできた作戦も数多くあります。だが、いつもじゃない。さまざまな理由から、まるでうまくいかなかった作戦を指揮していたこともあります。機密情報の誤り、部下のリーダーの判断ミス、射手の失敗、計画に従わない調整部隊……。理由はいくらでもあります。戦闘は危険で複雑で動きも激しいので、あらゆることが一瞬のうちにとんでもない状況になって、生死に関わる事態に陥りかねません。すべての判断、すべての人、そこで起こるすべての出来事の手綱《たづな》を握る方法などありません。それは無理なんです。でも、一つ言わせてください。物事がうまくいかなかったとき、私が誰を責めたかわかりますか?」

そう尋ねて、話を理解してもらおうと、ほんの少し間を置いてから言った。「私です。私を責めたんです」

そして、さらに言った。

「指揮官ですから、戦場で起こったすべてのことは私の責任でした。すべて。支援部隊が必要な働きをしてくれなかったなら、私が明確な指示を出していなかったということ。機関銃手が持ち場の外で標的と交戦してしまったなら、私が、持ち場がどこかをしっかり理解させなかった、ということ。予想外の場所で敵に奇襲され、撃たれたとしたら、私があらゆる可能性を考え尽くせていなかったということです。たとえ何が起ころうと、任務がうまくいかないときに、ほかの人を責めることはできません」

副社長は、じっと考えていた。黙って考え込んでから言った。「私は、いつも自分をよいリーダーだと思ってました。私は、常にリーダーの立場にありました」

「それも問題の一つかもしれませんね。あなたの頭の中では、あなたはすべてを正しく行っている。だからうまくいかないと、自分に目を向けるのではなく、ほかの人たちを責めてしまうんでしょう。でも、完全無欠な人間などいませんよ。『究極の責任感』を持って、自分のエゴや利益を手放さなくちゃいけないんです。一番重要なのは任務です。その任務を果たすために、どうすれば最も効果的にチームに計画を実行してもらうことができるのか?」

私は続けて言った。「それが、あなたがご自身に尋ねなくてはいけない問いです。それこそが『究極の責任感』です」

副社長はうなずいた。この考え方を理解し始め、その効果に目を向け始めている。

「社員の全員が、あからさまに反抗的な態度を取っているんですか?」

「いいえ」と副社長は言った。

「あからさまに反抗的な姿勢を取っているなら、解雇する必要があるでしょう。しかし、そういう状況ではないようですね」。そして、さらに言った。「社員を解雇する必要はありません。導く必要があるんです」

「では、リーダーとして、私の何が間違ってるんでしょう？　どうすれば社員を導くことができますか？」

「すべてはここから、あなたから始まります」と私。「新しい計画を実行できていないすべての責任を、あなたが引き受けなくてはいけません。あなたのせいなんです。そして、取締役会にそう伝える必要があります」

「取締役会に伝える？　冗談でしょう？」。副社長が、信じられない、という顔をする。「若干の責任なら負いますが、私がすべて悪いわけじゃありません」。状況をのみ込み始めたものの、全責任を取るという考えには、まだ抵抗している。

「この計画を実行するためには、本当の意味で優れたリーダーになるためには、全面的な責任を自覚して受け入れるほかありません。あなたが、責任を取らなくちゃいけないんです」

副社長はまだ納得していない。

「製造マネージャーの一人があなたのところへ来て、『うちのチームがしくじってます』と言ったら、何と答えますか？　そのチームを責めますか？」と私は聞いた。

「いいえ」と副社長。

そこで説明した。西海岸のシールズ・チームの訓練を預かる将校として、部隊にはイラクやアフガニスタンでの戦闘に備えるために、相当過酷なシナリオで訓練をしてもらった、と。シールズのリーダーたちは、最悪の事態を組み込んだ訓練に参加させられたのだ。そんな中、部隊の最終的な成否を決めるのは、ほぼ確実にリーダーの姿勢だった。訓練を設計したのは私たちだったから、私たちは、その任務がどれほど過酷なものかを知っていた。

ほぼ例外なく、よい成績を収められない部隊や小隊には、ほかのみんなやほかのすべて――部隊や部下のリーダーやシナリオそのもの――を責めるリーダーが存在した。彼らは訓練の教官を責め、不十分な設備や部下の経験不足を責めた。そして、責任を負うことを拒んだ。その結果が、ひどい成績と任務の失敗だった。

最高の成績をあげた部隊には、全責任を負うリーダーがいた。彼らは、すべてのミス、すべての失敗、すべての不足の責任を認めた。訓練終了後の報告の時間に、よいリーダーは失敗の責任を引き受け、「どうすれば改善できるでしょう?」と指導を求め、次のよく似た訓練の際には、課題を克服する方法を見つけた。

最高のリーダーは、自分のエゴを抑え、責任を認め、建設的な批判を求めて、改善のために細かくメモを取っていた。リーダーが「究極の責任感」を示したおかげで、彼らの小隊やタスクユニットは圧倒的な結果を残した。

未熟なリーダーが報告の場でほかのみんなを責めると、その姿勢が部下やチームメイトにも伝染し、みんなが同じことをするようになった。全員がほかのみんなを責めるから、当然ながらチームは力を失い、計画を正しく実行できなかった。

私はさらに副社長に言った。

「そうした状況では、何に対しても『自分に責任がある』なんてみじんも思わない部隊ができ上がってしまいました。誰もが言い訳ばかりして、結局、問題解決に必要な調整をまったくしなくなったんです。では、報告の場で責任を認めた指揮官と比べてみましょう。彼は言いました。『部下のリーダーたちが判断を誤りました。私が全体的な趣旨を、十分に説明しなかったからに違いありません』『急襲部隊が、思い描いたような働きをしてくれませんでした。私の意図をもっとよく理解してもらい、もっと徹底的に予行練習をする必要がありますね』と。よいリーダーは、ミスや不足の責任を負う。そこが決定的な違いです。こうしたリーダーに、小隊やタスクユニットがどんな反応をしたと思いますか？」

「敬意を払ったでしょうね」と副社長は認めた。

「その通り。リーダーが『究極の責任感』を示せば、結果的に、一番若い隊員に至るまで全員が『究極の責任感』を見習います。集団として、誰の、何のせいなのかを突き止めようとする代わりに、問題解決の方法を見つけ出そうとします。外から見ている人たち、たとえば私たち訓練スタッフや、御社の場合なら取締役会の人たちから見れば、その違いは明らかでしょう」

「つまり、私は今、取締役会から、そう見られているわけですね？　ほかのみんなやほかのすべてのせいにしていると」と、副社長は理解した。

「解決する方法は、一つしかありません」と私は言った。

その後の数日間は、副社長が取締役会の準備をするのを手伝った。時折、彼はまた身構えて、責任を認めるのを嫌がった。さまざまな点で、自分の知識が取締役会の多くのメンバーよりも上だ、と感じていたからだ。おそらくその通りだったが、任務をしくじっているチームのリーダーである事実は変わらない。取締役会のプレゼンテーションのリハーサルをしながら、私は確信できずにいた。副社長は本当に、チームの失敗の責任を全面的に受け入れているのだろうか。そこで、単刀直入にそう伝えてみた。

「あなたが言えとおっしゃることを、そのまま言ってるじゃないですか」と、副社長は言い返した。「この任務が成功しなかった理由は、リーダーとして実行させられなかった私の失敗だ、と」

「問題はそこですよ」と私は言った。

「口でそう言いながら、あなたがそう信じている気がしないんです。あなたのキャリアを見てください。あなたは目を見張るようなことを成し遂げてきました。しかし、そんなあなたも、もちろん完璧じゃありません。完璧な人間なんていないからです。あなたは今なお学び、成長しています。私たち全員がそうです。これは、あなたにとっての試練なんです。あなたがもう一度この課題に取り組み、自分がどう導いたのか、何を改善できるのか、厳しく自己分析すれば、結果は違ってくるでしょう。とにかく、ここからがスタートです。取締役会議から始まるんです。会議室に入り、自分のエゴを脇に置いて、会社の失敗に責任を負うところからがスタートですよ。取締役会のメンバーは、見聞きする内容に心を動かされるでしょう。ほとんどの人間には、できないことだから。みんなが、あなたの『究極の責任感』に敬意を払ってくれるでしょう。失敗の責任を認めてください。そうすればあなたは、かつてないほど強くなれます」と、私は締めくくった。

取締役会で、副社長はそれを実行した。製造目標を達成できていない責任を認め、計画を実施するために行う、堅実で現実的な善後策のリストも提出した。リストは、ほかの人たちがすべきことではなく、本人が改める予定の項目から始まっていた。今副社長は、「究極の責任感」に向かって歩を進めている。

第2章

出来の悪いチームなどない。出来の悪いリーダーがいるだけ

〈リーフ・バビン〉

カリフォルニア州コロナド――シールズ基礎水中爆破訓練

「勝利ですべてが報われる！」。ブルーとゴールドのシャツを着た、鬼と恐れられているネイビー・シールズの教官が、メガホン越しに叫ぶ。シールズ訓練の中でもとりわけ悪名高い「地獄週間《ヘルウィーク》」も、3晩目を迎えていた。

迷彩服を着た訓練生たちはずぶ濡れになり、ザラザラの砂にまみれ、皮膚が赤く擦《す》り剝《む》けて血が噴き出ている。南カリフォルニアの夜の海水と寒風にさらされて、誰もがぶるぶる震

えている。痛みと苦痛を抱えたその動きは、72時間ほぼぶっ通しで運動した人間にしかできないものだ。疲労困憊しているのは、この3日間、トータルで1時間も眠っていないから。「地獄週間」が始まって以来、もう何十人もが辞めていった。病気になったり負傷したりで、リタイアさせられた者もいる。

数週間前、このクラスがシールズの基礎訓練コースである「基礎水中爆破訓練（通称BUD／S）」を開始したときは、決意に満ちた200名ほどの若者が、目を輝かせて参加した。誰もが米海軍特殊部隊「ネイビー・シールズ」の一員になる日を夢見て、何年も準備を重ね、卒業する気満々でBUD／Sにやってきたのだ。それなのに「地獄週間」が始まって48時間も経たないうちに、大半が苛烈な試練に屈服し、自主脱落（DOR）の合図である鐘をカンカンカンと3度鳴らして、シールズ隊員になる夢を捨てた。そう、去っていったのだ。

「地獄週間」は、体力テストではない。むろん運動能力は求められるが、「地獄週間」の前に何週間ものBUD／S訓練に耐え抜いた訓練生はみんな、卒業できる体力があることを証明ずみだ。これは体力テストではなく、精神力のテストなのだ。

時には、クラスでも群を抜いて運動能力の高い者たちが、「地獄週間」を乗り越えられなかったりする。成功は決意と意志次第だが、新しい工夫やチームとのコミュニケーションの賜物《たまもの》でもある。こうした訓練を卒業できるのは、体力的にタフなだけでなく、敵の裏をかくことのできる人間なのだ。

このわずか数年前、私自身もまさにこのビーチでBUD／Sの「地獄週間」に苦しんでいた。あのときの「地獄週間」は、101名の訓練生と共に幕を開けたが、終了時に残っていたのは40名だけ。抜群の体力の持ち主や、大声で話す筋骨隆々の男たちの中にも、初《しょ》っ端《ぱな》にリタイアしてしまった者もいた。最後までやり遂げた私たちは、しみじみ思ったものだ。おれたちは、何日もろくに眠らず、苦しくてもみじめでもヘトヘトでも、たいていの人間が「やれる」と思うレベルをはるかに超えて、心身を駆り立てられる人間だ、と。「地獄週間」は、まさにそのために設計されていた。

今の私は、シールズ教官が着るブルーとゴールドのシャツを身に着けている。2度にわたってイラクに派遣されたあと、海軍特殊戦訓練センターに配属され、将校のリーダーシッププログラム、「初級将校訓練コース」を指導することになったからだ。その本業に加えて、「地獄週間」も教官としてサポートしていた。

今回の「地獄週間」のシフトの責任者である私の仕事は、訓練を行うBUD／Sの教官グループを監督すること。教官たちは、訓練生をテストするエキスパートだった。とくに、シールズ隊員になるために必要なものを備えていない人間を、排除するのに長けていた。私にとって、「地獄週間」を教官の目線で見守ることは、まるで新しい経験だった。

BUD／Sの訓練生は、身長によって、7名ずつの「ボートクルー」と呼ばれるチームに分けられる。7名のボートクルーには、1艘《そう》の小型ゴムボート（IBS）が与えられる。海軍では「小型」と呼ばれるこのボートは、手で運ぶには恐ろしく大きく、恐ろしく重い。この大きめのゴムボートは黒色に黄色い縁取りが施され、重さは90キロほどあり、水や砂がどっさり入るとさらに重くなった。

第二次世界大戦中の海軍戦闘潜水員《フロッグマン》（水中爆破班）の遺物であるこの忌まわしいボートは、あらゆる場所へぎこちなく運ばれる。たいてい7名のクルーの頭が、下から必死で支えているのだ。ボートクルーは、陸の上では、ボートを頭上に載せたまま、高さ6メートルの浜段丘《ひんだんきゅう》［訳注：波の作用で砂浜にできる段丘］を登って越えて、そのままビーチを何キロも走る。海軍水陸両用基地コロナドでも、ボートを運んで硬いアスファルトの道路をあちこち往復し、先導する教官に必死で食らいついている。

悪名高い「BUD／S障害物コース」では、扱いにくいボートを押したり、引いたり、押し込んだり、力ずくで持ち上げたりしながら、ロープを越え、電柱を越え、壁を越えていく。太平洋に出ると、ボートクルーは、打ち寄せる強烈な波と戦いながらオールを漕ぐ。転覆して、難破船さながらにずぶ濡れの訓練生とオールが、ビーチにまき散らされるのも珍しくない。

この忌々しいゴムボートは、クルーたちに山ほど悲惨な状況をもたらしてきた。どのボートも前面に、明るい黄色のローマ数字でボートクルー番号が記されている。ただし、「スマーフ・クルー」と呼ばれるクラス一背の低いメンバーのボートクルーは別だ。彼らのボートの船首には、明るいブルーでスマーフ［訳注：ベルギーの漫画に登場する小さな妖精］の絵が描かれている。

どのボートクルーでも、地位の高いメンバーがボートクルー・リーダーを務め、教官から命令を受け取って、ほかの6名に手短に説明し、指示を出し、導くという責任を負う。ボートクルー・リーダーは、ボートクルーの成績の責任者だ。だから、どのメンバーも役目を果たさなくてはならないが、ボートクルー・リーダーは、リーダーであるがゆえに、教官たちから誰よりも厳しく監視される。

シールズでの訓練期間（そして実のところ、シールズでのキャリア全般を通して）、すべての演習は競争――レースであり、戦いであり、コンテスト――だった。ＢＵＤ／Ｓでも、教官たちは、その点を強調していた。訓練生たちが忘れないよう、常にこう言うのだ。「勝利ですべてが報われる」

ボートレースの勝利の報酬は、次のレースを休めることだった。肉体をノンストップで酷使する演習から、つかの間の休息が得られるのだ。睡眠を取ることは許されなくても、座って休めるだけでも貴重なご褒美だった。こうして勝者が報われる一方で、このルールはおまけ付きだった。そう、負けると最悪なのだ。２位は、教官たちに言わせれば、「敗者のトップ」

ただし、ひどい成績――ほかのチームからはるかに遅れ、最下位に沈んだ場合――には、ひどいペナルティが待っていた。教官たちの余計な関心を引くと、すでにクタクタの「地獄週間」に、さらに過酷な訓練がプラスされる。一方、勝利を収めたボートクルーは、レースを休んで勝利を祝える。何よりありがたいのは、ほんのつかの間でも、ずぶ濡れになって震えずにすむことだった。

教官幹部は、ボートクルーに繰り返しレースをさせ、決して休ませない。ボートクルー・

リーダーには、わざと複雑につくった詳細な指示を出す。すると、リーダーはクルーに説明し、ヘトヘトの状態でも最大限、指示を実行していく。教官が「ボートクルー・リーダー、集合せよ！」とメガホンで命じると、リーダーはボートを降りてダッと駆け寄り、教官の前にすばやく列をつくる。そして教官が、次のレースの詳細を説明し始める。

「ボートを漕いでサーフゾーン〔訳注：海岸に押し寄せた波が白く泡立っている領域〕を越え、ボートを空にし、[9]次の海岸標識まで漕ぎ、そこからビーチへ戻り、ダッシュで浜段丘を越え、海岸標識の周りを回って、頭上にボートを載せたままロープ・ステーションまで戻り、浜段丘を越え、ここでゴールせよ」と教官が言う。「わかったか？」

リーダーたちは大急ぎで戻り、ボートクルーに説明する。そして、レースが始まる。シールズのスタートは、よくある「位置について、よーい、ドン」ではなく、「スタンバイ……バスト・エム（全力で取り組め）！」。その声で、一斉にスタートが切られる。

どのレースでも、素晴らしい働きをする者たちはいる。この「地獄週間」では、あるボートクルーがずっと、ほかのチームを圧倒していた。ボートクルーⅡが、ほぼ全レースを制覇していたのだ。

彼らは毎回努力し、チーム一丸となって戦っていた。ボートクルーⅡには強いリーダーがいて、メンバーも意欲的で、誰もがしっかり働いているように見えた。互いに弱点をカバー

9　ボートを転覆させ、全員を海に放り出し、またボートを立て直して、乗り込むこと。

し合い、助け合い、勝つことを誇りにし、報われていた。勝利を収めるたびに、ボートクルーⅡは、レースで苦しむライバルたちを尻目に、つかの間の休息を楽しんだ。相変わらず寒くてクタクタだったけれど、ほぼ全員が笑顔を見せていた。素晴らしい働きをし、勝利を収める彼らは、士気も高かった。

一方、ボートクルーⅥは、別の意味で目立っていた。ほとんどのレースで最下位に沈み、ほかのチームに大きく水をあけられていた。誰もがチームとしてではなく、個人として動き、チームメイトに腹を立ててはイライラを募らせていた。少し離れていても、怒鳴り合い、ののしり合い、「お前は務めを果たしてない!」と誰かを責める声が聞こえていた。どのメンバーも、自分の苦しみや不快感にばかり目を向けている。

ボートクルー・リーダーも例外ではなかった。リーダーは、チームの不振にもちろん気づいているが、彼もクルーも「どんなに頑張っても変わらない」と考えているようだ。そして、ひどい成績を取り続けている。

「ボートクルーⅥ、そろそろ本気を出せ!」と、教官がメガホン越しに叫んだ。教官たちの余計な関心を引くと、ろくなことにはならない。シールズ教官たちの目が一斉にボートクルーⅥに注がれ、ひどい成績に見境なくペナルティを課し始めた。その結果、ボートクルーⅥの苦痛は、10倍にもふくらんだ。浜段丘を何往復もダッシュで越えさせられ、海に入れられてびしょ濡れの砂だらけになって、水ぶくれのできた両手両足を地面について、四つん這いで走らされた。

次にボートを、両腕を伸ばして支えるよう命じられた。そう、両腕を完全に伸ばし、頭の上でＩＢＳの全重量を支えるのだ。両肩が使い物にならなくなるまで。このペナルティが、すでに疲労困憊し、やる気をなくしていたボートクルーから、わずかに残っていた力を一滴残らず搾り取った。

ボートクルー・リーダーを務める、若くて経験不足な将校に、ますます注目が集まった。彼はリーダーとして成績に責任があるのに、「それがどうしたの」という顔をしている。おれはツイてないだけだ、と言わんばかりに。自分がどんなに頑張っても仕事を果たせない、ダメなチームを任されてしまった、と。

私は、ボートクルーⅥのリーダーをずっと見ていた。指導力を大幅に改善できなければ、彼は卒業できないだろう。シールズの将校は、みんなと同じ働きだけでなく、リーダーシップを発揮することも期待されている。これまでのところ、ボートクルーⅥのリーダーは、基準に満たない、好ましくない成績しか残せていない。シールズの上級上等兵曹は、教官幹部の中でもとくに経験豊富で尊敬を集めている下士官だが、彼もボートクルーⅥとさえないリーダーに強い関心を寄せていた。

「しっかり仕切って、追い風を受けて走れ」と、上級上等兵曹がボートクルーⅥのリーダーに言った。上級上等兵曹は巨体で目つきが鋭く、戦場のテロリストだけでなく訓練生たちにも恐れられている。優れたリーダーとして尊敬を集める彼は、多くの若い兵士を指導してきた。その彼が今、ボートクルーⅥの目も当てられない成績を前に、面白い解決策を提案した。

「1位のボートクルー・リーダーと最下位のボートクルー・リーダーを、交換してみたらどうだろう?」

ほかのすべての要素はそのままに。重くて扱いにくいボート、冷たい海水、転ぶと皮膚が擦り剝けるザラザラの砂、困難なレースで競い合う疲れ切った男たち……。ただ一人、リーダーだけを入れ替えるのだ。

それで何かが変わるだろうか? と私は首をかしげた。

計画はすぐさま、ほかの教官にも伝えられた。

「ボートクルーⅡとⅥのリーダーは集合」と、教官がメガホンで叫んだ。2人のボートクルー・リーダーが走ってきて、気をつけの姿勢を取った。「2人の立場を交換し、相手のボートクルーを担当せよ。ボートクルーⅥのリーダーは、今からボートクルーⅡのリーダーとなり、ボートクルーⅡのリーダーは、今からボートクルーⅥのリーダーとなる。わかったか?」

ボートクルーⅡのリーダーは、明らかに不服そうだった。自分がつくり上げ、熟知しているチームを離れるのは嫌に違いない。圧倒的な成績にも、胸を張っていたはずだ。成績の悪いボートクルーを仕切る新たな任務は難しそうだし、教官たちから余計な注目を集めてしまうかもしれない。それでも、教官に抗議しようとはしなかった。仕方なく、覚悟を決めた表情で、困難な任務を受け入れた。

一方、ボートクルーⅥのリーダーは、明らかにうれしそうだった。どうやら、運悪く――自分に非はないのに――成績の悪い者が集まる最悪のボートクルーを任された、と感じていたらしい。自分がどんなに頑張っても、ボートクルーⅥを改善することはできないのに、と。そして今、教官から「ボートクルーⅡを引き継げ」と指示された。彼の顔には、「やっと公平に扱われた。新しい任務はきっと楽だろう」という思いがにじんでいた。

2人のリーダーは、それぞれ新たなボートクルーを得て、次のレースの準備をした。これまでと同じように、ボートクルー・リーダーとして教官から指示をもらい、チームに説明をする。

「スタンバイ……バスト・エム!」の声で、レースが始まった。

私たちは、ボートクルーがボートを担いでダッシュで浜段丘を越え、それからサーフゾーンへ急ぎ、暗い海中に突入していくのを見ていた。みんなでボートに飛び乗り、猛然とオールを漕ぐ。打ち寄せる激しい波に逆らって、ボートを空にし、また全員を乗せて、ビーチまでオールを漕ぐ。教官たちの車のヘッドライトに反射して、ボートの黄色い縁取りが光る。もうボート番号は見えない。

だが、2艘のボートがほかを引き離し、ほぼ互角にトップ争いをしているのが見えた。教官たちがトラックでボートを追いかけると、岸から800メートルほど離れた地点から、2艘がビーチに戻ってくるのがわかった。ヘッドライトがボートをとらえ、番号がはっきりと見えた。トップで戻ってきたのは、なんとボートクルーⅥだった。ゴールまでずっと首位を保ち、ボートクルーⅡに競り勝って、レースを制したのだ。

奇跡的な逆転が起こった。ボートクルーⅥが、最下位から首位に躍り出たのだ。クルーたちがチームとして協力し始め、勝利を収めたのだった。ボートクルーⅡも、相変わらずよく戦ったが、僅差で敗れた。彼らはその後のレースでも、トップを目指してボートクルーⅥに挑戦し続けた。この2艘のボートが、残りのチームを上回る成績をあげ続け、次の1時間は、ボートクルーⅥがほぼすべてのレースで優勝した。

衝撃の展開だった。ボートクルーⅥは、新しいリーダーを迎えたこと以外、何もかも同じ状況なのに、クラス最悪のチームから最高のチームに変わった。ののしり合いもイライラも、もうどこかへ消えていた。教官たちから絶えず監視されたり、一人一人が注目されたりすることもなくなった。

驚くほどの変化をこの目で見なければ、私も「うそだろ?」と疑っていたかもしれない。だがそれは、「究極の責任感」の核となる基本的かつ重要な真実を示す、決定的な実例だった。そう、**出来の悪いチームなどない。出来の悪いリーダーがいるだけ。**

なぜこんなことができたのだろう? たった一人——リーダー——を入れ替えただけで、チーム全体の成績ががらりと変わるなんて。答えを言おう。**リーダーシップは、あらゆるチームの成績を司る、唯一最大の要素だからだ。チームの成功も失敗も、すべてリーダーにかかっている。リーダーの姿勢が、チーム全体の雰囲気をつくる。成績が伸びるのも、伸び悩むのも、リーダー次第なのだ。**これはチーム全体をまとめるトップのリーダーだけでなく、チーム内の小さなチームを仕切る若手のリーダーにも当てはまる。

私自身が「地獄週間」でボートクルー・リーダーを務めた経験を振り返ると、失敗して力を出し切れなかった日も、成功した日もあった。私のボートクルーも時折成績が伸びずに苦しんだが、それは私自身が「ボートの先頭の一番難しいポジションに就いて、リーダーシップを発揮するべきだ」と気づくまでの話だった。勝つためには、クルーを激しく、本人たちが「やれる」と思っている以上に駆り立てなくてはならない。あのとき気づいたのだ。先のことや遠くて見えないゴールではなく、目の前の具体的な目標――100メートル先の海岸標識や陸標や道路標識――を目指させたほうがはるかに効果的だ、と。

精いっぱいの努力をして何とか目の前の目標にたどり着けるなら、また次の目標に手を伸ばし、そのまた次の目標に手を伸ばしていくことはできる。そのピースをつなぎ合わせるうちに、成績は徐々に大きく伸びていき、最終的にトップでゴールを切ることができた。

今にして思えば、あんなに怒鳴らずに、もっと励ますこともできただろう。当時はリーダーとして、教官たちからクルーを必死で守っていた。まさに「『われわれ』対『あの人たち』」の図式で。だが実際には、ボートクルーを守っているつもりが、ほかのクルーの足を引っ張る、力不足な2人のメンバーをかばっていた。「地獄週間」が終わったとき、チーム内のほかのクルーたちと話をしていて気づいたのだ。「おれたちは、メンタルの弱いクルーをサポートしてしまった」と。そうでなければ、2人は間違いなく基準に達しなかっただろう。

あの義理堅さは、間違っていた。自分たちがシールズ・チームの小隊に配属され、メンタルの弱い彼らと任務に就きたくないなら、ほかの隊員にそれを強いるべきではない。教官たちは、高い成績の基準を満たす決意や意志のない者をふるい落とす任務を背負っているのだ。私たちは、その邪魔をしてしまった。

結局のところ、ボートクルーの成績は、100パーセント私次第だった。「出来の悪いチームなどない。出来の悪いリーダーがいるだけ」という考え方は受け入れ難いが、優れたチームをうまく導きたいなら、リーダーがしっかり腑に落とし、実践しなくてはならない重要な概念だ。リーダーはすべての責任を負い、成績の足を引っ張っている問題を認め、問題解決の方法を見つけなくてはならない。

チームが素晴らしい力を発揮できるのは、リーダーが、同じ目標を目指してみんなが協力できるように導き、高い基準を課し、常に力を伸ばせるよう努力した場合だけだ。チーム内に「究極の責任感」の文化があれば、メンバー全員がこの取り組みに貢献し、高い成績をあげられるだろう。

BUD／S教官としてさまざまな出来事を見ていると、よくわかる。「地獄週間」は訓練生にとっては大変な試練だが、あくまでも訓練にすぎない。若いボートクルー・リーダーたちは、間もなく戦場でシールズ隊員として担うことになる、リーダーシップの重責をまだ十分には理解できていない。戦闘リーダーが背負うプレッシャーはあまりに大きく、彼らの想像を超えているからだ。

この「地獄週間」のわずか数カ月前のこと。私はイラクのラマディで、シールズ小隊指揮官として、敵が支配する暴力的な地域で戦闘任務を率いていた。経験豊富で決意に満ちた完全武装の敵を相手に、数え切れないほどの銃撃戦を展開し、常に死がそこまで迫っている状態だった。私（をはじめ、小隊やタスクユニットのリーダーたち）が下すどんな決断も、死を招く危険性があった。私たちは戦場に計り知れないほどの影響を及ぼし、何百人もの敵の戦闘員を殺害し、米軍兵士と海兵隊員を守った。私はこうした勝利を誇りに思っていたが、同時に、途方もない悲劇に見舞われてもいた。マーク・リーが、イラクで戦死した最初のシールズ隊員になってしまったのだ。

マークは、かけがえのないチームメイトだった。傑出した戦士であり、素晴らしいユーモアセンスの持ち主で、どん底の時期にもいつもみんなを笑わせてくれた。彼が射殺されたのは、ラマディ中南部で米軍が単独で戦った大規模な戦闘での銃撃戦の最中《さなか》だ。マークは私にとって、友人であり兄弟だった。私は指揮官として、彼の命に最終的な責任を負っていた。それなのにあの日、マークは撃たれて即死したのに、自分は小さな銃創を負っただけだった。私は帰国したけれど、彼はできなかった。このショックは言葉にならない。

タスクユニット「ブルーザー」のデルタ小隊にいたマイケル・モンスーアのことも、悲しくてならなかった。私の小隊のメンバーではなかったが、彼も友人で兄弟だった。マイケルは3人のチームメイトを救うために、手榴弾に覆いかぶさった。誰からも愛され、尊敬された隊員だった。私たちは、マークと同じように、マイケルの死を深く悼んだ。

負傷した仲間を避難させるイラク兵たち。米軍兵士、海兵隊員、タスクユニット「ブルーザー」との共同軍事作戦中に起こった、ラマディ・マラアブ地区での銃撃戦にて。（写真：著者提供）

マーク・リーが戦死した日、同じくチャーリー小隊の大切なメンバーであるライアン・ジョブも、敵の狙撃手に顔を撃たれた。重傷で命も危ぶまれたが、屈強なライアンは、失明したものの生き延びて、意欲と決意にあふれていた。理想の女性と結婚し、健康上の理由で海軍を除隊したあとは、大学に入学して経営学の学位を取得。「オールA」の成績で卒業した。目が見えなくなっても、標高4392メートルのレーニア山の登頂に成功し、一人でアメリカアカシカの雄を仕留めたこともあった（観測手用のカメラが付いた、特別設計の望遠鏡付きライフルを使って）[10]。

ライアンは卓越したシールズ隊員で、素晴らしいチームメイトで、みんなに刺激をくれる友人だった。人生が配った手札に愚痴を言うこともできたはずだが、彼はそうしなかった。会うたびに、お互いずっと笑っていた。夫妻には初めての子どもが生まれる予定で、ライアンはわくわくが抑えられない様子だった。

ところが、タスクユニット「ブルーザー」チャーリー小隊で苦労を共にした戦友たちが命を失うことはもうない、と胸をなで下ろしたその頃、ライアン・ジョブは亡くなった。戦闘で、私の指揮下で負った傷の修復手術からの回復途中に。どれほど言葉を尽くしても、この知らせの衝撃を表現することはできない。理解を超えた苦しみだからだ。

小隊の指揮官として、マークとライアンの死を、私は一生背負っていく。マイケルがいたデルタ小隊の指揮官も、同じ気持ちのはずだ。そして、ブルーザーの指揮官だったジョッコも、3人の重みを背負っている。しかしながら、私の苦しみなど、この素晴らしい男たちを失った、家族や親友の苦しみとは比べものにならないだろう。これから先ずっと、できる限り彼らを助け、支えていくことが私の務めだと思っている。

ここに立って、(まだシールズ隊員ではない)若いボートクルー・リーダーたちを見ていると思うのだ。彼らは、シールズ将校や戦闘リーダーとして自分が背負うことになる責任など、到底理解できないだろう、と。言うまでもなく、BUD/Sの訓練は厳しく、「地獄週

10　ライアンが壮大なアウトドア・アドベンチャーの機会に恵まれたのは、負傷した兵役経験者のためのNPO「キャンプ・パトリオット」(www.camppatriot.org)の素晴らしい活動のおかげだ。

間」では息も絶え絶えになる。それでも、自分たちを殺害しようと躍起になっている人間はどこにもいないし、訓練での判断が、生死を左右することもない。ボートクルー・レースが、告別式につながる恐れはないのだ。自分の判断ミスが国際問題に発展し、瞬く間に夕方のニュースや新聞の第1面を賑わして、戦争全体に悪影響をもたらすかもしれないプレッシャーとも無縁だ。イラク戦争のときの、われわれとは違う。

こうした経験の浅い、間もなくシールズ隊員になる訓練生がBUD／Sを卒業する際に、私は、5週間に及ぶ「初級将校訓練コース」を課していた。これは、リーダーシップ育成に特化したプログラムだ。ここでは、私自身が「戦闘リーダーになる前に教わりたかった」と思うすべてのことを教える、最大限の努力をしていた。どのコースでも最後の数週間に、「マーク・リー&マイケル・モンスーア追悼ラン」を実施した。ポイントロマの崖の頂上に登り、マークとマイケルが眠る「フォート・ローズクランズ国立墓地」でゴールする、8キロの上り坂のコースだ。2人の気高い戦士にふさわしい、太平洋を見下ろすこの静かな場所で、墓石の周りに若手将校のクラスを集め、マークとマイケルの話をしていた。

私にとって、2人の物語を語ることは、とても重要なことだった。マーク・リーとマイケル・モンスーアの遺産が語り継がれ、シールズ戦闘リーダーの卵たちに、はっきりと理解してもらう役に立つからだ。自分の責任がどれほど重大なもので、命令の重責がどれほど大きなものかを。

今後将校として、シールズ小隊や部隊を仕切るリーダーとして歩み出せば、すべての責任は彼らの肩にかかってくる。小隊の働きが悪ければ、問題を解決し、障害を克服し、チーム一丸となって任務を達成する責任を、自分が背負わなくてはならない。結局のところ、心から受け入れるほかないのだ。「出来の悪いチームなどない。出来の悪いリーダーがいるだけだ」と。

原則

元米陸軍大佐デイヴィッド・ハックワースの著書『*About Face：The Odyssey of an American Warrior*（未邦訳：回れ右――ある米軍戦士の冒険）[11]』は、シールズ・チームをはじめ米軍全体において、多くの前線のリーダーに影響を及ぼした。この長編の回顧録には、ハックワース大佐の軍歴、朝鮮やベトナムでの戦闘経験、彼が学んだ数え切れないほどのリーダーシップの教訓が詳しく記されている。後年物議を醸した人物ではあるが、ハックワースは極めて有能で尊敬を集めた戦場のリーダーだった。

この本の中で、ハックワースは、第二次世界大戦でドイツ軍や日本軍を破った米陸軍のメンターたちの哲学を紹介している。それは「出来の悪い部隊などない。出来の悪い将校がい

11 『*About Face：The Odyssey of an American Warrior*』の著者は、元米陸軍大佐デイヴィッド・ハックワースと、ジュリー・シャーマン。

るだけだ」というもの。この言葉は、「究極の責任感」の本質をとらえている。どんなリーダーにとっても受け入れ難い屈辱的な概念ではあるが、これは、勝利を収める優秀なチームをつくるのに欠かせないマインドセットなのだ。

「究極の責任感」を体現するリーダーが、チームにさらに高い成績の基準を求めるなら、基準について、**リーダーとして理解しておくべきことがある。それは、「重要なのは、あなたが説いていることではなく、容認していることだ」ということ。**期待値を設定するなら、それまでに何を言おうが書こうが、基準に満たない成績が受け入れられ、誰も責任を問われていないなら――何の影響も及ぼしていないなら――そのひどい成績が新たな基準になるのだ。

だから、リーダーは、基準を課さなくてはならない。達成できない責任を即座に問う必要はないが、リーダーは、期待されている高い基準が達成されるまで、繰り返し課題に取り組まなくてはならない。チームが「究極の責任感」を活かせるよう励ましながら、基準を満たすよう導かなくてはならないのだ。

リーダーは、メンバーが互いに助け合うように、チーム内の異なる要素をまとめ上げなくてはならない。どうすれば一番うまく任務を達成できるのかに、全員が心を注げるように。BUD／Sのボートクルー・リーダーの例から学んだように、ほとんどの人間は――ボートクルーⅥのメンバーのように――優勝チームの一員になりたがっている。ただ、その方法を知らなかったり、モチベーションや励ましが必要なだけだったりする。毛色の違うメンバーが協力して任務を達成するには、チームには原動力が必要だ。そこに、リーダーシップの出番がある。

「究極の責任感」の文化が、一度チームの隅々まで浸透すれば、チーム全体がうまく機能し、成績は伸び続ける。たとえ強いリーダーが一時的にチームを離れても。戦場では、死傷者が出る可能性に備えておくことが、万が一リーダーが倒れた場合に、チームの成功を支えることになる。

ビジネスや軍隊以外のチームの場合も、不測の事態に見舞われる可能性はいくらでもある。だから、どんなチームも、若手のリーダーに、直属の上司の役割や責任を一時的に引き受ける準備をさせておくべきだ。必要に応じて、チームの任務を遂行し、目的を果たせるように。

リーダーは、決して満足すべきではない。常に成長を目指して努力し、そのマインドセットをチームに浸透させなくてはならない。残酷なまでに正直に、現実的に、自分自身やチームの成績を評価し、その現実と向き合わなくてはならないのだ。よいリーダーは、弱点を見つけ、そこを強化し、試練を乗り越える計画を練ろうとする。

軍隊に限らず、シールズ・チームのような最高のチームは、常に成長を目指し、能力を高め、基準を押し上げていく。まずは個人から始まって、それが各メンバーに広がり、最終的にはチームの文化や新しい基準になっていく。

「出来の悪いチームなどない。出来の悪いリーダーがいるだけ」という認識は、「究極の責任感」を推進する力になるだろう。そして、リーダーがあらゆる戦場で（本物の戦場でも、戦場と見まがうような場所でも）、圧倒的な力を発揮する優れたチームをつくる助けになる

だろう。

ビジネスへの応用

「『究極の責任感』というこの概念は素晴らしいですね」とCEOが言った。「わが社でも活用できそうです。うちのチームはわりあいしっかりしていますが、『究極の責任感』に欠けるリーダーも若干名おります。うちで一緒に取り組んでいただけませんか？」

金融サービス企業の創業者兼CEOが、ある上級幹部グループに対する私のプレゼンテーションを見学していた。そして、「究極の責任感」という概念に興味を抱いて、終了後に話しかけてきた。

「喜んでお手伝いしますよ」と私は答えた。

チームの状態や、会社や業界特有の課題をよく理解しようと、CEOと電話で議論を重ね、会社の事務所をいくつか訪問して、経営陣とも会った。それから、部署のトップや主要なリーダーを集めて、リーダーシッププログラムを実施することになった。

CEOはプログラムの冒頭で、部屋にいるメンバーに私を紹介し、なぜこの研修に投資したのかを説明した。

「われわれは勝利を収めてはいません」と、CEOは明言した。最近着手した新製品の投入がうまくいっておらず、会社は赤字なのだ。今会社は、重要な分かれ道に立っている。

「わが社は『究極の責任感』のような概念を採用する必要がある。今日はリーフから説明してもらいます。われわれがまた軌道に乗って、勝利を収められるようにね」。CEOはそう言って、私と経営幹部と部署のトップを残して、部屋を出ていった。

私は戦闘経験などの経歴を話し、「究極の責任感」の原則がいかにあらゆるチームの成功に欠かせないかを説明してから、部署のトップやマネージャーたちと議論を始めた。

「『究極の責任感』をどのようにチームに活用すれば、成功し、会社の勝利に貢献できると思いますか？」と私は聞いた。

会社の主要部署のリーダーであるCTO（最高技術責任者）が、むきになるような素振りを見せた。彼は会社を代表する商品の開発者だが、「究極の責任感」がお気に召さないようだ。理由はすぐにわかった。新製品ラインを手掛けたのは彼なのだ。悲惨な展開の責任を取るのは屈辱的だし、受け入れ難いのだろう。

CTOは、自分のチームがなぜ失敗したのかや、会社の収益にダメージを与えてしまったことに、とめどなく言い訳をしていた。失敗を臆面もなく、厳しい市場状況や転換期にある業界、経験不足のメンバーや営業チームとのコミュニケーション不足、さらには、さえない顧客サービスのせいにした。それから、経営陣のことも責めた。失敗の責任を取ることも、自分のチームの力不足を認めることもせず、「私たち全員が、もっと成長しなくてはなりません。でないと、会社がつぶれてしまう」と言い放った。

私はグループのみんなに、BUD／Sのボートクルー・リーダーの話をした。ボートクル

－Ⅵが新しいリーダーのもとで、どのように逆転勝利を収めたのか、そして、「出来の悪いチームなどない。出来の悪いリーダーがいるだけ」という概念を説明した。

「私自身がボートクルー・リーダーとしてＢＵＤ／Ｓの訓練に参加していたときも、ボートクルーが悪戦苦闘することは何度もありました」と私は言った。「チームの成績や、なぜうまくいかないのかについて、言い訳するのは簡単ですが、私は学んだんです。よいリーダーは言い訳をしない。その代わり、任務を果たし、勝利を収める方法を見つけるんです」

「先ほどの事例の、２人のボートクルー・リーダーの違いは、何だったんでしょう？」と、マネージャーの一人が尋ねた。社内の重要なチームの責任者だ。

「最初のリーダーのもとでボートクルーⅥが苦戦していたとき、リーダーは、『成績を伸ばせる』とは思ってもいないようでした。優勝できるなんて、夢にも思ってなかったんです。そんなネガティブな姿勢が、クルー全員に伝染してしまいました。苦戦しているチームにありがちですが、ボートクルーⅥのリーダーも、成績の悪さに山ほど言い訳をして正当化してました。彼は思ってたんです。『よそのチームの成績がいいのは、リーダーが優秀なクルーに恵まれて、ツイてるからだ』と。ネガティブな姿勢は、被害者意識の表れだったんです。『おれもクルーも不当な扱いを受けてるんだから、勝てなくて当然だ』と。リーダーがこうなので、チームも自分たちを省いて、どこを改善すればいいのか考えなくなりました。そして、リーダーもクルーも、任務ではなく、自分のことばかり考えるようになったんです。自分がどんなにクタクタで、どんなにみじめで、どんなに痛くて苦しいか。教官たちは『成績を上げろ』と言いましたが、ボートクルーⅥは、ひどい成績に甘んじるようになった。弱いリーダーのもとで、お互いを責めてばかりいたので、チームは負け続けることになりました。誰も責任を取らず、勝つ姿勢で臨まなかったからです」

「新しいボートクルー・リーダーの行動は、どう違ってたんですか？」と、別の部署のトップが尋ねた。

「ボートクルーⅥを任されたボートクルーⅡのリーダーは、『究極の責任感』を最大限に示したんです」と私は言った。

「彼はまず、事実と向き合いました。ボートクルーⅥの成績がひどいことも、負け続けているから成績を伸ばさなくてはならないことも認めて、受け入れたんです。誰のことも責めず、ひどい成績を正当化する言い訳もしなかった。そして『誰かが問題を解決してくれるだろう』と手をこまねいてもいなかった。リーダーが現実的な評価をし、失敗を認め、問題の責任を背負ったことが、成績を上げ、最終的に勝利を収める計画を練る鍵になりました。何より物を言ったのは、リーダーが『勝てる』と信じたことです。『勝てるわけないだろ』と考えていたチームにとっては、『成長できるし勝てる』と信じることが、何より重要だったんです」

私はさらに言った。「ボートクルーⅥの新しいリーダーは、クルーを任務に集中させました。言い争いや内輪もめを許さず、チームをまとめ、『レースに勝つ』というたった一つの目標に全力を注がせました。高い成績の基準を設け、それ以外を一切受けつけなかったんです」

「では、強いリーダーを失ったボートクルーⅡは、能力がはるかに劣るボートクルーⅥのリーダーを迎えても、なぜ健闘し続けたんですか？」と、別の部署のリーダーが聞いた。

「『究極の責任感』、つまり、よいリーダーシップは伝染するからです」と私は答えた。

「ボートクルーⅡの最初のリーダーは、『究極の責任感』の——勝利の——文化と勝ち方を、各メンバーに教え込んだんです。ボートクルーⅡは、優秀な個人から成る確かなチームに成長していました。どのクルーも、ほかのクルーに最高の働きを求めたんです。素晴らしい成績を繰り返せば、それが習慣になります。クルー一人一人が勝つために何をすべきかを知っていて、それを実行しただけ。もはやリーダーからの明確な指示は必要なかったんですよ。その結果、ボートクルーⅡは、その後も大半のチームを上回る成績をあげて、ほぼすべてのレースでボートクルーⅥと首位争いをしました」

私は、ボートクルーⅥの最初のリーダーが、「これでもう楽勝だ」と思いながらボートクルーⅡに加わったことも、詳しく説明した。実際には楽勝どころか、優秀なチームについていくために、必死で頑張らなくてはならなかった。そしてその日のうちに、彼は最大の教訓を学んだ。なんと元のチームが、目の前で完全な逆転勝利を収めたのだ。新しいリーダーは、「優れたリーダーシップがあれば、不可能に見えることも達成できる」と証明してみせた。

ボートクルーⅥの元リーダーは、このときまでうまくリーダーシップを発揮できなかったが、屈辱的な教訓から学び、その学びを実践していった。最終的に、このリーダーはＢＵＤ／Ｓ訓練を無事に卒業して、シールズ・チームで輝かしいキャリアを築くことになった。

「要するに」と、私はみんなに言った。

「チームの成功も失敗も、すべてはあなた次第です。『究極の責任感』は、重要なリーダーとして、あなたが正しい判断をするのを助けてくれる概念です。つまり、勝利を後押ししてくれます」

CTOは、イライラして言った。「われわれは、正しい判断をしてますよ」。本気でそう言っている。

その言葉に驚いて、私は言った。「あなたは全面的に認めていますよね。会社として、御社が勝利を収めてはいないと」

「勝利を収めてはいないかもしれません」。毅然としたままCTOは言った。「しかし、正しい判断はしています」

「勝利を収めていないなら、正しい判断ができてない、ということです」と私。CTOは自分が正しいと自信満々で、ミスや失敗の言い訳や責任転嫁をしては、責任逃れのとんでもない主張を展開している。

ボートクルーⅥの元リーダーと同じように、このCTOも「究極の責任感」とは正反対の態度を取っていた。成績を伸ばし、チームを成長させる有意義な行動を取るどころか、自分の働きがいまいちなことも、自分たちがもっと頑張れることも認めようとしない。CEOが「わが社は、実績を大幅に改善しなくてはならない」と明確に述べているのに、CTOは延々と他人を責めるばかりで、責任を取ろうとしない。BUD／Sのクラスとシールズ資格訓練で一緒だった親友が、「苦悩する天才」と名づけた状態に陥っている。

ここで言う「苦悩する天才」とは、心の病を抱えるアーティストやミュージシャンのことではない。これは「責任感」の話なのだ。どれほど自分の失敗が明らかで、どれほど批判が真っ当なものでも、「苦悩する天才」はミスの責任をまったく認めず、言い訳をして、自分（やチーム）の失敗をほかのみんなのせいにする。頭の中で、「世の中のみんなには、私がしていることの素晴らしさがわからないから、評価もできないんだ」と考えている。「苦悩する天才」のマインドセットを持つ人は、チームの成績に壊滅的な影響を及ぼしかねない。

部署のトップやマネージャーたちと長い議論をした結果、多くの人は「究極の責任感」を理解し、評価してくれたが、CTOは違っていた。ワークショップが終了したあと、私はCEOに会って報告をした。

「どうでしたか？」とCEOが聞いた。

「ワークショップはうまくいきました。部署のトップやリーダーの大半は、『究極の責任感』という概念を理解してくれました。ただし、御社には一つ大きな問題があります」と私。

「当てましょうか？」とCEO。「うちの最高技術責任者でしょ」

「その通りです」と私は答えた。「事あるごとに『究極の責任感』という概念に抵抗されるんです」

この現象は、シールズ・チームでも、クライアント企業でも目にしたことがあった。どんなグループにも必ず、責任を回避したがる人間がわずかながらいるものだ。しかし、このC

TOはとくに重症だった。

「CTOは、私がお会いした中でもかなり重症の『苦悩する天才』かもしれません」

CEOは、このCTOに手を焼いていることを認めた。一緒に仕事がしづらいし、ほかの部署のリーダーたちも、彼との間に大きな問題を抱えていた。だが、CEOは「彼の経験や知識が会社には欠かせないから、解雇できない」と考えている。しかも、CTOは、自分は非の打ちどころのない人間だ、と感じているようだ。

「私には、どなたかを解雇すべきだ、なんて言えません」と私は言った。「それは、あなたにしかできないご決断です。しかし、これだけは言えます。業績の基準について申し上げるなら、『重要なのは、説いていることではなく、容認していること』なんです。CTOに、『究極の責任感』を実行させなくてはいけません。ミスを認め、他人のせいにするのをやめて、チームを成功へと導かせるんです。現状のままを許せば、業績が上がることも、勝利を収めることも期待できません」

1週間後、私はCEOに電話をかけて、チームの様子を確認した。

「『究極の責任感』の概念を、しっかりと受け入れ始めた者もいます！」と、CEOはうれしそうに言った。「しかし、やはり問題はCTOです」。CEOによると、私が帰るや否や、CTOがオフィスに押しかけ、「『究極の責任感』なんて概念は、悪影響を及ぼしますよ」と警告してきたという。ばかげた話である。

「『究極の責任感』の悪影響などありませんよ」と私は言った。**「リーダーには2種類しかい**

ません。有能なリーダーと無能なリーダーです。優れたチームを率いて成功を収める有能なリーダーは、『究極の責任感』を示します。それ以外の者は、ただ無能なんです。それ以外は、出来の悪いリーダーです」

ＣＴＯと彼のチームの業績が、それをはっきりと示していた。人をイライラさせる彼の態度がチーム全体にも、ほかの部署にも悪影響を及ぼしていた。みんな、仕事がしづらいのだ。ＣＥＯは、理解してくれた。会社は勝利を収めていない。自分が立ち上げた会社も社員の生活も大切だから、倒産させるわけにはいかない。事態を改善しなくてはならないのだ、と。だから、ＣＴＯを解雇した。新しいＣＴＯは、まったく違う姿勢で――「究極の責任感」のマインドセットで――仕事に臨んだ。

技術チームのリーダーが変わったことで、ほかの部署も協力し合うようになり、チームワークが会社の立ち直りに大きく貢献した。一時は問題を抱え、生き残りに苦戦していた会社はまた軌道に乗り、収益性も成長性も改善しだした。彼らの成功は、「どんな戦場でも、リーダーシップほど重要なものはない」と改めて示してくれた。

リーダーシップは、チームの成否を左右する唯一最大の要素なのだ。リーダーは勝つために能力を高め、チームが優れた成績をあげるよう導く方法を見つけなくてはならない。シールズの訓練でも、遠くの戦場でも、ビジネスでも、人生においても、「出来の悪いチームなどない。出来の悪いリーダーがいるだけ」なのだから。

第3章 信頼せよ

〈ジョッコ・ウィリンク〉

キャンプ・ラマディのシャークベース（イラク）
――任務に対する疑念

「これはおかしい。あり得ない」

上層部から届いた任務の概要を読み終えて思った。イラク治安部隊による任務を、イラク治安部隊と共に、イラク治安部隊を通して遂行しろ、と書かれている。

私が初めてイラクに派遣されたときは、シールズはほぼ例外なくシールズ・チームやほかの米軍やNATO（北大西洋条約機構）の特殊作戦部隊と共に活動していた。ところが、シールズのタスクユニットは今、通常部隊と活動を共にするよう命じられている。しかも、ただの通常部隊ではない。イラクの通常部隊とだ。

タスクユニット「ブルーザー」は、最高レベルの任務を遂行すべく特殊な訓練を積んだ、プロのスポーツチームのようなものだ。お互いを知り尽くしているから、相手の考えや動きが読める。暗闇でパトロールしていても、お互いをシルエットでわかる。これは何年にもわたる訓練の賜物だ。全員が卒業したシールズ基礎訓練コース「BUD／S」に加えて、タスクユニット全員が1年にも及ぶ訓練を共にするからだ。

この特訓は、チームとしての訓練や演習で構成されている。車やボートや飛行機やヘリコプターを使って、あるいは徒歩で、砂漠や都市部や海で行われる。膨大な貯蔵兵器を、強烈なプレッシャーのもとでも正確に使えるようになるまで、何千発も発射する。何百時間も繰り返し繰り返し、訓練に次ぐ訓練を重ねてはじめて、単なる個人の集まりではなくチームとして行動できるようになるのだ。混沌とした戦場でのさまざまな試練において、正確に手際よく作戦を実行できる、連動するマシンになれる。

誰もがシールズ隊員として、最高の健康状態を保っているから、タフな任務を遂行できるし、戦場での途方もない要求にも応えられる。懸垂や腕立て伏せを何百回も行い、何キロも走り、重いウェイトを持ち上げ、海で長距離を泳ぐ。どれもこれも、戦闘に備えるためだ。訓練期間に、演習のない貴重な空き時間を見つけると、みんなジムへ行って過酷な運動をし、身体を鍛えていた。訓練の場所にジムがなければ、道路に出てハードなランニングをしたり、駐車場で重いタイヤを引きずったり、ひっくり返したり、マットの上で格闘技のグラップリングや柔術の激しい戦いをしたり。

要するに、ありとあらゆることをして、強靭で整った肉体を保っていた。各自が戦場で役目を果たし、つまずくことがないよう、肉体をハイレベルに保つことを期待されるからだ。起伏の多い地形で、重い戦闘用具一式を身に着けた負傷した仲間を運べるよう、備えておかなくてはならないからだ。常に体力テストで競い合うのも、シールズの重要な文化の一つだ。

おまけに私たちは、世界最高の道具にも恵まれている。暗号化された無線、暗視ゴーグル、赤外線レーザー、照明や標識《マーカー》、ユニフォームの防弾チョッキ、ヘルメット。使い慣れた隊員が活用すれば、戦術的にも、敵を大いにしのげる。

今通達されたことは、タスクユニット「ブルーザー」――私の友人であり兄弟でもある、高度な訓練を積んだ意欲的な男たち――が、イラク陸軍の通常部隊と共に戦わなくてはならないこと。イラク軍は間違いなく、世界最悪の戦闘部隊の一つだった。イラク兵の大半は貧しくて、ろくに教育も訓練も受けておらず、栄養不良で意欲に乏しい。イラク全土がひどい経済状態にあったので、多くの兵士は金のために参加していた。だから、状況が厳しくなると、（あとで目撃することになるが）よく逃走していた。

ただし立派なのは、どの兵士も命がけでイラク陸軍の一員になったことだ。本人がイラクの遠い街に派遣されている間に、家族がテロリストの標的になって命を狙われることも多々あった。もちろん、中にはわりあいマシな兵士もいた。だが、優秀なイラク兵はかなり珍しく、イラク陸軍の兵士の大半は、軍人として、あらゆる軍隊が求める基準をはるかに下回っていた。むろん、イラクで増える一方の武装勢力と戦い、打ち負かすのに必要な基準には、遠く及ばなかった。

２００３年当時、米国主導の連合国暫定当局は、サダム・フセインのイラク陸軍を完全に解体した。それをまた、一からつくり直さなくてはならない。新たなイラク陸軍の訓練は、ひいき目に見てもでたらめで、その場しのぎで、散漫だった。中には、ほぼ訓練されていない兵士もいた。将校がわいろを贈ったり、金で地位を買ったりすることも珍しくなかった。

イラクの若い志願兵たちの一番の目標は、生き延びることであって、勝つことではなかった。身体的にも弱く、大半がわずか数回の腕立て伏せも、挙手跳躍運動《ジャンピング・ジャック》もできなかった。戦術的に見て、彼らは危険で頼りにならず、基本的な安全手順もあまり守らなかった。

さらに悪いことに、イラク兵の中には、連合軍やイラク新政府に対する忠誠心が疑われる者もいた。スンニ派の兵士の一部は、サダム・フセインを信奉し続けていた。一方、ほとんどのイラク兵はシーア派で、多くが反米・親イラン派の過激な聖職者、ムクタダ・サドルを国民的英雄だと考えていた。時折、米陸軍や海兵隊のアドバイザーたちに武器を向けるイラク兵についての報告も上がっていた。そんな話を聞きながら、どのように信頼を築けばいいのだろう?

訓練不足に加えて、イラク兵たちは戦闘どころかキャンプ旅行になら辛うじて間に合いそうな格好をしていた。スニーカーやサンダル履きの者もいたし、ユニフォームは、米国やソ連や中東の種々雑多な迷彩服を集めたもの。寄せ集めの服装では、敵と味方の見分けがつかない。とくに、敵も軍隊風のユニフォームや装備を着用している環境では。

イラク兵の物品携行用の装着具《ウェブギア》（ロードベアリング装具）は、ＡＫ‐47用の弾倉《マガジン》収納ポーチが付いた、ぼろぼろのキャンバス地でできたソ連時代の胸当て式弾帯《チェストリグ》だったから、よくバラバラに壊れた。彼らが携行している武器は、武装勢力から押収した雑多なライフル銃で、多くがイラク製か中国製のＡＫ‐47の粗悪な模造銃。大半がひどいもので、ロシア製のオリジナルの水準には遠く及ばず、錆びついて照準を調整できない銃もよく見かけた。しかも、テクノロジーはせいぜい武器止まり。暗視ゴーグルもなければ、レーザーも、無線もなかった。いや、普通の懐中電灯を持つ者すらほとんどいない。防弾チョッキも古びていて、効果がはなはだ疑わしい。

タスクユニット「ブルーザー」は、イラク兵たちの装備を整え、まとめ上げる責任を負っていた。何より重要なことは、彼らを訓練し、米軍への攻撃力をますます強めている武装勢力と戦う準備をさせること。イラクの中でも敵が少ない地域なら、安全な基地での訓練プログラムを構築し、イラク兵の軍人としての基本スキルをチェックして、最後にやや高度な歩兵戦術もおさらいしてから、敵地のパトロールに連れ出せるだろう。

だが、ここはラマディだ。反政府活動や、アンバル州をめぐる決戦の中心地だ。戦うべき戦闘があり、守るべき前哨基地があり、捕獲して殺害すべき敵の戦闘員がいる。訓練のために何日もイラク兵を戦場から外すなんて、無理な話だった。

　シールズ隊員に与えられた任務は、この寄せ集めのイラク兵たちと敵地へ入って、われわれを一人でも多く殺害しようと決意している武装勢力の強硬派、ムジャヒディンたちと戦うこと。今やシールズ隊員は、銃声に向かって駆け出すことで知られているが、銃声に向かって駆け出すのが楽勝なのは、シールズがシールズに囲まれているときだ。自分の「真後ろ《シックス》」をカバーしている人間が、同じ訓練を受け、同じ装備を身に着け、同じ言葉を話す――信頼できる――誰かであれば。

　シールズ隊員にとって、知らない誰か――ろくに一緒に働いたこともなく、訓練も鍛錬もされておらず、別の言葉を話し、信頼性に欠ける相手――に命を預けろなんて、土台無理な要求だ。シールズ・チームにとっては、兄弟の絆《ブラザーフッド》こそが最強の武器なのだ。それを奪われたら、チームとして何より重要な資質を失ってしまう。

　ブルーザーの隊員たちが、「イラク兵と一緒のときだけ、戦闘活動を許される」と知ったときは、誰もが激怒し、全面的に反対した。ラマディで敵と戦うことが、そもそも極めて危険なことは、誰もが知っている。わざわざ危険性を高める必要がどこにあるのだろう？　だが、それが自分たちに下された命令だった。

　私でさえ、最初の反応は、「とんでもない」だった。そんな危険を冒す価値があるとは思えない。メリットがないどころか、なぜわざわざ不利な条件のもとで、戦わなくてはならないのだろう？　腑に落ちないし、賢い選択だとは思えない。成功するとも思えなかった。まともな訓練も受けず、忠誠心すら疑わしいイラク兵と一緒に銃撃戦などとんでもない、いや、おそらく自殺行為だろう。

しかし、ブルーザーの指揮官として、私の行動とマインドセットが部隊に及ぼす影響は大きい、と自覚している。これは私の命令となり、私が指揮を執るのだから、私が信頼できなくてはならない。だから、疑念は胸におさめ、ただこう自問した。「なぜだ？」

バグダッドから米国防総省《ペンタゴン》、ホワイトハウスに至るまで、つまり、イラクの現場や米国本土にいる米軍指導部は、なぜネイビー・シールズをはじめとした特殊部隊や米陸軍や海兵隊に、これほどハイリスクな任務を課すのだろう？　最高の人材がそばにいてくれても、戦闘がどれほど厳しいものかをずっと目の当たりにしてきた。なぜ、さらに困難にするのだろうか？

視点を少し変える必要があることはわかっていた。心の中で、目の前の戦いから一歩離れ、敵地に身を置き、戦略的な視点で考えてみる必要がありそうだ。バグダッドかペンタゴンの大将の一人にでもなった気持ちで。むろん、彼らは前線から遠く離れた場所にいるが、言うまでもなく、私たちと同じ目標を持っている。そう、勝利を収めることだ。

すると、別の疑問がわいてきた。「勝利とは何だろう？」と。どう考えても、従来の軍事的な意味での勝利ではなさそうだ。今戦っている敵は、降伏などしないだろうし、平和条約にサインすることもないだろう。つまり、ここで言う勝利とは、イラクが比較的安全で安定した国になることだ。

そこで、こう自問してみた。「どうすればイラク兵たちに、自国の安全保障を担う準備をさせられるだろう？」

彼らが、どこかの時点でそれを担い始める必要がある。イラク兵たちを戦場から連れ出し、基地内の安全な環境で訓練する時間がないなら、試行錯誤しながらＯＪＴで学んでもらうほかない。イラク人が、武装勢力のテロリストから国を守れるレベルまで能力を高められないとしたら、一体誰が守るのだろう？　答えは明白だ。私たち米軍である。米軍がここに足止めされて、何世代にもわたって彼らの国を守らなくてはならなくなる。

ろくな訓練も装備もなく意欲に乏しいイラク兵たちと、決意に満ち、完全武装した、極めて優秀な武装勢力の戦闘員たちとの能力の差は、とてつもなく大きい。ラマディの米軍前哨基地の管理をイラク兵たちに任せると、ほぼ毎回、武装勢力に攻撃され、制圧されて、何十人ものイラク兵や、時にはそこで任務に就く米海兵隊や陸軍のアドバイザーたちが殺害された。イラク兵では、武装勢力にとても歯が立たない。あれほど攻撃的な敵を打ち破るのに必要なレベルに達するには、何世代にもわたる訓練が必要だろう。たとえ訓練したって、これほどやる気のない兵士たちが、本気の敵と戦って勝てるはずがない。

この戦いの前線にいる私たちから見れば、はるか遠くにいてイラク兵たちと直接の接点がない米軍高官の多くが、イラク陸軍がどれほど力不足か理解していないことは明らかだった。彼らはとにかくひどい状態で、どれほど訓練しても優秀な兵士にはなれないだろう。おそらく、何とか使える程度にするのが関の山である。

そんなことをつらつらと考えているうちに、気がついた。私たち――タスクユニット「ブルーザー」をはじめとした米軍や連合軍――には、できることがある、と。アラビア語で「ジャンディーズ（「兵士」の意味）」と名乗るイラク軍は、決意に満ち、完全武装した敵との戦いでは、「何とか使える」程度にも絶対になれないだろう。だが、そこまで強靭な敵でなければ、対処できる程度には成長するかもしれない。そして、私たちが武装勢力の戦闘能力を削げば、現在の敵を強靭でない敵に変えられるかもしれない。

つまり私たち（シールズと米軍）は、訓練と戦場での指導を通してイラク陸軍の能力を高めつつ、武装勢力をたたきつぶし、彼らの能力を削がなくてはならないのだ。イラク兵とイラク警察だけで、それなりの平和を維持できる――勝利を収める――チャンスが芽生えるまで。そのためには、ブルーザーの隊員が基地を出て、戦場へ行き、武装勢力に深刻なダメージを加える必要がある。

しかし、戦闘任務が上から承認されなければ、活動することはできない。私たちが到着する何カ月も前からラマディにいる、シールズの別のタスクユニットからも聞いていた。「シールズだけで――イラク兵抜きで――構成された戦闘作戦を何度も計画したけど、ほとんど承認されなかった」と。承認を得るには、すべての作戦にイラク兵を同行させなくてはならない。彼らは、私たちのチケットなのだ。基地を出て、敵地に攻め込み、武装勢力への怒りを爆発させるための。

この時点で、私は理解し、信頼した。次は、部隊のみんなにも理解し、信頼してもらわなくてはならない。

そこで会議を開こうと、ブルーザーの全員を会見室に集めた。

「さて、みなさん」と私は言った。「みなさんも、もううわさは聞いてるだろう。私たちが今後行うすべての軍事活動に、イラク兵が組み込まれることになった」。ひどい言葉をつぶやく者、反発して大きなため息をつく者……。

私はもう一度言った。「すべての任務において、私たちは今後、ジャンディーズと共に戦うことになる」。部屋がまたざわざわしだした。不満や悪態の声がひときわ大きくなる。シールズの、任務を遂行する前線部隊の総意は明らかだった。「そんなのむちゃくちゃじゃないか」

私は、あからさまな抗議の声を遮った。「わかってる。ラマディの戦場は危険だ。困難だ。なのに、イラク兵と一緒に戦えだなんて、なぜさらに難しくするんだろう?」。その通りだと、部屋にいる大多数の者がうなずいた。

「では、一つ質問させてほしい」と、私はさらに言った。「イラク軍が、自国の安全保障を担える程度に成長しなければ、一体誰が担うのだろう?」

部屋は、しんと静まり返った。十分に納得してもらうために、質問を繰り返した。

「もう一度聞く。イラク軍がこの国の安全保障を担当できなければ、誰が担当するのだろう?」

みんなが私を見ている。答えはわかっているようだ。だが、なぜこんな指令を受けているのか、その戦略的重要性を全員が明確に理解できるよう、私ははっきりと説明した。

「イラク兵たちができなければ、それを担う集団は一つしかない。そう、私たちだ。彼らを成長させなければ、私たちが来年も、再来年も、その次の年も、この任務を担当することになるだろう。米軍が何世代にもわたって、ここに足止めを食らうことになる。イラクを守るのが、息子たちとそのまた息子たちの責務になってしまうんだ」

「イラク兵と任務に就く」という考え方にまだ抵抗するむきもあったが、隊員たちがこの任務を、戦略的な視点でとらえ始めたのがわかった。私は続けて言った。

「君たちと同じように、私も理解している。イラク陸軍をどんなに訓練しても、私たちが自らに課している水準に近づくことは決してないだろう。だが、彼らの成長に手を貸すことはできる。また、イラク軍を助けるために、できることはほかにもあるんだ。ラマディの通りで敵と戦って打ち負かし、武装勢力の軍事力を弱めて、暴力を減らすことだ。敵をたたきのめせば、イラク陸軍がイラクの治安維持活動を引き継げるだろう」

何人かが、納得してうなずくのが見えた。

「だが、そのためには、任務の一つ一つを——各軍事作戦を——上から承認してもらわなくちゃならない。そして、承認を得たいなら、すべての作戦にイラク兵を組み込まなくてはならないんだ。理解できない者はいるか?」

部屋はしんとしていた。全員が理解してくれた。隊員は、危険な戦場でイラク兵と共に戦うことを喜ぶ必要はないが、なぜそうするのか、心底理解していなくてはならない。理解すれば、任務の正当性を信頼できるからだ。

会議のあと、主要なリーダーたちに「なぜこの任務が重要なのか」について、さらに詳しく話した。もう一つのシールズ・タスクユニットと違って、私は部下にこう告げたのだ。今後はどんな作戦構想――上級司令部から承認をもらうために、作戦の基本的な考えを説明する書類――も、そこにイラク兵を組み込まずに提出してはならない、と。

「前回の派遣で、あなたが遂行された単独[12]作戦については、どうお考えですか？」とリーフが尋ねた。「効果がなかったんでしょうか？」。もう一人の小隊指揮官と2人の小隊長も、答えを待っている。

「効果はあった。2年前は、イラクで何度も単独DA[13]を遂行した」と私。「それ以降も、イラク全土の連合軍がDAを継続してきた。だが、事実を言おう。過去2年間に、敵の攻撃は300パーセント増加してる。300パーセントだ！　この場所は急速に悪化してるんだ。勝利を収めたいなら、今までと違うことをしなくちゃいけない」

「今後の軍事作戦には必ず、イラク兵を組み込まなくてはならない」と私は言った。

「そのイラク兵たちが、今までと違うことをするための手段なんだ。私たちが任務を遂行するためのチケットなんだ。私たちがイラク兵を成長させる。できる限り準備を整えさせ、共に戦うんだ。そして、イラク陸軍でも単独で戦えるほどに、敵を打ち砕く。ほかに質問はあるか？」

もう質問は出なかった。「なぜだ？」という一番大事な問いに答えたからだ。私自身は、任務を分析し、あの重要な情報を理解した時点で、任務の正当性を信頼できた。自分が信じなければ、「信頼せよ」と隊員たちを説得することはできない。私が部隊の前で疑念をにじませたり、この計画に込められた英知をあからさまに疑ったりしていたら、任務をあざ笑うような空気が一気に高まっただろう。そして、誰も正当性を信頼しなかったはずだ。その結果、誰一人全力を尽くさず、任務は失敗に終わっただろう。

だが、自分が理解し、信頼したから、部隊のみんなも信頼できるように、明確に簡潔に伝えることができた。**なぜかを理解すれば、誰もが任務に全力で取り組み、避けては通れない試練を耐え忍んで、目の前の任務を達成してくれる。**

隊員のほとんどは、私の説明を受け入れた。ただし、ブルーザーの全員がすぐさま納得したわけではなかったから、引き続き、戦場でイラク兵を指導することの重要性を強調しなくてはならなかった。

この派遣期間を通して、シールズは、すべての大規模な戦闘活動をイラク兵と共に行った。イラク兵たちは頻繁に、愚かなことや危険なことをしでかした。とある戦闘においては、ある兵士が誤ってAK-47ライフルの引き金を引き、近くに立っていたシールズ隊員たちのすぐそばの床に、10発以上も自動発射させた。弾がわずか数センチでもずれていたら、何人も

12 「シールズ単独」の意味。
13 直接行動によって捕獲・殺害する奇襲。

の隊員に命中していただろう。

別の作戦では、リーフと小隊の戦闘アドバイザーたちが、イラク兵たちの手からライフル銃をもぎ取らなくてはならなかった。敵の攻撃を受けたとき、AK‐47を頭の上に掲げて、後方に発射しながら逃げ出したからだ。シールズ隊員やほかのイラク兵たちが射程内にいたというのに、まったくひどい話だ。

またあるときには、シールズ隊員と一緒にパトロールしていたイラク兵たちが、敵の戦闘員に襲われた。一人が撃たれると、ほかのメンバーは彼を置き去りにしたまま走って身を隠した。2人のシールズ隊員が、敵の弾丸が雨あられと降る中、通りを渡って（いわゆる「名誉勲章ものの走り」というやつだ）、負傷したイラク兵を回収し、安全な場所まで引っ張っていった。その間中ずっと、あたり一面には弾が降り注いでいた。

イラク兵たちは、訓練や戦闘を共にするシールズ隊員たちを途方もなく苛立たせたが、思いがけない形で役立つこともわかった。シールズの突破要員なら、入口を開けるのに大型ハンマーか爆薬を使う。これは効果的な手段だが、とんでもない音がして、近隣の全員に存在を知られてしまう。だが、イラク兵なら、ドアや入口の施錠の仕組みを知っているので、音もたてずに手で難なく開けられる。

それに、悪人と善人を見分けられる。米国人の目には、敵の戦闘員が丸腰で民間人の中に隠れていると、区別がつかない。ところが、イラク兵たちには、地元住民と違う身なりや特徴やアラビア語のなまりがわかる。彼らが地元や文化を熟知していることが、敵を理解し、特定する上で大いに役立ってくれた。

次の半年間には、ラマディをめぐる大規模な戦いのただ中に、イラク兵たちを投入することも出てきた。戦死した者も、負傷した者もいる。ブルーザーからは不満も出ていたが、厳しい戦闘活動で共に血と汗と涙を流した結果、シールズ隊員とイラク兵たちの間にも、それなりの仲間意識が芽生えた。

米陸軍第1機甲師団・レディファースト旅団戦闘団の「奪取、掃討、確保、構築」戦略の成功によって、敵の戦闘員たちは、ラマディのかつての安全な隠れ家を追われた。すべての軍事作戦にイラク兵を組み込むと、上司はこの戦略を支援して危険な敵地へ侵攻する計画を漏れなく承認した。おかげで、極めて効果的に敵をたたきつぶすことができた。恒久的な戦闘前哨［訳注：前線基地よりも先につくられる小規模な陣地］をつくり、そこに住み、そこからパトロールに出かける米軍兵士や海兵隊員のために、地域をより安全にし、武装勢力をかつての拠点から追い出すことができたのだ。

その結果、地元の人たちも武装勢力への消極的な支持をやめて、米軍とイラク軍を支持するようになった。そのうち、武装勢力は軍事力を大幅に失い、暴力も劇的に減少していった。私たちの任務が終了する頃には、地域の安全性が高まり、イラク陸軍が自らの指揮統制のもとで、活動を始められるほどになった。街をパトロールし、敵と交戦し、武装勢力の戦闘員を捕獲・殺害できるようになったのだ。任務のこの部分は、あらゆる観点から見て、成功したと言えるだろう。

原則

任務に従い、任務を達成してくれるよう、ほかの人たちを説得したり励ましたりするためには、リーダー自身が任務の正当性を心から信頼していなくてはならない。たとえほかの人たちが「リスクが大きいのでは？」と疑い、「やる価値があるんですか？」と質問してきても、リーダーは大義を信じていなくてはならない。

リーダーが信じていなければ、勝つために避けられない試練を克服しようにも、必要なリスクを取れない。そして、ほかの人間――とくに、任務を遂行しなくてはならない前線部隊――を納得させることもできない。リーダーは常に「自分自身や自分の利益よりも大きなものの一員だ」という理解のもとで、任務にあたらなくてはならないのだ。そしてその理解をチームに、現場で戦術を実行する隊員に伝えなくてはならない。

訓練や装備よりもはるかに重要なのは、任務に対する断固たる信頼だ。それは、どんなチームや組織でも、勝利を収め、大きな成果を出すために欠かせないものなのだ。

多くの場合、リーダーは自分の考えやビジョンを、任務の考えやビジョンと合わせなくてはならない。リーダーが任務の正当性を信じていれば、その信頼が上司にも部下にも伝わる。行動にも言葉にも、自信がみなぎっているからだ。信頼が揺らいでいるときには、決してそうはならない。

リーダーの考えと任務のビジョンが合致していないときは、試練に見舞われるだろう。リーダーの自信が揺らいでいたら、リーダーに従うはずの者たちもそれに気づいて、任務を信頼していいものか、疑問を抱き始める。

すべてのリーダーは、目先の戦術的な任務から距離を置いて、それが戦略目標にどのようにかなっているのかを理解できなくてはならない。自分自身が疑問を抱き、理解できない命令を受け取ったときには、自問しなくてはならない。

「なぜだ?」「なぜこんなことを依頼されているのだろう?」

リーダーは一歩下がって、状況を細かく分解し、戦略のビジョンを分析し、結論を導かなくてはならない。自分自身が満足のいく答えを見つけられないなら、「なぜか」を理解できるまで、上司に質問しなくてはならない。前線のリーダーと部隊が「なぜか」を理解すれば、自分たちがしていることの正当性を心から信頼して、前に進めるだろう。

同じように、部下のリーダーたちに説明し、質問に答える時間を取るのは幹部の義務である。「なぜか」を理解し、信頼できるように。軍隊であれ、企業であれ、前線部隊は戦略のビジョンを、幹部の期待通りには明確に理解していないものだ。だから、幹部が戦略的知識に対する一般的な解釈——「なぜか」——を部隊に伝えることが、極めて重要なのだ。

どんな組織においても、目標は常に共有されていなければならない。目標が十分に共有されていない場合は、きちんと取り組んで、調整しなくてはいけない。軍隊と同じようにビジネスでも、経営陣がわざわざ失敗するような行動方針を選んだり、命令を出したりすることはない。だが、部下は戦略を理解できず、そのせいで、正当性を信頼できていないかもしれない。部下のリーダーたちは、きちんと質問をし、上司にフィードバックを返さなくてはならない。そうすれば幹部も、戦略計画が現場での遂行にどのような影響を及ぼすのかを、よく理解できるだろう。

任務への信頼は、「戦闘の法則」の4番目、「権限を分散させよ」（第8章）と結びついている。**リーダーは何をすべきかだけでなく、なぜすべきなのかを説明しなくてはならない。理解できない場合に、連絡して質問するのは、部下のリーダーの責任だ。**すべてのレベルのリーダーが任務を理解し、その正当性を信頼してはじめて、その理解と信頼をチームに伝えられる。そうすれば、チームは試練を耐え忍び、任務を遂行して勝利を収めることができる。

ビジネスへの応用

「この新しい報酬計画はひどすぎますよ」と、中間管理職の一人が言った。「これでは、優秀な営業スタッフがよそへ移ってしまう」。クラスの全員がうなずいた。

ある企業で、中間管理職向けの短期間の「リーダーシップ育成プログラム」を実施していたときのこと。研修が終わりに近づいた頃、クラスのみんなと議論していると、ある大きな問題が浮かび上がった。そのせいで、みんなはストレスを募らせ、経営陣との間に亀裂が生じていた。

経営陣は最近、営業チームを対象とした新たな報酬計画を発表していた。その計画は、報酬を大幅に削減するもので、とくに成績の悪い営業スタッフに厳しい内容だった。

「一体何が問題なんですか？」と、私はグループに尋ねた。

「これでは、営業スタッフを引き留められません。状況はよくなりませんよ！」と、あるマネージャーがまくし立てた。

「あの人たちには、市場の厳しさがわからないんですよ」と別のマネージャーも、経営陣を批判した。「こんな報酬計画では、みんな競合他社へ移るでしょうね」

「もうそんなうわさを聞いた同僚もいますよ。みんな反発してるけど、私も説得できないな。私自身が、計画を支持できないんですから！」と、別のマネージャーも言った。

私は全員に、シンプルな質問をした。

「なぜですか？」

「なぜって何が？」と、マネージャーの一人が言った。

「なぜ経営陣は、そんなふうに変えようとしてるんでしょう？」

「知りませんよ！」。あるマネージャーが叫ぶと、みんながどっと笑った。

私は微笑んで、ふむふむとうなずいた。そして、もう一度尋ねた。

「なるほど。でも、なぜ経営陣はこの計画を実行しようとしてるんだと思いますか？　優秀な営業スタッフを追い出したいんでしょうか？　ライバルのところへ行ってほしいんでしょうか？　会社が損をして、つぶれることを望んでると思いますか？」

部屋は静まり返った。マネージャーたち――大半が上司を尊敬していて、経営陣ともよい関係にある――は、リーダーたちが賢くて経験豊かで、会社の成功に力を注いでいることを知っている。問題は、なぜこの新しい計画が行われているのか、誰も理解できていないことだ。

「どなたか、質問されましたか?」と、私はみんなに聞いた。

部屋中がしんとした。とうとう、クラス一ひょうきんな人物が口走った。「おれは尋ねないよ。仕事が好きだからね!」。部屋はどっと笑いに包まれた。

私はにっこりして、みんなを落ち着かせた。

「よくわかりますよ。でも、CEOは理不尽な方でしょうか? 質問したからって、社員をクビにするような?」

マネージャーたちが、もごもごと言った。「いいえ」

「じゃあ、どうして?」

ようやく上級マネージャーの一人が、大真面目にこう答えた。

「質問するなんて、バカみたいかなと思って……。うちのCEOは賢くて経験豊富ですし、ビジネスのこともよくわかってますから」

「なるほど」と、私はすかさず言った。「つまり、みなさん全員が、バカに見えるのが怖い、ということですか?」

みんな一様に、「そうだ」とうなずいている。

私もうなずいた。問題をしっかり把握できたからだ。誰だってバカだと思われたくはない。

とくに上司には。

「では、一つ質問させてください。この新しい報酬計画の裏にある理由を営業チームに説明できなかったら、あなたはどう見えるでしょう？」

「バカでビビってると思われる」と、ひょうきん者が答えた。

「その通り！」と、私もふざけて返した。だが、明らかになったこの問題を解決する、簡単な方法なら知っている。

その日の午後、ＣＥＯのオフィスに立ち寄った。彼女はちょうど、営業担当役員と話しているところだった。

「ワークショップはどうですか？」と、ＣＥＯが聞いた。

「順調ですよ」と私。「しっかりしたマネージャーさんたちですね」

「ええ。素晴らしいグループなんです」とＣＥＯ。

「あなたとのご関係はどうですか？」と聞いてみた。

「そうですね、ほとんどのマネージャーとは強い絆があると思います。新しい何名かのことは、あまりよく知りませんが、全体的に、マネージャーたちとはうまくいってますよ」

「面と向かって何かを言ってきたり、質問してきたり、ということはありますか？」

ＣＥＯは、ほんの少し考えてから、「あまりありませんね」と認めた。

「彼らはこのビジネスをわかってますし、会社がやろうとしてることもわかってるんだと思います。だから、面と向かって何かを言う必要がとくにないんでしょう。私はこの商売に長く携わってきました。抜かりなくやってこなければ、今この立場にはありません。みんなそれをわかっていて、敬意を払ってくれてるんでしょう。このビジネスでは、経験が大いに物を言いますからね。でも、何か問題があれば、きっと言いにきてくれると思いますよ」

軍隊のリーダーや企業の経営陣にありがちな誤解だが、これは、地位の重みを十分にわかっていない上司の実例だ。彼女は思っている。自分はかなり大らかで、みんなからの疑問やコメントや提案をいつも歓迎している、と。実際、「常に誰とでも話し合う方針」でやってきた、と言っていた。

しかし、営業マネージャーたちにとって、彼女はあくまでも「お偉いさん」だ。経験豊富で、賢くて、何より力を持っている。CEOの地位は、みんなにあがめられているのだ。だから、一介の社員がその考えに疑問を呈するなんて失礼な気がしてしまう。CEOに気軽に質問できた中間管理職は、一人もいなかった。質問のせいでクビになる、と恐れている者もいないのに。ただ、「上司」の前で恥をかくことへの恐れは、しっかり存在していた。

「あなたが思っておられるほど、気軽に、面と向かって本音を言えていないように思いますが?」と、私は率直に言った。

「本当に?」。少し戸惑った顔で、CEOが言う。

「今日の事例でお話ししましょう。新しい営業の報酬計画がありますね」と私。

「それがどうかしましたか?　みんな、気に入らないんですか?」と驚いている。

「気に入らない、というのではありません。みんな、理解してないようです」

「理解してない？　計画はそんなに複雑なものじゃありませんよ。むしろシンプルなものです」。ＣＥＯは私に、簡単に説明しようとした。

「計画の内容を理解してないわけじゃないんです。おっしゃる通り、シンプルですね。営業スタッフの報酬を全体的に削減するもので、とくに成績の悪いスタッフに厳しい内容です」

「そうです。それのどこが問題なんですか？」とＣＥＯは言った。彼女の言う通りだ。この分野を知らない私でさえ、新たな報酬計画の基本概念は、難なく理解できた。

「問題は、計画が理解できないことじゃなくて、なぜこの計画が実施されているのかが、わからないことです。だから、正当な計画だと信じられない。マネージャーたちは、この計画では優秀な営業スタッフが辞めてしまう、と思っています。もっといい報酬計画を持つライバル社に移るだろう、と」

　ＣＥＯは、やや身構えて言った。

「それは明らかに、私がしてることをわかってませんね。報酬を、とくに成績の悪い営業スタッフの報酬をカットすれば、コストを削減できます。営業スタッフのコストを削減すれば、経費を削減できます。経費を削減すれば、商品の価格を下げられます。そうすれば、やり手の営業スタッフはさらに成績を上げられるでしょう。確かに、新しい報酬計画は、底辺にいる営業スタッフには厳しい内容です。でも彼らは、うちのビジネスに大きな変化をもたらす人たちじゃありません。彼らの一部が辞めても影響がないどころか、優秀なスタッフが彼らの得意先に手を伸ばせば、さらに売上を伸ばせるでしょう。だから、営業チームにとっては、成績を上げるチャンスなんです」

「なるほど、よくわかりました」と私。

「そうでしょう?」。そして、以前にも厳しい市場で、同じ手を打ったことがある、と説明してくれた。

「これは、ほぼ確実に役に立つ方法です。営業チーム全体の人数は減るかもしれませんが、長い目で見れば、売上は伸びます。少数精鋭の営業チームなら、経費も抑えられます。医療費や、机やパソコンにかかるお金も少なくてすむから、効率化が進むんです。会社にも営業チームにも、いいことずくめです」

「素晴らしい。では、問題は一つだけですね」

「何でしょうか?」と、ＣＥＯはいぶかしげに尋ねた。

「中間管理職のみなさんが、今の内容を理解していないことです。なぜかがわからないから、戦略が正しいと信頼できないんです。管理職が信じなければ、営業チームも信じないでしょう。この計画を実施しても、それを遂行する人たちが信頼していなければ、計画が失敗する可能性も大いに高まります」

「では、信じさせるには、何をすればいいんでしょう?」とＣＥＯ。

「簡単ですよ。なぜかを伝えてください」

ＣＥＯはようやく、やるべきことを理解した。

翌日、中間管理職の研修にＣＥＯが顔を出し、冒頭で短いプレゼンテーションをした。

「みなさん、おはようございます」とＣＥＯがあいさつをした。「ジョッコから指摘されました。みなさん全員が、新しい報酬計画にいくぶん問題を感じていると。どこが気に入らないんでしょう?」

しばしの沈黙のあと、上級マネージャーの一人が、ようやく勇気を振り絞って言った。

「営業チームの手取りを減らすのは、痛いですよ。よそへ移ってしまうスタッフも出てくるでしょう。長い目で見たら、損になるんじゃないでしょうか」

ＣＥＯは微笑んだ。そして、計画の裏にある戦略を詳しく説明した。売上は増加し、経費は削減され、既存の得意先からの収益も、優秀な営業スタッフが担当することでさらに伸びるだろう、と。マネージャーたちは、たちまち話のつながりを理解し、新しい計画のメリットを把握した。

「質問はありますか?」と最後にＣＥＯが尋ねたが、誰も口を開かなかった。「本当に。誰か、質問はないの？　質問を恐れないでほしい。これについては、明らかに私の説明不足だったようですね。でも残念なことに、誰も質問してこなかった！」と、ＣＥＯが非難するように言う。

「いいえ、今のでみんな理解できたと思います」と、マネージャーの一人が答えた。

「営業チームが理解できるように、説明できると思いますか?」とＣＥＯ。

「できると思います」と、あるマネージャーが答えた。「ただ、成績の悪いスタッフの中には、ショックを受ける者もいるでしょう」

「確かにそうですね」とＣＥＯは言った。「先ほども言いましたが、それも戦略の一つなんです。ここで重視してほしいのは、成績のいいスタッフと、今後成績が伸びそうなスタッフです。私は以前にも同じ手を打ったことがあるの。きっと成果が出るはずです。ほかに質問はありませんか？」

部屋の中は、ＣＥＯと本音で話せたことで緊張がほぐれ、リラックスムードになり、世間話まで始まっていた。そこでＣＥＯが退席し、研修が再開された。

「どうでしたか？」と私。

「まさに、私たちが必要としていた話でした」と、あるマネージャーが答えた。

「私も理解できました」と別のマネージャーが言った。

「最初からわかってたら、納得したのになあ」と、３人目が言った。

「もう一つ、質問させてください。ＣＥＯが詳しく説明しなかったのは、誰の責任ですか？」と私。

部屋にいたマネージャーたちは、口を閉ざしたままだ。みんな答えがわかって、うなずいている。私が前に詳しく話したテーマを覚えているからだ。

「その通り」と私は言った。

「あなたの責任です！　これが『究極の責任感』なんです。リーダーから下りてきた決定事項が理解できなかったり、正しいと信じられなかったら、質問するのはあなたの責任なんですよ。なぜ、どのようにそう決められたのかを、納得できるまで。なぜかわからなかったら、任務の正当性を信頼することはできません。あなたがリーダーの立場にあるなら、その姿勢は失敗につながる、許されない態度です。リーダーなら任務を、信頼できていなくては」

「でも上司が、私たちに説明すべきだったんじゃありませんか？」と、あるマネージャーが言った。

「その通り。その点については、CEOに説明しました。だから、ああしてここへ来て、その通りにしてくれました。しかし、人の心を読むのが彼女の仕事ではありませんよ。CEOと言えども、みなさんが何を理解できないのか、予測することはできません。彼女も完璧じゃないんです。完璧な人間などいませんから。物事は時折、見過ごされるものです。よくあることなんですよ。私もシールズの指揮官時代に、ありとあらゆるミスを犯しました。部下のリーダーたちが不足を補ってくれることも、よくありました。それを彼らが苦々しく思ったり、私のほうも『人の領域に踏み込むな』なんて思ったことはありません。むしろ『補ってくれてありがとう』と感謝してました。**リーダーシップとは、一人の人間がチームを導くことじゃありません。指揮系統のあらゆるレベルにいるリーダーの集団が、力を合わせて導くことなんです。**一人でやろうとする人がいたら、どんなに優秀だろうが私は歯牙《しが》にもかけませんね。どのみち一人では導けませんから」

「つまり、質問もせず、コミュニケーションも取らなかった私たちは、上司を失望させたんですよね」と、後ろのほうにいる大人しいマネージャーが言った。

「その通りです」と私。

「『リーダーシップには勇気が必要だ』とよく言いますが、この状況がまさにそれです。CEOのオフィスへ行って、ドアをノックして、『あなたの決断の裏にある戦略を理解できません』と説明するのは、勇気が要るでしょう。自分がバカみたいに感じるかもしれません。でも、自分が理解も信頼もしてない任務や戦略をチームに説明するときには、もっと嫌な気分になるでしょう。それに、今指摘があったように、上司をがっかりさせることにもなりますね。自分の指針が組織全体に正しく伝わっていない、なんて夢にも思ってないわけですから。自分自身が任務を理解し、信頼するために質問をしないなら、リーダーとして問題がありますし、チームを失望させるでしょう。だから、**自分が正しいと信じられない課題や指導や任務が下りてきたら、黙って受け入れてはいけません。なぜかを理解できるまで、質問してください。そうしてはじめて、自分の仕事の正当性を信頼できるし、自信を持って情報をチームに伝えられます。そうすれば、みんなもしっかり任務を遂行してくれるでしょう。それが、リーダーシップです**」

第4章

エゴを抑えよ

〈ジョッコ・ウィリンク〉

キャンプ・コレヒドール（イラク・ラマディ）

——ようこそラマディへ

敵の曳光弾《えいこう》〔訳注：飛行中に光を放つ弾丸〕が、頭上でバリバリと音を立てている。急いで階段を駆け上り、ＴＯＣ（戦術作戦センター）３階の屋上へ向かう。キャンプが攻撃されている。防弾チョッキを締める時間すらなかった。

銃撃が始まると、私はヘルメットとライフルをすばやくつかみ、チェストリグを両肩から吊り下げると屋上へ急いだ。シールズ隊員たちも何十人と屋上へ上がってきているが、中にはビーチサンダルを履き、防弾チョッキの下はTシャツ、短パンという者もいる。ただし、ヘルメットはしっかりかぶり、武器を構えている。

暗闇の中、敵の戦闘員たちが川向こうから米軍の2つの前哨基地に激しい機銃掃射を浴びせている。それに米兵たちが、すさまじい勢いで応戦している。曳光弾のまばゆい光が、双方向に行き交うのが見える。敵のもう一つのグループも参戦し、ユーフラテス川の遠い岸からTOCの建物を銃撃し始めた。

だが、連中は反撃を予想していなかった。数分後には、タスクユニット「ブルーザー」の全員とシールズ以外の支援要員も、屋上から応戦していた。M4ライフルを持ち出す者もいれば、M79擲弾発射器《グレネードランチャー》や、ベルト式機関銃Mk《マーク》48やMk46を使う者もいる。敵の銃口の火花に向かって、恐ろしいほどの一斉射撃を浴びせ返している。私はM79グレネードランチャーの射撃手に、目標を特定しやすいよう「40ミリの照明弾を使え」と指示した。

リーフは屋上で私のすぐ隣に立ち、銃撃しながら指示を出している。リーフの隣に立つシールズ隊員は、100発フル装填した弾丸ベルト2本を空にし、吐き出された空薬莢《からやっきょう》が屋上のあちこちで飛びはねて、メタリックな音を立てていた。誰もがバリバリと発砲し、最高の時間を過ごしていた。とんでもない量の銃弾を敵に浴びせ、どっと笑い声まで起こっている。間もなく敵の戦闘員は死亡したか撤退したかで、攻撃は収まった。シールズ機関銃手が、笑顔で周りを見回した。

「イラク派遣は今回で3度目です」と、興奮気味に言う。「戦闘で機関銃を発射したのは、これが初めてですよ」。この日が彼にとって、ラマディ初日だったのだ。

リーフをはじめとした主要リーダーと私は1週間前に到着していたが、ブルーザーの大半が、この日到着したばかりだった。屋上から銃撃するのも悪くないが、ブルーザー全員にとって、これは警告だった。ここはラマディなのだ。完璧な交戦地帯であり、イラクで最も恐ろしい場所だ。過去にもイラク派遣を経験している私たちにとって、「今回は違う」と痛感させられる出来事だった。街はかつてないほど危険に満ちている。ようこそラマディへ。

2005年と2006年を通して、広大で不安定なアンバル州はイラクで最も危険な場所であり、「イラクの自由作戦」での米軍死傷者の大半もここで発生していた。そのアンバル州を広く見渡しても、ラマディほど死と隣り合わせの街はなかった。

ユーフラテス川沿いに位置するこの街は、人口40万人を擁する州都で、凶暴なスンニ派の武装勢力の中心地でもあった。建物が瓦礫と化して積み上がり、燃え尽きた車両のねじれた金属の残骸や、弾痕だらけの壁がそこここで見られる。街を貫く主要道路のあちこちには、IED[14]による巨大な穴があいている。イラクのアルカイダに忠誠を誓う重武装したスンニ派の武装勢力が何千人もいて、街の約3分の2を支配していた。米軍がこうした地域に侵入しようとすれば、大量の死傷者が出る。イラクのアルカイダは、この街を「カリフ制国家」の

14　2006年のイラクにおける米軍死傷者の約70～80パーセントが、IED（即製爆弾）と呼ばれる道路脇に仕掛けられた爆弾によるものだった。

首都と主張していた。

勇猛果敢な米陸軍兵士と海兵隊員は、ＩＥＤが大量に仕掛けられた道路で護衛やパトロールを行った。敵地に入って「封鎖・捜索作戦」［訳注：地域を封鎖し、武器や武装勢力を捜索する］を実施し、激しい戦闘を繰り広げた。ラマディに派遣された数千名の米軍兵士の大半は、街の外にある警備の整った大きな基地にいた。だが、街の主要道路沿いに点在する、米海兵隊や陸軍の前哨基地は、常に攻撃にさらされていた。

ラマディの武装勢力の戦闘員たちの決意と能力の高さは、驚くべきものだった。それは、ブルーザーの誰もが過去の派遣で目にしたレベルをはるかに超えていた。週に数回、完全武装した20～30名の集団が、米軍に恐ろしい攻撃を仕掛けてきた。数キロ離れたいくつもの米軍前哨基地に、連係の取れた複雑な攻撃を同時に行うのだ。彼らは筋金入りのムージ（ムジャヒディン）たちだった。

敵の攻撃の多くが、お決まりのパターンを取っていた。たいてい機関銃による正確かつ破壊的な一斉射撃が、突然いくつもの方向から始まる。銃撃が米軍の哨所《しょうしょ》［訳注：警備・監視を行う詰め所］を襲うと、衛兵は身をかがめざるを得ない。そうして米軍兵士や海兵隊員がしゃがみ込んでいる間に、破壊的なＲＰＧ－７が速やかに連続発射され、激しい騒音と恐ろしい銃弾の破片でショックを与える。

次に、（少し離れた場所から発射される）迫撃砲が、連合軍の敷地の塀の中まで雨あられと降ってくる。しかもたいてい、驚くほど正確に。すべては衛兵を殺害するか、長くしゃがみ込ませて応戦できなくするために行われている。その間に敵は、最終破壊兵器を投入してくる。そう、自爆テロ犯が数千ポンドの爆発物を積み込んで、大型トラックか車両に乗って飛び込んでくる、いわゆる「車両爆弾（ＶＢＩＥＤ）[15]」だ。

トラックがコンクリートの柵を突破し、迎え撃つ海兵隊や陸軍の衛兵たちを突破して敷地に入ってしまえば、壊滅的な結果を迎えるだろう。海軍艦艇から米軍最強のトマホーク・ミサイルを撃ち込まれるか、空からＪＤＡＭ《ジェイダム》（統合直撃弾）を落とされるのに負けず劣らずの惨状になる。

こうした敵の攻撃は十分な調整の上で、悪意を持って遂行されていた。スンニ派のジハードを行う過激派たちは、２年前にイラクで目にした戦闘員よりはるかに有能だった。米軍の前哨基地を一掃することに意欲を燃やし、何十名もの海兵隊員や米軍兵士を殺害し、さらに多くを負傷させていた。

だが、恐れ知らずの衛兵たちは、毎回しっかりと持ち場を守り、武装勢力を撃退していた。監視塔や哨所を守る若い海兵隊員や米軍兵士は、かがんで身を守るのではなく勇敢に踏ん張って、極めて正確な機銃掃射で応戦した。彼らの献身的な姿勢が、車爆弾が敷地内に侵入するのをほぼ毎回食い止めていた。車両爆弾が炸裂して巨大な火の手と激震をもたらす可能性もあったのに、敵は土嚢やコンクリート柵に守られた米軍に近寄れなかった。衛兵たちがこ

15　米軍はこれを、ＶＢＩＥＤ（車両運搬式即席爆発装置）と呼んだ。

んな攻撃をあまりに頻繁に撃退していたので、いつしかそれが当たり前のようになっていた。そう、いつものラマディの光景に。

ブルーザーは自信に満ち、おそらく少々うぬぼれてもいた。だが、**私は隊員たちに決して満足しない文化を植えつけ、自信過剰に陥らないよう努めた。常に能力を高める努力を怠らないように。部隊に繰り返し伝えていたのは、敵に慣れ切ってはならないこと、決して自己満足に陥ってはならないことだ。**ブルーザーの隊員たちはそれを頭に入れた上で、闘志を燃やし、実力を発揮したくてたまらない思いで、2006年春、ラマディに派遣された。

到着してすぐ、激しい戦闘や、第28歩兵師団・第2旅団戦闘団（2－28）の米軍兵士や海兵隊員の驚くほど勇敢な姿に、謙虚な気持ちになった。シールズは、通常部隊である彼らよりはるかに進んだ訓練を受け、「特殊作戦軍」の膨大な予算で購入された最強の武器やレーザー、光学機器など、装備にも恵まれていた。それでも、敵地で前哨基地を守り、毎日のように凶暴な敵との命がけの戦闘に巻き込まれている彼らには、恐れ多い気持ちになった。派遣された1カ月後に、2－28の後任として第1機甲師団・レディファースト旅団戦闘団が到着したときも、改めてこの戦友たちに深い尊敬と称賛の思いを抱き、彼らと共に働けることを誇りに思った。活動を共にした通常部隊[16]の全員が、大規模な戦闘を経験していた。大勢の仲間を失い、さらに多くの負傷者に見舞われる経験を。ここで出会った米軍兵士や海兵隊員は本物だった。誰もが「戦士」という言葉を体現していた。

敵も強く、驚くほど有能だった。彼らは敵意に満ちていて優秀で、観察・分析を怠らず、常につけ込む隙を探していた。私はすぐに思った。米軍がラマディで勝利を収めたいなら、全員が——陸軍や海兵隊の通常部隊も部隊ブルーザーのような特殊部隊も——互いに協力し、支え合わなくてはならない、と。残念ながら、シールズ隊員を含む米国特殊作戦軍部隊の中には、少数ながら、自分たちを「通常の陸軍兵士や海兵隊員より上だ」と考え、自分たちだけで任務に就きたがる者もいた。こうしたうぬぼれのせいで、通常部隊の指揮官の中には、特殊部隊を嫌う者も出てきた。しかし、米軍がここラマディで困難な戦いに勝利したいなら、全員がエゴを抑え、協力し合うほかない。

ラマディに到着するや否や、私たちはある前例をつくった。それは、ブルーザーが陸軍と海兵隊の戦友たちに、プロとして最高の敬意を払い、礼儀を尽くすこと。シールズの部隊は時折、長髪やくだけたユニフォームの着方で注目されるが、通常部隊にとって身だしなみは、プロ意識をはかる物差しの一つだ。

私はブルーザーに、「ユニフォームはきちんと着て、軍事規則で定められた髪形にすべきだ」と伝えた。そして、ほかの部隊と支え合い、協力し合う方法を模索した。目標はシンプルだった。ラマディを安全にし、安定させること。謙虚にお互いを尊重し合う姿勢で、私たちはラマディとその周辺の戦場を管理する、大隊や中隊と強い絆をつくった。こちらが大きなリスクを冒して敵地の奥をパトロールし、通りで狙撃手による味方部隊の支援や保護を行

16　現在は「一般部隊」と呼ばれている。

えば、彼らも自らの部隊を危険にさらして、強力な火力支援——M1A2エイブラムス主力戦闘戦車やM2ブラッドレー戦闘車——で私たちを救い、必要なときには死傷者後送でも力を貸してくれた。

ラマディの現場に到着した1カ月後、ブルーザーは、ある足跡を残した。高台でどのような態勢を取れば、敵の戦闘員に最大のダメージを与え、街で任務に就く米陸軍と海兵隊の部隊を最大限に支援できるのか、その答えを見つけたのだ。敵が攻撃しようと集まったときに、シールズ狙撃手がすばやく行動し、正確に狙い撃ちし、完全武装のムージを大量に殺害し、撃退するのだ。

敵の行動がエスカレートすれば、シールズの攻撃も激しくなる。狙撃分隊が敵に発見されると、拠点を秘密の狙撃場所から要塞化された戦闘陣地に移す。そこではシールズの機関銃手も戦闘に加わり、ベルト給弾式機関銃から何百発も発砲し、敵を攻撃する。ほかのシールズ隊員たちも40ミリグレネード榴弾（HE）を発射し、敵に倣って肩撃ち式ロケット擲弾を撃ち込む。あっという間にブルーザーに殺害された敵の戦闘員の数は、過去最大規模にふくらんだ。

悪党を一人殺害すれば、より多くの米軍兵士や海兵隊員やシールズ隊員が、また1日生き延びられる。家族の待つ家に無事に戻れる日が、また1日近づく。敵の戦闘員を一人殺害すれば、イラク軍兵士や警察官や政府関係者が、また一人生き延びられる。より多くのイラク市民が、イラクのアルカイダやその協力者である武装勢力に、前より少しおびえずに暮らせる。

私たちは、邪悪な敵と戦っていた。彼らはおそらく、長い歴史の中で米軍が立ち向かってきたどんな敵にも劣らぬほど恐ろしい敵だった。この凶暴なジハードの戦士たちは、絶望的な恐怖の中で暮らす民間人を情け容赦なく怖がらせ、威嚇し、支配する武器として、拷問やレイプや殺人を利用していた。米国をはじめ西側諸国のほとんどの人たちは、ジハード戦士が使う野蛮で言うに耐えない戦術を、わざと無視して暮らしていた。そう、人間によるものだとは思えないほど残虐な行為の数々を。そうした行為を繰り返し見てきた私たちや、野蛮な支配に苦しんできた人々にとって、ムージは哀れむに値しない存在だった。

36人ほどの比較的小さな集団である私たちが、日々殺害する敵の戦闘員の数は、軍上層部の関心を引いた。ブルーザーがすさまじい致命率で任務を遂行し続けると、イラク全土にいるほかの部隊の中にも、「ラマディでの戦闘に加わりたい」と考える者たちが出てきた。

イラクの別の地域で任務に就くアドバイザー・グループも、ラマディのシールズ隊員とよく似た能力を持っており、よく訓練されたイラク陸軍部隊と任務を共にしていた。ほかのイラク兵たちと違って、この部隊の兵士は装備に恵まれ、イラク最高級のライフル、スコープ、レーザー、暗視ゴーグル、防弾チョッキを身に着けていた。適切な訓練と装備に恵まれたイラク兵たちのスキルと作戦運用能力は、私たちがラマディで活動を共にするどのイラク陸軍よりも、はるかに優れていた。

質の高い訓練に加えて、米軍上層部に高く認知されているおかげで、このイラク兵と米軍アドバイザーの部隊は、望み通りの場所や形態で任務に就く自由を与えられていた。彼らはラマディでの戦闘のうわさを聞きつけると、ラマディで任務に就く承認をすばやく取りつけた。

新しい部隊は、到着すると、街の東側にある「キャンプ・コレヒドール前進作戦基地」に送られた。キャンプ・コレヒドールは、米陸軍第101空挺師団・第506歩兵連隊・第1大隊（以下、1／506）が管理・運営していた。伝説の「506」は、（ケーブルテレビ局HBOで、連続ドラマ化された）スティーヴン・アンブローズの著書『バンド・オブ・ブラザース』（並木書房）で一躍有名になった。この本は、第二次世界大戦中にナチスドイツと戦ったヨーロッパ戦での、ある中隊のヒロイックな奮闘ぶりを描いている。この勇敢な部隊は高い基準を設けていたが、現代の1／506の兵士たちも誇りを持ってその伝統を受け継ぎ、部隊の歴史的遺産をさらに輝かしいものにしている。

1／506は、ある陸軍中佐が指揮していた。中佐は極めて聡明でカリスマ性のあるプロフェッショナルな将校で、軍のリーダーたちの模範となる存在だった。これまで任務を共にしたリーダーの中でも、彼ほど優れた戦場指揮官はまずいない。厳しく指揮するものの、親切で大らかな人柄がそう感じさせない。目を見張るほど素晴らしいリーダーなのだ。そもそも猛烈なラマディの戦闘で男たちを導くには、持てるすべてのリーダーシップを発揮する必要がある。

キャンプ・コレヒドールは、交戦地帯で生活するとはどういうことかを体現していた。そこでは、何もかもが困難だった。米軍が「月の塵《ちり》」と呼ぶ細かい粉末状の砂が、建物にも機器にも武器にも、車両にも服にも肌にもこびりつくのだ。だが、そんなことはささいな問題だった。キャンプ・コレヒドールは、ラマディでもとくに危険な地域、マラアブ地区と隣接している。だからこのキャンプは、迫撃砲や機関銃やロケット弾の攻撃に、絶えずさらされていた。

中佐は1／506の兵士たちに、最高レベルの規律を課した。ここでのたるみは、食堂にランチに行くときの気の緩みでさえ、恐ろしいけがや死を招きかねない、と承知しているからだ。こうした状況での規律は、小さなことから始まる。髪は短く刈り上げ、毎日きれいに髭を剃り、ユニフォームの手入れをする。そうしたことができてはじめて、さらに重要なこともきちんと行えるのだ。屋外では常に防弾チョッキとヘルメットを着用する、武器はきれいにし、すぐ使えるよう準備する。規律が警戒と作戦への即応性を生み、戦場での成績と成功につながるのだ。

ブルーザーは、デルタ小隊の隊員をキャンプ・コレヒドールへ送り、そこを拠点に生活させ、任務に就かせていた。そこでイラク兵の訓練や戦闘指導を行い、1／506の仲間たちを支援していた。シールズ分隊は、キャンプに到着すると、謹んでホストである1／506の兵士たちの習慣に従って生活をした。

シールズ隊員はほかの場所では、身なりについてはゆるい基準に従っているが、キャンプ・コレヒドールでは、髪を短く刈り、毎日髭を剃り、ユニフォームも仲間たちと同じ陸軍戦闘服（ACU）を着た。こうしてあからさまに仲間意識を示したことで、シールズ隊員たちは1／506の兵士たちから愛された。

ここの兵士たちはもう半年近く、流血の戦いの中に身を置いている。そんな彼らにシールズ隊員は、プロとして敬意を払った。相手も同じように敬意を示してくれたので、米軍兵士とシールズ隊員の間には、瞬く間に絆ができた。

シールズ隊員たちがキャンプ・コレヒドールを拠点に任務に就き、危険な作戦を勇敢に、巧みに、効果的に展開して数週間が経った頃、新しい部隊が到着した。最初、キャンプ・コレヒドールのシールズ小隊指揮官は、よく訓練されたイラク軍と米軍アドバイザーの到着に懸念を示していた。野外対応電話で私に電話してきて、こう打ち明けた。

「先ほど到着した部隊は、私たちよりかなり能力が高そうです。経験も豊富ですし、イラク兵のスキルも、うちの通常部隊のジャンディーズより相当上です。装備も向こうのほうがかなりよいものですし、いい武器を持ってます。イラク兵たちが、狙撃手を務められるほど優秀なんですよ」

私は言った。「いいじゃないか。そこまで進歩したイラク兵がいるのは、うれしいことだな。君がコツを教えて、戦場に慣れさせせれば、彼らは素晴らしい財産になるだろう」

「そうでしょうか？」と小隊指揮官は言う。「私が心配なのは、彼らが私たちより優秀になって、うちの任務を奪ってしまうことです。たぶん、自分たちで何とかさせるべきじゃないでしょうか」

何が起こっているのか、すぐにわかった。この小隊指揮官、というより小隊指揮官のエゴがおびえているのだ。ラマディのような環境で、自力で何とかさせれば、あっさり命を落としてしまうだろう。エゴを発動させている場合ではない。

「ダメだ。そんなことは一切考えるな。いいか、敵は金網の外にいるんだ」。そうはっきり告げた。

敵はラマディの街に潜む武装勢力であって、米軍基地の金網の中で一緒に過ごしているほかの部隊ではない。反政府勢力を打ち倒すという共通の目標に向かって、力を合わせなくてはならないのだ。エゴに足を引っ張られてはならない。

私は話を続けた。

「この新しいアドバイザー部隊は、米国人と優秀なイラク人の、いや、おそらく最高のイラク人のチームだ。彼らには、できる限りの援助をしてやってくれ。彼らが君のチームをしのぎ、任務を奪うなら、それもいい。君たちには、こちらが別の任務を用意するよ。私たちの任務は、反政府勢力を倒すことだ。エゴに足を引っ張られ、目標達成のために最善の行動が取れないようでは困るぞ」

「了解しました」と小隊指揮官は答えた。頭がよくて謙虚な戦士は、自分の考えが間違っていたことに気づいて、すぐ態度を改めた。どの部隊が何をし、作戦の大半を誰が遂行するかなど、取るに足りないことだ。重要なのは任務であり、どうすれば一番いい形で任務を達成して、勝利を収められるかだ。小隊指揮官をはじめシールズ分隊は、懸命に勇敢に戦ってくれた。コレヒドールでの数週間に、銃撃戦を何十回も経験したが、優秀な味方部隊からありとあらゆる支援を得ることもできた。

シールズ小隊指揮官は速やかにエゴを抑えたが、残念ながら、ほかの者たちのエゴが問題を起こし始めた。新しい部隊がシールズや1／506の隊員たちと関わり始めると、その態度が周りを驚かせることが増えた。

キャンプ・コレヒドールで、1／506とシールズの仲間たちが示した謙虚さを持ち合わせていない者がいたのだ。一握りではあったが、新しい部隊の中に、規律を乱すような身なりの隊員たちがいた。中には、長髪に口髭やあご髭を生やしたままの者もいる。汚れた野球帽に袖を切ったTシャツ、周りと違うユニフォーム。遠隔地の孤立した基地にいる部隊なら、地元住民や任務を共にする外国人部隊になじめるよう、身なりの基準を緩めることもある。そうした身なりが求められる場合もあるのだ。しかし、ここはラマディだ。陸軍と海兵隊が管理・運営する基地で通常部隊と共に過ごしながら、そんな身なりでいたら、当然摩擦が生じる。

新たな部隊の隊員の中には、中佐の厳しい身だしなみのルールに従わなくてもいい、と考える者もいた。問題がこれだけなら、解決できなくもなかっただろう。言うまでもないが、小ぎれいなユニフォームが優秀な兵士を育てるわけではないからだ。

しかし、問題はそこで終わらなかった。その部隊の米軍アドバイザーの中に、1／506の兵士たちにプロとして敬意を払わない者たちがいたのだ。一般の兵士だけでなく幹部に対しても、見下した口のきき方をしていた。１／５０６のほぼすべてのライフル銃手が、この部隊のほとんどの隊員より戦闘経験があることを思えば、ショッキングな態度だった。

さらに悪いことに、新しい部隊は、シールズ小隊指揮官や隊員たちからのアドバイスを聞くつもりも、何かを学ぶつもりもない、という態度をあらわにしていた。ラマディの中でも最悪の区域で数週間、持続的な戦闘活動を行ったシールズ隊員たちは、命を救う数々の教訓を学んでいた。必要な装備、携行すべき弾薬や水の量、効果的な戦術や通信計画に至るまで、１／５０６と作戦を遂行するために必要な多くのことを学んでいた。その貴重な情報を伝えようとしても、聞く耳を持たないのだ。こうした厳しい環境で、自信過剰は危険だ。これは、一度も本物の試練を経験していない戦士が、最も犯しやすいミスなのだ。

何千人もの完全武装した敵と、ラマディをのみ込む過激な暴力を思えば、すべての米軍部隊は丁寧に計画を調整し、互いに支え合う態勢を取る必要があった。絶えず敵の大規模な攻撃にさらされるこの場所では、米軍の小集団が制圧され、壊滅状態に陥る恐れはかなり現実的だった。つまり、全員が連係して同時に動けるよう、作戦の詳細をできる限り共有し合わなくてはならない。全員の生存のチャンスを最大にし、同士討ちを避けるためには、大隊規模の作戦からシンプルな後方支援部隊の動きに至るまで、きちんと調整して、ほかの部隊に情報を知らせておくことが何よりも重要だ。

しかし、任務の計画段階において、１／５０６の戦場で任務に就くこの新しい部隊は、自分たちの計画や場所やスケジュールや作戦の詳細を明らかにすることを拒んだ。計画を中佐に知らせる必要性を感じていないのだ。つまり、中佐の戦場へ出向き、彼の部隊の中に身を置いて、状況が悪化すれば中佐の支援に頼るつもりでいながら、十分な調整もせずに任務を遂行しようとしている。1／506の大隊作戦将校が彼らと向き合い、「詳しい計画を開示してほしい」と求めても、新しい部隊のリーダーは言った。「あとで必要に応じて知らせる」

1／506の戦術作戦センター（TOC）が、部隊が計画している任務の場所を尋ねると（同じエリアで任務に就く味方同士の交戦を防ぎ、必要に応じてTOCがその場所に支援を送るための標準的な習慣だ）、部隊のリーダーは4桁のグリッドを（MGRS［訳注：米軍が開発した地球上での位置を示すためのグリッドコード］から）提供した。つまり、この部隊の兵士たちは、一辺千メートルの正方形の中のどこにいるかわからない、ということ。

TOCにとっては、ほぼ役に立たない情報だ。以前、私たちは情報の共有に関していくぶん厳しい教訓を学んだ。しっかり情報を共有せず、同士討ちをしてしまったのだ。完全武装の敵が大勢いる中、いくつもの味方部隊が同じ戦場で任務に就くという危険な環境で、こうした調整不足は死刑宣告に等しい。

シールズ小隊指揮官は、新しい部隊と1／506の兵士たちとの軋轢《あつれき》について、すぐ私に報告してくれた。そこでシンプルに、こうアドバイスした。

「彼らに必要なものを与え、可能な限り、助ける努力をしてくれ。だが、彼らは墓穴を掘ることになりそうだな」

残念ながら、小隊指揮官は助けることができず、状況は改善されなかった。2週間も経たないうちに、中佐は新しい部隊に「キャンプ・コレヒドールを去れ」と命じた。あれほど優れた戦闘能力を持っていたのだから、戦いに大きく貢献できたはずだった。だが、中佐と1／506部隊は、一部の隊員のエゴで協力し合えない集団と任務に就く、というリスクを冒すのを避けた。その結果、この部隊は、歴史的な「ラマディの戦い」を遠くから眺めている羽目になった。

一方、デルタ小隊のシールズ隊員と1／506の兵士たちは、マラアブの敵に戦いを仕掛け、大勢の戦闘員を殺害し、「街を安全に安定させる」という戦略目標の達成に貢献したのだった。

原則

エゴはすべてに暗雲をもたらし、すべてを破壊する。計画立案のプロセス、よいアドバイスに耳を傾ける能力、建設的な批判を受け入れる能力。エゴは自己防衛本能すら抑えつけてしまいかねない。たいていの場合、とりわけ扱いにくいエゴは、自分自身のエゴである。

どんな人にもエゴはある。エゴは、人生で——シールズ・チームで、軍隊で、ビジネスの世界で——誰よりも成功している人たちを駆り立てているものだ。エゴは勝ちたがり、一番になりたがる。それはよいことだ。

しかし、エゴが判断を鈍らせ、世界をありのままに見る邪魔をするなら、すべてが壊れてしまう。個人の利益をチームや重要な任務の成功よりも優先すれば、成績は下がり、失敗するだろう。**どんなチームでも起こる、とんでもない問題の多くは、エゴが原因**なのかもしれない。

「究極の責任感」を実行するなら、エゴを抑え、謙虚な姿勢で取り組まなくてはならない。ミスを認め、責任を負い、課題を克服する計画を立てることは、どんなチームの成功にも欠かせないのだ。エゴは、リーダーが、自分やチームの成績を正直に現実的に評価する邪魔をするだろう。

シールズ・チームでは、自信を持つ努力をしているが、自信過剰に陥らないよう気をつけている（第12章を参照してほしい）。私たちは、自分たちの組織の歴史と遺産にとてつもなく胸を張っている。自分たちの能力に自信を持ち、ほかの誰にも遂行できない、いや、遂行したがらない困難な任務に意欲的に取り組んでいる。

だが、「われわれは優秀だから失敗するはずがない」「敵は大したことがないから、弱みにつけ込んできたりはしないだろう」などとは到底思えない。どんなときも自己満足してはならないのだ。エゴの手綱を握ることが、何よりも重要だ。

ビジネスへの応用

〈リーフ・バビン〉

「今、大問題になりそうな火種を抱えてまして……アドバイスをいただけませんか」と、留守番電話にメッセージが入った。「なるべく早くお電話をください」と。

メッセージは、ゲイリーからだった。ジョッコと私が「エシュロン・フロント」を通じてサポートしている、ある企業の運用部の中間管理職だ。私たちはこの企業向けに、12カ月のリーダーシッププログラムを開発した。そして数週間に一度、本部に出張し、さまざまな部門から集まった十数人の中間管理職を対象に研修をしている。教室でのセッションに加えて、受講者へのコーチングや指導も行い、講義で学んだことを日々のリーダーシップの課題に活かせるよう、サポートしている。

ジョッコと私はこの数カ月間に何度かゲイリーと電話で話し、リーダーシップの小さなジレンマを解決し、優秀なチームづくりの手助けをしてきた。ゲイリーは頑張り屋で、仕事やチームにひたむきに取り組む勉強家。研修の数カ月間に、リーダーとして成長する姿を見るのは、とてもうれしいことだった。

本人も「ぼくの判断で、チームがより効果的に任務を遂行できるようになったんです」とかなり自信を深めていた。その彼が今、大きな問題――リーダーシップにまつわる差し迫った課題――を抱えている。ぜひ力になりたい。

すぐに電話を返し、何が起こっているのか、私に何ができるのか、探ろうとした。

「どうしました？」と尋ねると、「まずいことになりました」とゲイリーが言う。「重要なプロジェクトで、大きな問題が起きてるんです」

「何があったんですか？」。業界の専門知識は到底ゲイリーに及ばないが、リーダーシップの課題を解決し、コミュニケーションを改善して、さらに優れたチームを運営する手助けならできる。

「うちの掘削監督が、勝手な判断で大事な機材を取り換えてしまったんです」とゲイリーが言った。「これは『標準業務手順書』〔訳注：業務の品質を保つために手順を詳しくまとめた指示書〕に完全に違反してます。きちんと手順を守れと言ったのに、完全に無視したんですよ！」とカンカンだ。

明らかに、掘削監督が自分を通して判断しなかった事実に、ゲイリーのエゴが傷ついているのだ。

「私を通さなくちゃいけないことを知ってたんですよ」と、ゲイリーがさらに言う。「なのに、あからさまに無視したんです。監督が判断を誤ったせいで、完成日が何日か遅れてしまって、会社にかなりの損失が出ました」

この業界では、プロジェクトが1日遅れると、何十万ドルものコストがかかりかねない。

「監督について、うかがっていいですか」と私は言った。「彼はなぜそんなことをしたんでしょう？」

「わかりませんよ」とゲイリーが言う。「私を通して判断しなくちゃいけないことは知ってるけど、彼のほうがずっと業界歴が長くて、経験も豊富なんです。時々私を見て、『お前に何がわかるんだ？』って顔をしますから。自分のほうがわかってる、と思っているに違いありません」

「おそらく、どこまで許されるか、試してるんでしょう。そのまま放置したら、エスカレートしかねませんね」

「それも問題なんですが、批判したらどんな反応が返ってくるかも心配なんですよ」とゲイリー。「知識も経験も豊富だから、監督はチームに欠かせません。欠けると困るんです。私がダメ出ししたら、きっと腹を立てて、さらに関係が悪くなるでしょう。それに、この業界の風土はご存知ですよね？　彼ほどの経験があれば、明日にでも別の仕事が見つかります」

「つまり、彼と建設的な議論をして、事態を収拾するには、あなたがエゴを抑えなくちゃならない」

「じっくり考えてみましょう」と、私はさらに言った。「監督がわざと掘削作業を中断して、会社に損をさせたと思いますか？」

「いいえ」とゲイリーは認めた。「目の前の状況を見て、最善のことをしてるつもりだったと思います」

「戦術的に言えば、任務の最前線で、部隊が、自分の行動が任務全体とどうつながってるのか、理解していることが大切です。監督は手順に従わず、交換の承認をもらわないというミスが、何十万ドルもの損失につながるとは、理解してなかったのかもしれませんね。その可能性はあると思いますか？」

「大いにあります。掘削の実践的な知識は豊富ですが、大局を見ることはできません」。監督がわざと決まりを無視したのではなさそうだ、と気づいて、怒りが収まり、エゴの傷が和らぎだしたようだ。そして、なぜ監督がそんな判断をしたのか、理解し始めた。

「リーダーとして、監督――と前線のリーダー全員――に全体像の説明をするのは、あなたの責任ですよ。それもリーダーシップの重要な要素です」と私。

だが、ゲイリーはまだ心配していた。掘削監督（と彼のエゴ）にどう対処すればいいのだろう。「どう伝えれば、監督の機嫌を損わず、腹を立てさせずにすむでしょう？　面と向かって伝えたら、コミュニケーションがさらに難しくなりそうです」

「それも、リーダーシップの重要な要素ですよ」と、私はすかさず言った。「みんなのエゴに対処することがね。講座で教えた大事な原則の一つ、『究極の責任感』を使えば、対処できるはずです」

すると、ゲイリーが言った。「何の責任感ですか？　大失敗したのは彼であって、私じゃありませんよ」。これではっきりした。この問題の解決を妨げているのは、ゲイリーのエゴだ。

「すべての責任感ですよ！」と私は答えた。

「これは監督の失敗じゃありません。あなたの失敗です。あなたが責任者なんだから、彼が手順に従わなかったのもあなたの責任です。これは疑う余地がありませんよ。真実ですから。

監督と話すなら、会話はこう始めなくちゃいけません。『チームがミスを犯したのは、私の責任だ。明らかに私の説明不足だった。なぜこんな手順が定められているのかや、それに従わなければ、会社に何十万ドルもの損害が出る可能性があることを、はっきり伝えるべきだった。あなたは誰よりも腕が立ち、知識も豊富な監督だ。このビジネスについても、私よりずっとよくわかってる。あなたの裁量の範囲がどこまでで、なぜ私を通して判断してもらわなくちゃいけないことがあるのかを、わかってもらうのは私の責任だった。今後は二度とこんなことが起こらないように、今正す必要がある』とね」

「それでうまくいくと思いますか？」。納得のいかない顔でゲイリーが尋ねた。

「ええ、必ず」と私は言った。

「彼がミスをした、彼が正すべきだ、彼が悪い、というアプローチをすれば、お互いのエゴがぶつかって、お2人は対立するでしょう。それが人間というものです。でも、あなたがエゴを抑えれば、つまり、あなたが責任を負えば、彼の目はエゴで曇ることなく、問題をきちんととらえるはずです。そうすれば、2人とも確認できるでしょう。どんなときにコミュニケーションを取るべきなのか、監督の意思決定の権限はどこまでなのか、といったチームの標準業務手順書の中身をね」

「そんなアプローチは思いつきませんでした」とゲイリーは言った。

「常識とは逆のやり方ですからね」と私。「うまくいかないときに、リーダーが部下のリーダーや直属の部下を責めるのは、ごく自然なことです。エゴは、責任を取るのを嫌いますから。でも、どこでコミュニケーションを取り損なったのかを確認し、部隊に明確に理解させるのは、リーダーの責任です。一人一人がどんな役割や責任を担い、その行動が戦略的ビジョンにどんな影響を及ぼすのかを」

「覚えておいてほしいんです。重要なのはあなたではありません」と、私は続けて言った。

「掘削監督でもありません。重要なのは任務と、どうすればそれを一番うまく達成できるか。あなたや主要なリーダーたちがその姿勢を明確にすれば、チームは圧倒的な力を発揮するでしょう」

Part 02
Laws Of Combat
戦闘の法則

第5章

仲間をカバーして動け

〈リーフ・バビン〉

ラマディ中南部（イラク）——側面をカバーする

「で、どうしますか？」と、兵曹が尋ねた。

時間は刻一刻と過ぎ、1分1秒を争う状態だ。まともな選択肢はなかった。どれを選んでも、致命的な結果を招きかねない。それでも、私が決断しなくてはならない。

シールズ隊員は、たびたび「狙撃手掩護」と呼ばれる任務に就く。狙撃手や機関銃手が、通りにいる部隊を守る仕事だ。建物の高い場所に陣取って、攻撃を企てる敵を最も観察しやすく攻撃しやすい場所に狙撃手を配置すれば、敵が完全に姿を現す前に脅威を取り除き、攻撃を阻止できる。この働きによって、通りをパトロールする米軍やイラク軍のリスクは大幅に減り、安全に任務を終えることができた。そして、より多くの米軍兵士や海兵隊員が、家族のもとへ無事に帰還できたのだ。

米陸軍レディファースト旅団戦闘団（第1機甲師団）は、ラマディを邪悪な武装勢力の手から奪還しようと、過激で画期的な「奪取、掃討、確保、構築」戦略を採用した。そのため米軍は、敵が支配している最も危険な地域へ侵攻し、武装勢力の戦闘員を押し退《の》けて、米軍の恒久的な戦闘前哨を建設し、そこを拠点にさらなる作戦を展開することになった。イラク兵たちも、その任務に参加するために集められた。

敵地にいったん足場ができれば、次のステップは、敵が支配する地域での威嚇行動と住民との関係づくりだ。周りで戦闘が猛威を振るっていても、街には何十万人もの一般市民が暮らし、ひたすら生き延びようと努めていた。人々の安全を確保し、彼らの中に身を隠す野蛮なジハード戦士たちから守ることが、勝利への鍵だった。

この戦略の成功に不可欠なのが、封鎖・捜索作戦。そう、街区全体の一軒一軒を捜索し、敵を排除していく必要があったのだ。こうした任務は日中に行われることも多く、米陸軍兵士や海兵隊員、イラク軍にとって危険なものになりがちだった。地域（や区域）を封鎖し、ラマディの中でもとくに暴力的な場所で、通りから通りへ、建物から建物へと移動していくのだから。

　とある軍事作戦で、チーム・ブルドッグ（米陸軍第37機甲連隊・第1大隊・ブラヴォー中隊）が、ラマディ中南部のとくに危険な地域で、大規模な封鎖・捜索作戦を計画した。敵地の中心にある米軍基地──「COPファルコン」と呼ばれる戦闘前哨──から数街区《ブロック》に及ぶ地域だ。この任務には、100名ほどの米軍兵士と相当な射撃能力を持つ装甲車両──M1A2エイブラムス主力戦闘戦車とM2ブラッドレー戦闘車──が必要だった。そして、チーム・ブルドッグを補強するために、大隊からさらに兵力が投入された。

　数十回に及ぶ危険な戦闘活動を通して、私たちはチーム・ブルドッグの兵士や戦車兵たちと、素晴らしい関係を築いた。ブルドッグの中隊長も、最高の戦闘リーダーの一人だ。彼も部下の兵士たちも、卓越した戦士だった。

　シールズは、危険な敵地のど真ん中で、日々攻撃にさらされて暮らす彼らの勇気と闘志を、とてつもなく尊敬し、敬服していた。シールズの分隊もCOPファルコンを拠点に任務に就き、COPファルコンからアルカイダとの戦場へと深く侵攻していた。

　私たちが武装勢力から猛攻を浴びるとよくあることだったが──中隊長は自ら戦車に乗り込んで、部隊を呼び集め、チーム・ブルドッグのM1A2エイブラムス戦車の主砲で反撃し、私たちの代わりに攻撃に耐えてくれた。中隊長とブルドッグの兵士たちは傑出した集団で、進んで敵と交戦してはたたきのめしてくれた。私たちは、そこが大好きだった。

ラマディ中南部で、高台に陣取るタスクユニット「ブルーザー」。チャーリー小隊の尖兵で狙撃手長のクリス・カイルが煙を見ている。ブラヴォー中隊・チーム「ブルドッグ」（B/1-37）のエイブラムス戦車の120ミリの主砲が、遠くで発砲した煙だ。優秀な戦闘部隊、チーム「ブルドッグ」の兵士たちは常に、IED（即製爆弾）が仕掛けられた道路を物ともせずに、チャーリー小隊の隊員たちをM1A2エイブラムス戦車の火力で支援してくれる。ブルドッグの勇敢な取り組みが、シールズ隊員の命を救い、ラマディのとりわけ危険な地域から武装勢力を組織的に撃退した。シールズ隊員とこうした米軍兵士の間には切っても切れない絆が生まれ、今日まで続いている。（写真：著者提供）

この封鎖・捜索作戦では、チャーリー小隊をはじめブルーザーの隊員たちが狙撃手掩護を行い、シールズ戦闘アドバイザーたちが、現場で掃討に参加するイラク兵の小隊を仕切っていた。ジョッコは、陸軍大隊の作戦担当官と協力しながら、この作戦を支援するシールズ分隊の調整と指揮統制を行っていた。

計画段階で、シールズは、数百メートル離れた2つの場所で狙撃手掩護を行うことに決めた。米陸軍とイラク陸軍の複数の封鎖・捜索チームがこの区域の各ブロックで建物に入るたびに、カバーするためだ。一つ目の狙撃手掩護拠点（ＯＰ１）は、チャーリー小隊の副担当士官が率い、ＣＯＰファルコンの東方３００メートルほどの場所にある大きな4階建てアパートに陣取った。封鎖・捜索チームの北側面を守るためだ。

私が指揮する2つ目の狙撃手掩護拠点（ＯＰ２）は、8名のシールズ隊員と7名のイラク兵で構成されている。私たちは封鎖・捜索チームの南側面に沿って、ＣＯＰファルコンの南東約1キロの場所で、任務に就く計画だった。そのエリアには、ＩＥＤが大量に仕掛けられている。

現地時間の午前2時、私たちＯＰ２のメンバーはＣＯＰファルコンを出て、徒歩のパトロールを開始し、まだ暗くて危険なラマディの通りへ踏み出した。この時間帯に人影はなく、あたりは静まり返っているが、どこで敵の戦闘員が待ち伏せしていてもおかしくない地域だ。もう一つの掩護チームであるＯＰ１のメンバーは、1時間後に出発する予定だ。持ち場がＣＯＰファルコンから近い上に、以前にも同じ拠点を利用したことがあり、状況がわかるからだ。ＯＰ２チームは、かなり遠くまで行かなくてはならない上に、そのエリアの建物に一度も足を踏み入れたことがなく、態勢づくりには時間が必要だった。

パトロールでは、私がリーダーを務め、先頭を歩く尖兵のすぐ後ろを歩いた。なるべく静かに歩を進めながらも、敵を警戒してあらゆる方向に銃を向け、いつ何時でも対応できる態勢を取った。細心の注意を払って通りのゴミの山や、わざと置かれたらしい怪しげな瓦礫を避けた。IEDの脅威が相当大きいからだ。各自が重い武器や弾薬や水を携帯しているのは、夜が明けたら、長時間にわたる大きな戦いが起こると見越しているからだ。

この都会の交戦地帯は、子どもの頃に観た第二次世界大戦を描いたハリウッド映画のセットさながらだ。弾痕だらけの壁、通りにある焼けただれた車、瓦礫に覆われた建物、地面の爆弾の穴……。これほど暴力と破壊にまみれた場所にいるなんて、現実とは思えない。

引き続き埃《ほこり》っぽくてゴミだらけの通りを、銃を棘《とげ》のように四方八方に向けながらパトロールした。パトロール隊は細い路地をくねくね蛇行しながら、まれに点《つ》いている街灯（ほとんどは撃ち抜かれているか、電気が通っていない）を避け、みすぼらしい野犬の群れもなるべく避けて進む。吠えられると、居場所を知られてしまうからだ。OP2の掩護拠点には、ある2階建ての家を利用する計画だった。見通しがよく、封鎖・捜索チームの南側面をカバーできるからだ。

無事に20分間のパトロールを終えて、目的地に到着した。塀に囲まれた屋敷の外で、分隊全員が門の周りで警戒態勢を取る。武器でカバーしながら、2人のイラク兵を押し上げ、塀を越えさせた。2人は内側からすばやく門のかんぬきを外すと、残りのメンバーを中へ入れた。シールズ射手たちとイラク兵たちは速やかに、ただし音は立てずに敷地内に入り、家の玄関へ向かった。

イラク兵がノックし、中にいる家族にドアを開けるよう指示した。イラク人の男性がうろたえた様子で応対し、指示に従う。シールズがすばやく各部屋と2階のバルコニー、屋上、そして中庭に脅威がないかを調べ、敷地内の安全を確認した。そのあとで、警戒態勢を取った。

その家からは、主要道路沿いの一方向はそれなりによく見えたが、もう一方向については、外に突き出たバルコニー以外に見晴らしのきく場所はなかった。また、隊員を周辺の建物からの攻撃にさらさずに、警戒態勢を取るのが難しい。OP2の狙撃手たちが、こうした大きな懸念を、私と小隊の兵曹（LPO）に伝えてきた。LPOは部下のリーダーの中でも、とくに信頼が置ける人物だ。われわれは今、窮地に陥っている。

「隣の建物を確保して、そこに警備の分遣隊を置いたらどうでしょう？」とLPOが言う。よいアイデアなので、採用することにした。

チームはそのまま待機させ、安全確認チームを隣の建物に送った。ところが、彼らの報告も芳しいものではなかった。見晴らしは、こことそう変わらないという。治安部隊を2つの建物に分けて任務に就かせると、相当力を削がれる。とくに完全武装のムージたちがうようよしている危険な地域では。

この選択肢は現実的ではない、ということで、またLPOと話し合った。外はまだ暗いが、日の出まであまり時間がない。間もなくモスクの尖塔《ミナレット》から、朝の礼拝を呼び掛ける声が響き渡って、街中の人々を起こすだろう。掩護の態勢を整えられる、残り時間はわずかだ。米陸軍兵士とシールズ・アドバイザーチームとイラク兵から成る封鎖・捜索チームは間もなく作戦を開始し、狙撃手掩護チームのカバーを期待するだろう。

「いい選択肢がない」と私は嘆いた。「だが、一番マシな選択肢は、全員をこの建物に呼び戻し、最善の警戒態勢を取ることだろう」

LPOもうなずき、すぐに計画を実行した。この態勢に相当弱点があることは承知しているが、リスクを減らすためにできることはすべてやるつもりだ。狙撃手たちは現場の部隊を最大限に守れる態勢を取り、残りの隊員には狙撃手たちを守る態勢を取らせた。狙撃手の一人が、バルコニーにややはみ出しているからだ。態勢を決めると、OP2の無線手であるシールズ隊員がもう一方の狙撃手掩護チーム、OP1に連絡し、居場所を報告した。それからチーム・ブルドッグの無線にも連絡し、COPファルコンでチーム・ブルドッグと共にいるジョッコに居場所を伝えた。現場のほかの部隊との調整が取れるように。

「アァァァッラァァァァァァァァァフゥゥアクバル……」と、街中のモスクのミナレットのスピーカーから、朝一番の礼拝の呼びかけが響き、一日の始まりを告げだした。間もなく朝日が東の地平線を彩ると、ラマディ中南部が目を覚まし始めた。戦火にまみれたこの街でも、うわべだけは普通の生活が続いている。人々が家から現れ、車やトラックが私道《ドライヴウェイ》からバックで出てきて、街中の道路へ走り出す。羊飼いの少年たちは羊の群れを追い立てて通りを進み、ユーフラテス川の肥沃な岸辺で草を食ませる。燃えるように熱い太陽が昇ると、気温はぐんぐん上がり、正午には焼けつくほど暑くなって摂氏46度を超える。

無線でチーム・ブルドッグの兵士たちが、封鎖・捜索作戦が進行中だと伝えている。(シールズ・アドバイザーとイラク兵から成る掃討チームを含む)何十名もの兵士たちが、エイブラムス戦車やブラッドレー戦闘車を伴ってCOPファルコンを出発したのだ。何百メートルも離れているOP2にも、戦車のキャタピラーが道路で重くきしる音や、強力なガスタービン・エンジンの回転音が聞こえてきた。無線でジョッコに連絡すると、封鎖・捜索チームと共に出発していた。すべては計画通りに進行している。

こうした厄介な地域では、敵の戦闘員が攻撃を開始するまで長くはかからない。最初の攻撃は、北側からだった。OP2は、攻撃を仕掛けた2人組の敵が、OP1の狙撃手の大型ライフルにたたきのめされる音を聞いた。間もなくOP2の狙撃手たちは、AK-47とRPGロケット擲弾発射器で武装した3人の敵が、掃討チームのほうへ向かっていくのを目にした。シールズ狙撃手たちが銃撃したところ、3人のうち2人に命中し、もう一人は逃げ出した。

ただ、この狙撃によって、敵はわれわれの居場所に目星をつけた。1時間も経たないうちに、ムージの最初の機銃掃射が、バルコニーにいる隊員2名の頭上で炸裂した。だが、これは手始めにすぎなかった。敵が散発的に建物を撃ち、われわれの居場所を探り始めたからだ。居場所を突き止められれば、時間と共に、攻撃は間違いなく大胆なものになっていくだろう。

封鎖・捜索作戦は、散発的な発砲と威嚇射撃が行われる中、進行していた。シールズの2つの狙撃手掩護拠点は、どんなに大きな攻撃でも実行前に阻止できた。チーム・ブルドッグの兵士たちが戦車を準備して警戒したことも、大きな抑止力になった。日の出から2時間ほどの間に、ジョッコと行動を共にしていた陸軍兵士とシールズ戦闘アドバイザーとイラク兵の小さなチームは、区域のすべての建物の安全を確保した。任務を達成した彼らは全員、無

ラマディ中南部の夜明け。M2ブラッドレー戦闘車が地上の米軍とイラク軍、そして敵陣にいるシールズ狙撃手掩護部隊をカバーしている。朝の礼拝の呼びかけがラマディの夜明けを告げると、間もなく敵の猛攻が始まり、一日中続いた。（写真：著者提供）

事にCOPファルコンへ戻った。

今回の作戦は比較的スムーズに終わったが、ラマディ中南部のこれほど危険な地域では、奇跡と言うほかなかった。米兵にもイラク兵にも、死傷者が出なかった。これは、米軍が素晴らしい計画を立て、完璧に遂行した証しであり、シールズ狙撃手掩護チームの優秀さの証左でもあった。

封鎖・捜索部隊がCOPファルコンに無事戻ったことで、シールズ狙撃手掩護チーム――OP1とOP2――も目的を達成した。「標準業務手順書（SOP）」の指示に従うなら、日没までその場に留まり、夜の闇に紛れてパトロールしながら基地に戻ることになる。夜間のほうが危険な通りを安全に移動できるからだ。小さな分隊が白昼堂々と敵地をパトロールすれば、ほぼ確実に接触のリスクが生まれる。敵が機関銃やＲＰＧ－７やＩＥＤを使えば、致命傷を被るだろう。

ただし、ＯＰ２にとっては、今の場所に留まるのも相当危険だ。占拠している建物が、戦術上かなり脆弱だからだ。敵が居場所を知った以上、ぐずぐずしていたら、本格的な攻撃を仕掛けられる可能性が高い。万が一そうなったら、こちらに大量の死傷者が出て、決意に満ちた敵の戦闘員に制圧されてしまうだろう。

これには、リーダーとしてジレンマに陥った。もう一度、ＬＰＯと選択肢を話し合う。

「ここに留まって日没まで待つか、今すぐここを出て、ＣＯＰファルコンまで徒歩でパトロールしながら戻るか。もしくは、ブラッドレー[17]に撤退支援を要請することもできる。ただしこれは、少し時間がかかるだろう」

ブラッドレー戦闘車は装甲被覆《ひふく》で小型武器の攻撃から守ってくれるし、25ミリチェーンガンやＭ２４０機関銃で相当な火力をもたらしてくれる。だが、調整には時間がかかる。クルーに指示を出し、ここまで運転してもらわなくてはならないからだ。ブラッドレーは音がうるさいので、離れた場所にいる悪党たちにも、到着を知られてしまう。それにこの選択肢を取れば、車両に乗り込む米軍兵士を恐ろしいＩＥＤの脅威にさらすことになる。このあたりの道路は危険度が高いのに、ＩＥＤ除去チームがまだ手を着けていないのだ。だから、道路に埋め込まれている恐ろしい爆弾が、車中の米軍兵士を殺傷する可能性がある。そんな事態に陥ったら、さらに多くの車両や部隊を危険にさらしてこちらへ向かわせ、死傷者や爆破された車を回収させなくてはいけなくなる。

ブラッドレーを呼ぶとなると、おそらく30分ほど待たされる上に、チーム・ブルドッグの兵士たちを大変な危険にさらしてしまう。さらには私たちも、IEDが大量に埋め込まれた通りを車で走るという危険を冒さなくてはならない。

一方、SOPに従って暗くなるまでここにいるとなると、それまでの8～10時間、ますます激しくなる敵の攻撃をかわし続けなくてはならない。防御の弱点につけ込まれたら、身動きが取れなくなるかもしれない。そうなったら、大掛かりな火力支援を要請し、多くの部隊をさらなる危険にさらして脱出するほかなくなる。

今すぐ徒歩でここを出て、急いでパトロールしながらCOPファルコンへ戻るなら、おそらく敵に銃撃される。だが、ムージたちも慌てて攻撃することになるから、最大の効果を狙って調整する時間は取れないはずだ。すばやく動いて、別の通りや路地へ誘い込めば、リスクを軽減できる。敵にCOPファルコンへの正確なルートを予測され、待ち伏せされずにすむからだ。とはいえ、いくら大慌ての攻撃でも、銃撃されれば隊員が殺害されたり重傷を負ったりする危険性はある。

一つもまともな選択肢がない。一番マシな選択肢を選ぶしかないのだ。

17　M2ブラッドレー戦闘車は、1台につき6人の兵士を運べる。

ラマディ中央部で、標的の建物群から敵を一掃するブルーザー。どのドアの向こうに残忍な武装勢力が待ち受け、どの窓や屋上から発砲してくるかわからない状況だ。敵の迫撃砲やライフル、機関銃、RPG-7、IEDが、あらゆる掃討作戦を困難なものにしていた。（写真：著者提供）

「で、どうしますか、ＬＴ？」[18]と、ＬＰＯが聞いた。刻一刻と時間が経過していく。

そろそろ判断しなくてはならない。私は「引き上げる」と決めた。それが一番マシな選択肢だからだ。「すぐに荷物をまとめて、なるべく早く脱出しよう」

「了解」とＬＰＯが言った。彼がＯＰ２全員に伝えると、隊員たちは即座に装備を集め、忘れ物がないかダブルチェックした。ＯＰ２の無線手がもう一つの狙撃手掩護チーム、ＯＰ１に連絡し、「戦闘前哨まで徒歩で戻る」と伝えた。そして、ＣＯＰファルコンに戻ったチーム・ブルドッグの兵士たちにも伝えた。そこには、掃討チームと行動を共にしていたジョッコと数名のシールズ隊員たちもいた。

　ＯＰ1は、ＣＯＰファルコンまでわずか３００メートルをパトロールして帰るだけなので、「どうすべきか」というジレンマはなかった。彼らはすぐそばにいるＣＯＰファルコンの戦車や重機関銃でカバーされながら、楽々徒歩のパトロールを終えられる。ＯＰ1は無線で、「われわれも引き上げる」と伝えてきた。だがＯＰ1は、ジョッコに伝えない、というミスを犯した。これで、ジョッコは動きを調整できなくなった。

「了解」とＯＰ2の無線手はＯＰ1に答え、その情報をＬＰＯと私に伝えた。私たちは速やかにＯＰ2を脱出させることに夢中で、ＯＰ1のことはほとんど考えなかった。1分経つごとに、敵が本格的な攻撃の準備をする時間も増える。数分以内に、全員が準備を整えた。チームに大急ぎで指示を出し、「急いで移動しなくてはならない」と強調した。

「よし、やるぞ」。それがチームの総意だった。銃撃戦に巻き込まれるだろう、と全員が覚悟していたが、敵のではなくこちらの思い通りの戦いにしたかった。

　準備が整ったので、建物を抜け出し、通りへ出た。武器をあらゆる方向へ向け、戦いに備えながら。速やかに脱出し、チームとして仲間をカバーしつつ通りを進むと、驚いた顔で見つめるイラク市民とすれ違った。銃を持つ攻撃的な男たちに武器を向けられたら、地元民は「距離を取らなくては」と心得ている。完全武装のシールズ分隊の邪魔をするような者は、

18　ＬＴ：海軍大尉という尉官階級に対する、ネイビー・シールズ・チームにおける一般的な愛称。

明らかに喧嘩を売っている。大急ぎで、駐車中の車やゴミの山を越える。こうした都市部では、あらゆる場所に危険が潜んでいる。地上なら、門、ドア、路地、遠くの交差点。高い場所なら、屋上、バルコニー、上階の窓。そんなすべての場所で、完全武装のムージたちが、むごたらしいけがや死をもたらそうと待ち構えているかもしれないのだ。

私たちが訓練し、練習し、ここで活用した戦術は、いわゆる**「仲間をカバーして動け」**という基本的な作戦だ。OP2分隊は、4つの小さなチームに分かれている。あるチームが危険はないか武器を向けてカバーしている間に、ほかのチームが動く。それからお互いの役割を入れ替える。このように、チームは絶えず「仲間をカバーして動け」の戦術を使い、互いに相手を追い越しながら、攻撃をかわす態勢を整え、通りを進んでいった。

500メートルほどはCOPファルコンに向かって着実に進んだが、そこで地獄のような事態が発生した。全自動小銃が、パトロール隊の後方で炸裂したのだ。武装勢力の戦闘員たちがあとを追ってきて、AK-47やベルト給弾式機関銃PKCで激しく攻撃してきた。弾がすぐそばの塀を打ち破り、足元の道路からわっと砂埃が舞い上がった。

すかさずこちらも、容赦なく銃撃を返す。シールズ機関銃手たちは、目を見張るほど素晴らしいのだ。たとえ敵の弾丸がそこら中で音を立てていても、ひるむことなく百発百中の正確さで銃火を浴びせ返す。隊員たちは極めてスムーズに「センター・ピール（中央から順に捌《は》けていく）」戦術を取った。

これは隊員が2本の縦列に並び、先頭の者から敵を交互に銃撃していく組織的な作戦で、撃ち終えた者から敵と接触せずにすむ安全な方向へと捌けていく。私はパトロール隊の頭越しに、敵陣に40ミリグレネードを何発か発射した。こちらが急いで後退する間、敵に身をかがめてもらうためである。

圧倒的な銃撃で瞬く間に敵を撃退し、防壁となってくれる曲がり角まで移動すると、大急ぎでＣＯＰファルコンへ向かった。勇猛果敢なシールズ機関銃手たちの掩護射撃のおかげで、大混乱の中、無事に移動することができた。そして数分のうちに、ＣＯＰまでの残りの距離を進み切り、入口を守るエイブラムス戦車の脇をすり抜け、蛇腹《じゃばら》形の鉄条網やコンクリートの柵を越え、比較的安全な米陸軍戦闘前哨へ戻った。重い装備をまとい、昼前の猛暑の中を走って銃撃したせいで、誰もがハァハァと荒い息をしていた。だが、全員がかすり傷一つなく生き延びたのだ。ＬＰＯと私は笑顔になり、声を立てて笑った。通りであれほど激しい銃撃戦に巻き込まれながらも、敵をたたきのめし、全員を無傷で基地へ連れ帰ったのだから。最高だ。すっかり気持ちがハイになった。

だが、ＣＯＰファルコンにすでに戻っていたメンバーの中に、うちの小隊長もいた。彼は封鎖・捜索部隊と一緒にいたので、ジョッコやシールズの小チームやイラク兵たちと先に戻っていた。小隊長は浮かない顔で、私を脇へ引っ張っていった。

「あなた方は、あそこで一体何をしてたんです?」と厳しい声で言う。

「どういう意味だ?」。私もさっと身構えた。

小隊長は素晴らしい戦場リーダーで、とくに銃撃戦に長けている。ほぼ20年という長いキャリアを持つ彼は、タスクユニットの誰よりも経験豊富で、誰もが彼の助言や指導を高く評価している。戦闘には決して尻込みせず、勇敢に意欲的に敵と戦い、打ち負かしてくれる。そんな彼がなぜ私たちに、とくに戦場での私のリーダーシップに批判的な態度を取るのだろう？

「何の話だ？」と私。

「なぜもう一つの狙撃手掩護部隊──OP1──を現場に残し、OP2がCOPファルコンへ戻るのをカバーさせなかったんですか？」

一瞬考え込んだが、身構える気持ちは消えていた。小隊長の言う通りだ。

「理由はない」。彼の言い分が100パーセント正しい、と理解した上で、私は言った。自分のミスに気づいたのだ。「窮地に頭がいっぱいで、OP1と連係し合うことに思いが及ばなかったんだ。絶対に協力し合うべきだったのに」

ジョッコの「戦闘の法則」第1のルール、「仲間をカバーして動け」。そのルールを破ってしまった。OP2のチーム内では活用したが、より大きなチームとサポートの存在をすっかり忘れていた。単独行動をし、互いに助け合えなかった。OP1を残していたら、見晴らしのよい場所から、私たちがCOPファルコンまで危険な通りをパトロールする間、適切にカバーしてくれただろう。そして、COPファルコンに戻った私たち（OP2）も、戻ってくるOP1をカバーできただろう。

協力し合わないなんて、愚かだった。少し離れた場所で互いに小さなチームとして活動していたが、単独で任務に就いていたわけではない。みんなで同じ任務を果たしていたのだ。敵は外にいて、私たち全員を攻撃していたのだから、こちらは互いに協力し合うべきだった。仲間の分隊が動けるように、もう一つの分隊がカバーすればよかったのだ。

私たちOP2は、今回は運がよかった。本当に。だが、小隊長の指摘で今さら気づいたように、取らなくていい愚かなリスクを取った。ラマディを占領しているこの容赦ない敵に対し、使える力も戦術上のメリットもすべて活用すべきだった。何より重要な戦術上の優位は、チーム一丸となって終始支え合うことだった。

私にとっては、苦い気づきになった。こまごまとした事柄や、決断のタイミングや、目先の課題で頭がいっぱいになり、もう一つのチームのことを忘れてしまった。何をしてもらえるのか、こちらもどんなサポートができるのかを。

このとき以来、小隊長のアドバイスを忘れたことはない。あらゆる軍事作戦で、「仲間をカバーして動け」の原則を活用した。どのチームとも支え合い、協力し合うようになった。あのときの気づきと教訓は、間違いなく命を救い、死傷者を大きく減らし、スムーズに任務を達成して勝利を収める力になってくれた。

原則

「仲間をカバーして動け」。これは最も基本的な戦術、いや、おそらく唯一の戦術だろう。

平たく言えば、「仲間をカバーして動け」とは、チームワークのことだ。

チーム内のどの分隊も重要で、任務を果たすために協力し合わなくてはならない。その唯一の目的のために、互いに支え合う必要がある。チーム内の部署もグループも、垣根を取り払い、互いに頼り合い、誰に頼りにされているのかを理解しなくてはならない。この原則を捨て、単独で行動したり、足を引っ張り合ったりすれば、チーム全体の成績に壊滅的な影響を及ぼすだろう。

どんなチームにも、分裂が生じることはある。よくあるのは、チーム内の小さなチームがそれぞれに目先の課題に集中するあまり、ほかのチームがしていることや、自分たちがほかのチームに頼っていることを、つい忘れてしまうこと。互いに張り合い始め、何か障害物が現れたときには、敵意や非難がふくらんでしまう。そうして生じた軋轢が、チーム全体の成績を振るわなくさせる。**常に戦略的任務に目を向けて、「私たちはさらに大きなチームの一員だから、戦略的任務が最優先だ」とチームに釘を刺すのは、リーダーの責任だ。**

チームの各メンバーは成功に欠かせない要素だが、メインの取り組みとそれを支える取り組みが何かを、しっかり認識しておかなくてはならない。**チーム全体が失敗すれば、たとえあるメンバーやある分隊が首尾よく任務を達成しても、全員が失敗したことになる。ほかの誰かのせいにして相手を責め立てても、チームと個人との不協和音を高めるだけ。**そうではなくて、個人もチームも協力し合い、互いにコミュニケーションを取り合い、支え合う方法を見つけなくてはならない。常に、どうすれば最も効果的に任務を達成できるのかに、心を注ぐことだ。

また、**チームが成功すれば、チーム内のメンバーもチームを外から支えるメンバーも、全員が成功したことになる。**大きなチームに属するすべての個人とすべてのチームが、成功を分かち合える。戦略的任務の達成が、最優先事項なのだ。**チームのメンバーも、部署も、支援者たちも、常に「仲間をカバーして動く」必要がある。そう、互いに助け合い、一丸となって取り組み、勝利を収めるために支え合わなくてはならない。この原則は、すべてのチームが勝利を達成するのに欠かせないのだ。**

ビジネスへの応用

「あの連中は最悪ですよ」と、生産部長が言った。親会社が所有する子会社の話なのだが、部長のチームは商品の輸送でその会社に頼っている。「あの人たちは、予定通りに仕事を終えられないんです。そのせいでこちらも仕事になりません」

明らかに、彼の部下の現場リーダーたち――チームの前線部隊――と子会社の現場リーダーたちの間には、大きな問題が生じている。

ジョッコと私は、十数名のクラスの前に立っていた。彼らは、本社の会議室にU字形に並べられたテーブルに着く、中間管理職だ。この日は、12カ月のリーダーシップ研修プログラムの2回目のセッション。「戦闘の法則」にまつわる講義や議論をしていた。私たちは各受講者に、「今抱えているリーダーシップの課題を出してください」と求めていた。学んだばかりのシールズの戦闘リーダーシップの原則を使って、受講者が課題を解決するのを助けるためだ。

生産部長は説明した。チームが生産時のダウンタイム――商品の生産を停止しなくてはならない時間――を短縮するのに苦労している、と。稼働停止はさまざまな理由で起こっていたが、そのせいで商品を市場に送り出せず、ダウンタイムが増えるたびに会社は大きく収益を減らし、最終収益にもかなりの影響が出ていた。

部長のチームは改善に向けて今まさに動き出そうと、短期間に多くのことを学んではいたが、チームの平均ダウンタイムは、業界の標準よりかなり長かった。この明らかな差が、会社の利益に大きな損失をもたらしている。そのため、生産部長に厳しい目が向けられ、「ダウンタイムを短縮しろ」という強烈なプレッシャーにさらされている。そして、生産チームが頼っている子会社が、一番の悪者にされていた。

「あの人たち（子会社）を待つのに、山ほど時間を無駄にしてます。それが大きな問題と遅れの原因なんです」と生産部長は言う。「その遅れが生産に悪影響を及ぼして、会社の収益にも大きく響いてる」

「どうすれば、子会社を助けてあげられますか？」と、生産部長に聞いた。

「無理ですよ！」と彼は言った。「私の部下じゃありませんからね。私たちは同じ上司のもとで働いてるわけじゃないんです。別会社ですから」。確かに彼の言う通り別会社だが、どちらも同じ親会社の傘下にいる。

「それにね」と、彼は冷淡に言い足した。「子会社のことは、私の問題じゃありません。私には心配しなくちゃいけない自分のチームがありますから」

「あなたの問題のように見えますが？」と私。

「ある意味、そうかもしれませんね」と部長は認めた。

そして、子会社を猛烈に批判し始めた。「最悪なのは、親会社が同じだから、彼らのサービスを利用しなくちゃいけないことです」

「今あなたが最悪だとおっしゃった部分は、最高の部分じゃないでしょうか」とジョッコが言った。

「どちらの会社も親会社が同じだから、同じ任務を背負ってる。大事なことを言いますよ。一つの任務を背負う、一つのチームなんです。あなたのチームだけでなく、もっと大きなチーム。会社全体、つまり、社内のすべての部署、親会社の傘下にあるすべての子会社、外部の請負業者といった事業全体の話です。みんなが協力し合い、一つのチームとして、互いに支え合わなくてはいけません」

「敵は向こうにいるんですよ」と、私は窓の外の世界を指さして言った。「敵は、顧客を奪おうと狙ってる、業界のすべての競合他社です。敵は、会社の敷地内にはいませんよ。社内のほかの部署や子会社はみんな、同じリーダーのもとに集うチームメイトです。『われわれ』対『あの人たち』という考え方を克服して、協力し合い、互いに支え合わなくちゃいけませんね」

何年か前、ラマディの戦場にいた私がそうだったように、生産部長も今、自分の部署と目先の課題で頭がいっぱいで、自分の任務が社内のほかの部署や支援部隊とつながっていることも、みんなで同じ戦略的任務を目指して頑張っていることも見えなくなっている。私が小隊長にアドバイスをもらったときのように、生産部長も一歩下がって、自分のチームの任務が全体の計画の中にどのように収まるのかに目を向けなければならない。

「重要なのは、より大きな戦略的任務です」と私は言った。「子会社にもっと効率的に動いてもらうために、どのように手を貸せばいいでしょう？　あなたが任務を達成し、全員が勝利を収めるために」

生産部長はじっと考えていたが、まだ首をかしげている。

「相手と関わってください」とジョッコが言った。

「個人的な関係を築くんです。そして、説明してください。彼らにどうしてほしいのか、そして、それはなぜなのか。それから、『そのために、私たちにできることはありませんか？』と尋ねてください。彼らをチームの言い訳に使うんじゃなくて、チームの一員にするんです。リーフと私がほかの部隊の支援に頼った話を覚えてますか？　任務を共にしていた陸軍や海兵隊は、私たちの指揮下にあったわけじゃありません。別々の上司のもとで任務に就いていたんです。でも、私たちは彼らに頼っていたし、彼らも私たちを頼りにしていました。だから、きちんと関係をつくって、ラマディを安全にするという大きな任務を一緒に果たしたたんです。まさに『仲間をカバーして動け』。あなたもここで、同じことをする必要がありますね。協力して勝利を収めましょう」

生産部長は、チームに最高の働きを求める一途なリーダーだ。その彼が今、真のチームワークを理解し始めた。ようやく話が腑に落ちて、部長の態度はがらりと変わった。子会社と協力しなければ、チームをダメにしてしまう、と。

その後の数カ月間、生産部長は全力で子会社と関わる努力をした。積極的にコミュニケーションを取り、仕事上の関係を改善させた。納期に影響を及ぼし、遅れを生んでいる数々の問題をしっかり把握するようになり、改善のために自分たちにできることを理解するようになった。

子会社の社員は、部長が当初言っていたような「最悪な」人たちではなかった。限られた資源《リソース》と人材で、仕事を回していたのだ。相手がわざと足を引っ張っているわけではない、と理解したことで、部長は気がついた。子会社がもっと効率的に遅れの問題を解消できるよう、こちらで対策を講じることはできる、と。2つの会社は、別会社として足を引っ張り合うのではなく、互いに協力し始めた。

生産部長がマインドセットを変えると、現場のリーダーたちも子会社の社員を違った目で見るようになった。彼らは敵ではなく、同じ大きなチームの一員であり、大切なリソースなのだ。何より重要な変化は、生産チームが子会社の現場チームと協力し始めたことだ。数カ月のうちに、生産チームの現場リーダーたちは、子会社の主要メンバーに「調整会議に参加しませんか?」と声をかけるようになった。するとあっという間に、「われわれ」対「あの人たち」という考え方は消えていった。自分のチームのことだけを考える姿勢も消え、互いに足を引っ張り合うこともなくなった。生産チームのダウンタイムは根本的に改善されて、業界でもトップレベルになった。彼らは今では一つのチームとして、協力し合っている。まさに「仲間をカバーして動け」の実践例だ。

第6章

シンプルに

〈ジョッコ・ウィリンク〉

戦闘前哨ファルコン（イラク・ラマディ）――戦闘の中へ

ドーン！

大きな爆発音で、建物の壁が揺れた。私は戦闘前哨（ＣＯＰ）ファルコンのど真ん中に座っていた。アドレナリンが身体の芯からあふれ出し、両腕に、両手にとみなぎっていく。数秒後、また爆発音で建物が揺れた。間もなく、「迫撃砲だ」と知らされた。武装勢力が１２０ミリ迫撃砲弾をＣＯＰファルコンの中心部へ、恐ろしいほど正確に撃ち込んでいる。

「120ミリ《ワン・トゥエンティ》」とはたちが悪い。一つの大きな発射体に、厚さ1・3センチほどの鋼鉄被甲で覆われた重さ20ポンド（約9キロ）を超える榴弾が詰め込まれているのだ。榴弾は、尖った銃弾の破片が四方八方に飛んで、大けがや死を招くよう設計されている。

この砲撃で、COPファルコンにいた数名の米軍兵士が負傷。うち1名は重傷で、のちにこのけがが原因で死亡した。3発目の120ミリ迫撃砲弾は、私のいる建物の屋上を直撃したが、ありがたいことに爆発しなかった。そう、不発弾だった。迫撃砲は驚くほど正確で、敵が極めて有能なことを改めて証明していた。夜が白々と明ける中、苦々しい思いで再認識することになった。ここは危険な場所で、私たちはそのど真ん中にいる。

その前の晩、リーフをはじめタスクユニット「ブルーザー」チャーリー小隊の隊員たちは、この地に潜入した。海兵隊のとりわけ意欲的で優れたクルーが乗り込む、米海兵隊・小部隊用河川舟艇（SURC）の複数のボートを使って。

チャーリー小隊は、たびたび緊密に連係し合っている米海兵隊・第2航空艦砲連絡中隊（アングリコ）のエキスパート・チームと、少人数の陸軍狙撃チームと、協力部隊のイラク兵を伴って、SURCのボートから川岸に上陸。敵が支配するこの地域――ラマディの中でもとくに凶暴なエリア――にそっと忍び込んだのだ。シールズが、現地に最初に投入された米軍部隊だった。

文字通り敵が支配する地域の中心地に、何百名もの米軍兵士や戦車や航空機を動員し、戦闘前哨をつくるこの大規模な作戦の中、先制の一斉射撃を行ったのが彼らだった。到着して数分以内に、チャーリー小隊は早朝の闇に紛れて地域をパトロールしていた、武装した敵の戦闘員を1名殺害。その後は、COPファルコンとなる建物群を奪取・掃討し、夜になるまで数時間確保。同時にシールズ狙撃手たちが、IED除去チームの後ろから現地入りする何十台もの米陸軍戦車や車両の道中をカバーした。

私は日の出前に、米陸軍大隊・任務部隊1－37バンディット（米陸軍第1機甲師団・第37機甲連隊・第1大隊）と共に、M2ブラッドレー戦闘車に乗り込み、リーフとチャーリー小隊に合流した。私の仕事は、シールズの指揮統制である。任務部隊バンディットの兵士たちとの、任務の調整を行うのだ。

私たちが着くとすぐ、チャーリー小隊は、掃討・占拠した建物群を米陸軍チーム・ブルドッグの中隊長と任務部隊1－37バンディットの兵士たちに引き継いだ。そして、リーフとシールズ隊員の大半は、狙撃陣地をもう一つ設けるべく、道路を数百メートル下った場所にある建物まで押し進んだが、私はCOPファルコンに残った。COPファルコンを防衛陣地につくり変えている陸軍工兵たちを掩護する、シールズの動きを調整するためだ。

約3万個の土嚢と150を超えるコンクリート柵、何百メートルもの蛇腹形の鉄条網を運んで設置するのには、大掛かりな計画と調整と何時間にも及ぶ集中的な労働が必要だ。長い夜だった。そんな中での迫撃砲の猛攻は、まさにモーニングコールだった。

夜の間中ずっと、小型武器による断続的な攻撃に遭ってはいたが、深刻な銃撃戦には至らなかった。この迫撃砲は、打撃と人的被害をもたらした最初の本格的な攻撃だった。ただし、それで作戦のスピードが落ちたわけではない。勇敢な陸軍工兵たちには、やるべき仕事があるのだ。弾丸が飛び交おうが作業を続け、ハンマーを打ち込み、重機を動かし続けた。彼らは一人残らず、勇敢な米軍兵士だった。熱いイラクの太陽が埃っぽい市道を照らし、人々が目覚めだすと、大勢の敵の戦闘員も目を覚ました。

間もなく耳に入ってきたのは、シールズ狙撃手によるけたたましいライフルの音だった。通りを数百メートル下ったあたりの4階建てアパートの上階に、チャーリー小隊が陣取っているのだ。リーフが無線で、「COPファルコンへの攻撃をもくろむ、敵の戦闘員たちと交戦」と伝えてきた。

だが、敵地に戦闘前哨をつくるのは、序章にすぎない。もっともっとやるべき仕事がある。この戦闘前哨を敵地の中心地につくる大きな目的の一つは、地元住民に次のように示すことだ。私たち米兵とイラク兵の連合軍はここに駐留する。そして、何年も野放し状態でラマディ大半を支配してきたアルカイダを恐れてはいない、と。

これは、幾重にも強化された基地の中に身を隠していたのでは、できないことだ。部隊は外へ出て、COP周辺の地域に入る必要があった。「プレゼンス・パトロール〔訳注：存在感を示すためのパトロール〕」という言葉が示す通りの活動に、真正面から取り組まなくてはならない。つまり、兵士の集団が、敵が支配する地域に侵攻し、地域住民の間に存在感《プレゼンス》を確立しなくてはならない。この状況でその任務を果たすには、イラク兵と米兵が協力し合う協同作戦が求められた。

軍事業務移行チーム（イラク兵の訓練と戦闘指導のために組織・配備された米軍兵士や海兵隊員のチームで、ＭｉＴＴと呼ばれる）のある陸軍将校が、イラク兵のグループを近隣地域へ連れ出す計画を立てた。このＭｉＴＴのリーダーは、イラク兵たちとパトロールに出かけ、彼らの根性を試すことに心を躍らせていた。彼はイラク北部の別の街で数カ月間にわたってイラク兵と任務を共にし、彼らを訓練し、一緒に比較的安全なパトロールや戦闘活動を行ってきた。

しかし、ここはラマディだ。地域をパトロールするのは簡単でも安全でもない。ここの敵は決意に満ち、完全武装の上に準備は万全である。米軍兵士、シールズ隊員、海兵隊員、イラク兵を攻撃・殺害するチャンスを狙っている。今ＭｉＴＴのリーダーと話してわかったことは、どんな危険が待ち受けているか、彼があまり理解していないことだ。

もう一つ心配なのは、彼が訓練したイラク兵たちはまだ、ラマディのこの区域で展開される激しい市街戦を戦う準備ができていそうにないこと。そこで私は、シールズの小グループに「将校とイラク兵に同行し、指揮統制を行え」と指示した。万一助けが必要になった場合に、支援の調整ができるように。

イラク兵に同行するシールズ分隊を率いる予定の、チャーリー小隊の若い将校と一緒にいると、ＭｉＴＴのリーダーがやってきた。そして、パトロールを計画しているルートを説明しようと、戦闘地図を取り出した。

そのルートは、街の危険な通りを蛇行してラマディ中南部を突っ切り、東側に位置する米軍戦闘前哨「COPイーグルズネスト」に向かっている。凶暴な敵が支配するイラクで最も過酷な地域を歩む、2キロ近くの道のりだ。どの道路も米軍の地雷除去チームがまだ作業しておらず、間違いなくIEDが大量に埋まっている。つまり、米軍の装甲車両も火力も、このリーダーが計画中のルートでは、車両をとてつもない危険にさらさずにはパトロール隊に到達できない。万が一彼やイラク兵たち（さらにはシールズ隊員）が攻撃を受け、身動きできなくなっても。

しかも、彼が計画しているルートだと、（2つの米陸軍中隊、陸軍大隊、海兵隊中隊など）別の米軍部隊が管理する戦場を通り抜けることになる。どの部隊も独自の「標準業務手順書」を持ち、別個の無線ネットを利用している。そうなると、出発前にすべての部隊と調整を行い、問題が発生した場合に支援を求めるために、有事計画を立てておかなくてはならない。

また、気温46度を超えるイラクの猛暑の中をこれほど長く歩くなら、かなりの水が必要になる上に、敵地にここまで深く侵攻するなら、膨大な量の弾薬も必要だ。それを運ぶのも機敏に戦うのも相当難しいだろう。ここよりずっと穏やかで平和な環境でも、複数の部隊が管理する戦場を横切ってパトロールするMiTTリーダーの計画は、途方もなく複雑だ。それをラマディ最悪の地域——イラク一危険な戦場——でやるなんて、狂気の沙汰だ。

私は計画に耳を傾けた。そして、全体の流れと複雑さを把握した上で、最後に言った。

「中尉、敵地でこの計画を遂行する意欲は素晴らしいと思う。しかしおそらく——少なくとも最初の数回のパトロールについては――もう少しシンプルにする必要があるでしょう」

「シンプルに？」。信じられないといった面持ちで、Ｍ・ｉＴＴのリーダーが言った。「ただのパトロールですよ。どう複雑になると言うんです？」

私は礼儀正しくうなずいた。「ただのパトロールだとわかっています。だが、このような環境で行うときには、若干リスクがふくらむものだ」

「イラク兵への訓練で、やり残したことは一つもありませんよ」と、彼は自信たっぷりに言った。

その自信は素晴らしいと思うし、計画中の任務の複雑さを理解するのが難しいのもわかる。中尉はこれほど敵意に満ちた環境で、任務を遂行した経験がないのだから。

「彼らをよく訓練されたのも、あのイラク兵たちが素晴らしいグループであることもわかっています」と私は言った。彼らが本格的な銃撃戦を一度も経験していないのを承知しながら。「しかし、計画を見てみましょう。このルートでは、３つの部隊――２つの陸軍と海兵隊――が管理してる戦場を通らなくちゃならない。それに、ＩＥＤが大量に埋め込まれているとされるエリアを通ることになります。そうなると、ＣＡＳＥＶＡＣ[19]も戦車による火力支援も大変な危険を伴う。支援があなたの部隊にたどり着けない可能性もあります。あなたはイラク兵たちとさまざまに協力してこられたのでしょうが、シールズ隊員は彼らと任務を共に

19　死傷者後送のこと。

したことがありません。ですから――少なくともこの最初のパトロールに関しては――少し距離を短縮し、パトロール全体をこの中隊、チーム・ブルドッグが管理する戦場だけに収めて、もう少しシンプルにしませんか？」

「それでは、数百メートルしか進めない」とMiTTリーダーは反発した。

「わかってます。確かに短く感じるでしょうが、最初はシンプルに行きましょう。そして、経験を積みながら、規模を広げていきましょう」と私。この環境で一度でも任務に就けば、シンプルであることの重要性を痛感するに違いない。さらにもう少し議論すると、MiTTリーダーは、かなり距離を縮めたシンプルなルートを承諾してくれた。

それから間もなく、MiTTリーダーとイラク兵たちとシールズの小グループが集合し、OPORD（作戦命令。作戦の詳細をチームのメンバーに説明する、作戦前のブリーフィング）を行った。このイラクの分隊にとって、ラマディで初めてのパトロールだ。迫撃砲で米軍兵士が負傷し、背後では絶えず銃声が響いているのに、彼らはあまり懸念していない様子だ。MiTTのリーダーも。それに関しては、わがシールズの分隊リーダーも同じだった。パトロールに出かけるのに、誰ものんきな顔をしている。私は、敵と接触する可能性はかなり高いと見ていた――即座にではないにしろ。

ブリーフィングのあと、彼らはさっと分かれて最後の準備に取りかかった。水をつかみ、弾薬や武器をチェックし、個別に指示をおさらいしている。私もそばへ行って、シールズ分隊リーダーと一緒にルートを再確認した。目立つ建物、特徴のある交差点、給水塔、モスクのミナレットなど、指標になりそうな場所に目を向ける。

さらに戦闘地図にも目を通すと、この区域のすべての建物に番号を振った透明シートが重ねてあった。若いシールズ将校と私は、地域の目立つ建物の番号を確認した。そうすれば、万が一の場合に、パトロール隊の位置も敵の位置も伝えやすいからだ。

連合分隊はその後、集合して整列し、パトロールを始めた。私はすでにリーフと連係し、彼の分隊をCOPファルコンの境界線から300メートルほど離れた4階建ての狙撃手掩護拠点に配置し、プレゼンス・パトロールの動きをカバーさせている。狙撃手による正確な射撃、機関銃、ロケット弾、それに見晴らしのよい陣地のおかげで、リーフの分隊は通りのパトロール隊の動きをうまく守れそうだ。敵に攻撃されるリスクを必ず軽減できるだろう。私は、出発の準備をする部隊の態度を注意深く見ていた。何とも現実味のない様子だ。そういうわけで、若いシールズ・リーダーのところへ行くと、しっかり目を見つめて言った。

「外へ出たら接触があるぞ。すぐに起こる。油断するな。わかったか?」

真剣な口調にハッとして、若いリーダーはゆっくりとうなずいた。「了解。警戒します」

そこで一歩離れ、パトロール隊がCOPファルコンのゲートを出て、敵地へ踏み出すのを見守った。敵が攻撃を仕掛けてくるまでにどれくらいかかるかに興味がわき、パトロール隊が出発するや、ストップウォッチのボタンを押した。ラマディ中南部のこの区域で、連合軍の兵士があからさまなプレゼンス・パトロールを行うのは、何カ月、いや何年ぶりだろうか。街の反対側の近隣区域で任務を行う、ブルーザー・デルタ小隊はこの2カ月、パトロールのたびに敵の戦闘員に攻撃されている。

ＣＯＰファルコンの無線をモニターし、パトロール隊の進捗を追った。すると突然、銃声がとどろき、市街地に響き渡った。

ダダダダダダッ……と、近距離で敵のＡＫ－47が炸裂した。

ブブブブブブブブブブブブッ……と、シールズの機関銃手が応戦した。瞬く間に何十台もの武器が放つ、激しい銃撃音が加わった。シールズ隊員たちが参戦したに違いない。銃撃戦が始まった途端に、これほどの猛威を振るう部隊はほかにない。さっと時計を見ると、パトロール隊がＣＯＰファルコンを出て、12分後だった。

ＣＯＰの自分の場所から、無線コールに耳を傾ける。市街地の建物の分厚いコンクリートの壁に阻まれて、無線は途切れたり乱れたり弱まったりしている。銃撃は続いていた。相当の銃撃戦になっている。パトロール隊と敵の戦闘員との間で、乱射された弾丸が雨のように飛び交っているのがわかる。

通信はさらに聞き取りづらくなった。パトロール隊と行動を共にしているシールズ分隊リーダーの声が聞こえるが、何を言っているのかがわからない。高い場所にいるリーフは、リーダーとも私とも無線通信ができており、パトロール隊から最新情報を受け取っている。リーフと若いシールズ分隊リーダーは、大混乱の最中《さなか》でも、訓練通りのよく通る穏やかな声で会話していた。リーフの報告によると、味方部隊の２名が負傷し、ＣＡＳＥＶＡＣと火力支援が必要だという。

速やかに戦車とCASEVAC車両を手配し、パトロール隊を助けるには、パトロール中のシールズ将校と直接無線で連絡を取り、居場所を確認する必要があった。私は急いでCOPファルコンで一番大きな建物の最上階に駆け上がり、立ち上がって無線のアンテナを伸ばした。

パトロール隊につなげようと、無線を調整する。「レッドブル[20]、こちらはジョッコ」

「どうぞ、ジョッコ」と、パトロール隊に同行しているシールズ・リーダーが穏やかな声で言う。無線が直接つながった。

「状況は？」と私。

「2名が負傷。CASEVACと火力支援が必要だ」と彼が答える。教わった通りの、シンプルで、明確で、簡潔な――まさに必要な――情報だ。

「了解。位置を確認せよ」

「J51[21]の建物だ」

「部隊全員が、J51にいるのか？」と私。

「そうだ。味方部隊はすべてJ51にいる」

「了解。戦車とCASEVACが向かう」

20　この戦場で当時使用していた、シールズのコールサイン。
21　J51は、（あいまいさを排除するため）無線では「ジュリエット・ファイヴ・ワン」と発音される。

私は１階へ駆け下り、仮設ＴＯＣ（戦術作戦センター）へ戻った。チーム・ブルドッグの中隊長が、部隊と戦車を出動させるのに必要な情報を待っているからだ。

「どうなってますか？」と中隊長が聞く。「何が必要ですか？」

穏やかに、重要な情報を伝える。「火力支援とＣＡＳＥＶＡＣを、近くのＪ51の建物が求めてます。味方は全員、Ｊ51の建物の中です。負傷者は２名」。近くの壁に吊されている大きな戦闘地図に近づき、指で51の建物を差した。「ここだ」と、全員にわかるように示す。

「了解」と中隊長が答えた。「戦車班[22]とＭ１１３[23]をＪ51の建物へ向かわせます。味方は全員その建物の中にいる。負傷者は２名」

「了解」。すべての情報が正しいことを確認して、私は言った。

中隊長はすぐにドアから飛び出して戦車に向かい、部隊に説明し、自ら乗り込んだ。中隊長と部隊は、ＩＥＤが埋め込まれた危険な通りを物ともせず、敵の攻撃を受けて身動きが取れないシールズとＭｉＴＴのアドバイザーとイラク兵たちのもとへ向かった。負傷した仲間の命を救うために、全力で。

一方、リーフがいる見晴らしのよい掩護拠点からは、シールズ狙撃手と機関銃手たちが、パトロール隊への攻撃に加勢しようと集まった、大勢の敵を銃撃していた。強力な狙撃ライフルがビシッという独特の音を立て、Ｊ51に避難しているパトロール隊にこっそり近づこうとする多くの敵を攻撃している。武装勢力の戦闘員が集まってくるたびに、機関銃手が掩護拠点から参戦し、一斉射撃を浴びせては撃退していた。

数分のうちに、チーム・ブルドッグの戦車とM113がJ51の建物に到着した。戦車を見ると、敵の戦闘員の大半は大慌てで都会の風景の中に姿を消した。武器を隠して、民間人の中に紛れ込むのだ。2名の負傷者は、イラク兵だった。どちらも銃撃されたのだが、通りを渡る途中で撃たれた一人は、仲間のイラク兵たちが安全な場所へ逃げてしまい、見捨てられてしまった。

幸運にも2名のシールズ隊員が、弾丸の雨の中を命がけで駆け出し、安全な場所まで引きずってくれた。負傷者は避難させられ、一人は生き延びたが、もう一人は残念ながら死亡した。パトロール隊の残りのメンバーは、戦車の火力に守られながらJ51を出て縦隊になり、第二次世界大戦時のワンシーンのように、前後をエイブラムス戦車にはさまれていた。そうして一緒にCOPファルコンへ戻った。

チーム・ブルドッグの戦車が後方を守っていると、RPG-7を持つ敵の戦闘員が1名、走り寄ってパトロール隊を攻撃しようとした。だが、男が撃つ前に、戦車の砲塔に座っていたチーム・ブルドッグの中隊長が、キャリバー50機関銃で胸にダダッと弾丸を撃ち込んだ。

パトロール隊がCOPファルコンに戻ったとき、敷地に入る彼らと会った。若いシールズ・リーダーと目を合わせると、私は満足げにうなずいた。言葉にしなかったが、こう伝え

22 強力な射撃能力を持つ、2台のM1A2エイブラムス主力戦闘戦車。
23 死傷者を避難させる、M113装甲兵員輸送車。

たのだ。「よくやった。君は冷静さを保ち、連絡も明確だった。必要な支援を得て、チームをしっかり生還させた」。リーダーも、うなずき返した。理解してくれたのだ。

ＭｉＴＴのリーダーは、明らかに動揺していた。彼にとっては初めての本格的な銃撃戦で、リーダーとして初めて力量を試されたのだ。幸いシールズ分隊がそばにいて、パトロール隊の生還に力を貸してくれた。彼は幸い任務をシンプルにし、予測できる有事に備え、複雑さを極力排除していた。最初の計画のままなら、まさに最悪のシナリオだった。

当初計画していた場所で――ＣＯＰファルコンの区域を離れた敵地の奥で――無線の周波数も業務手順も異なる陸軍や海兵隊の支援分隊のもとで銃撃戦に陥っていたら、悲惨な結果を迎えただろう。ただでさえ困難で複雑なパトロールをさらにややこしくしていたら、ＭｉＴＴリーダーもイラク兵たちも全員殺されていたかもしれない。

私はＭｉＴＴリーダーにもうなずいた。先ほどのうなずきとは違う、こんな意味を込めて。「だからシンプルにしてるんだ」。ＭｉＴＴのリーダーも、私を見つめ返した。何も言わなかったが、彼の目は明らかにこう言っていた。「今わかりました。今は理解できてます」

原則

戦闘は、人生のほかのことと同じで、もともと複雑な状況が幾重にも重なってできている。極力シンプルにすることが、成功には不可欠なのだ。計画や命令が複雑すぎると、誰も理解できない。そして、物事がうまくいかなくなると（うまくいかないときは必ずある）、複雑さは問題をふくらませ、手に負えなくさせ、大失敗に陥らせる。

計画や命令は、シンプルに、明確に、簡潔に伝えなくてはならない。任務に参加する全員が、任務における自分の役割を知り、有事の際に何をすべきか理解していなくてはならない。**リーダーとして、自分がいかにうまく情報を提供し、命令や計画や戦術や戦略を伝えているつもりかは、問題ではない。チームが理解していないなら、物事をシンプルにできてはいないし、しくじっているのだ。**チームのそれほど頭のよくない人たちにも、理解できるように伝えなくてはならない。

もう一つ重要なことは、**仕事上のよい関係ができていれば、前線部隊が任務や重要な課題を理解できない場合に、質問ができることだ。リーダーはそうしたコミュニケーションを促し、チーム全員が理解できるように、説明する時間を取らなくてはならない。**

「シンプルに」――この原則は、戦場だけに留まらない。ビジネスの世界にも、人生にも、もともと複雑な部分はある。**計画やコミュニケーションをシンプルに保つことが重要だ。**このルールに従うことは、戦闘やビジネスや人生のどんなチームにおいても、成功に欠かせないのだ。

ビジネスへの応用

「どういう意味かまったくわからないんですよ」と1枚の紙を掲げて、ある社員が言った。紙には、彼の月次ボーナスについての説明が書かれているようだ。

「0・84。この数字が何を意味してるのかわからないんです。わかるのは、今月のボーナスが423・97ドルだったこと。でも、何でなのかわかりません。先月は279ドルでした。何ででしょうね。仕事の量は同じなんですよ。ほぼ同じだけ商品をつくりました。なのにどういうわけか、先月はボーナスが少なかった。一体何なんでしょうね？」

「会社は、ある仕事に力を入れさせようとしてるんでしょうか？」と私は尋ねた。

「正直なところ、わからないんです」と彼は言った。「いや、ボーナスをもらえるのはうれしいんですよ。でも、会社が何に力を入れてほしいのかがわかりません」

そこで何人か、同じ部のほかの組み立て技術者にも話を聞いた。これは、あるクライアントの製造工場を訪問したときのこと。私は、何度も何度もよく似た答えを耳にすることになった。みんな、何に力を入れるべきなのかわからないという。ボーナスがどのように計算されているのか、なぜ月によって増えたり減ったりするのかもわからない。

私は翌日、主任技術者と工場長に会った。2人ともとても頭がよくて、会社のことを一生懸命に考え、自社の商品を誇りに思っている。そして、食い違いが生じていることにも気づいていた。

「確かに、製造スタッフに関して言えば、効率を最大化できてませんね」と工場長は言った。明らかに苛立っている。

「確かに」と主任技術者もうなずいた。「うちは比較的商品ラインが少ないんです。微妙な違いはあるものの、どの商品も製造の仕方は似ています。ボーナス制度をつくれば、増産できると思ったんですが、あまりうまくいってないんです」

「そうね」と工場長も言った。「ボーナスでたくさん稼ぐチャンスがあるのに、製造ラインの社員にはなじまないようで、制度をうまく活用することに目が向かないようです」

「ボーナス制度の仕組みを説明していただけますか？」と私。

「わかりました。ちょっとややこしいですよ」と、工場長が釘を刺した。

「大丈夫です。そこまで難しくはないでしょうから」と私は言った。複雑すぎるのは戦場のシールズ部隊にとって（いや、どんな部隊にとっても）大問題の一つだったことを知っているからだ。チーム全員が理解できるように、物事をシンプルに保つのは何より重要なことだ。

「正直なところ、かなり複雑なんです」と工場長は答えた。「製造のさまざまな面を考慮して、組み込まなくちゃならない要素がたくさんあるんですよ」

「では、基本だけ教えていただけますか」とリクエストした。

工場長が話し始める。「わかりました。では、生産性の基本レベルから始めましょう。ご存知のように、ここでは6種類のユニットを組み立てています。ユニットごとに複雑さのレベルは違います。だから、それぞれに重み《ウエイト》を与えることにしました。一番多くつくられているモデルを、ウェイト1・0の基準にしました。一番複雑なモデルは1・75で、一番シンプルなモデルは0・5。それ以外のモデルは、組み立ての難易度によって、その間のどこかに位置します」

「もちろん、今お話ししたのは、いわゆる『基本ウェイト』です」と、主任技術者がつけ足した。「入ってくる注文次第で、時にはあるモデルを増産する必要が出てきます。だから、ウェイトの数値は可変性なんです。つまり、その時々の需要に合わせて、アップダウンします」

「ここが頭の使いどころでした。各人が製造したユニットの合計ウェイト数を出して、効率性を測る階層的なシステムをつくったんです」。工場長は明らかに、自分たちが開発した複雑なシステムを自慢にしている。彼女は、この可変性の階層的なシステムの仕組みをつぶさに説明しだした。毎月、各階層でボーナスを獲得した人数に基づいて、社員を分類しているのだという。

「このやり方だと、ある程度競争心をかき立てられますし、こちらもボーナスを払いすぎずにすみます。払いすぎも効果を下げますからね」と工場長は締めくくった。

ところが、まだ終わりではなかった。彼女は、さらに詳しい説明を始めたのだ。ここで獲得した数値は、社員の過去半年間の成績と比較され、トップ25パーセントの階層に踏みとどまっている社員には、何パーセントかボーナスが加算される。

おまけに2人は、つくった商品の品質まで考慮に入れていた。主任技術者と工場長は、よくある過失をリストにまとめ、「修正可能な過失」と「致命的過失」に分けていた。過失を犯すたびに、そして過失の種類によって、階層的なウェイトシステムに特定の因数が掛けられ、社員のボーナスが減らされる。同じような倍数が、製造したユニットに過失がなかった社員のボーナスにはプラスされる。経営陣は自分たちがつくったボーナス制度に胸を張っているが、あ然とするほど複雑だ。

私はしばらく黙っていたが、こう尋ねた。「これだけですか？」

「いいえ」と工場長。「まだほかにもありますよ。微妙な要素を計算する――」

「本当に？」。皮肉に気づかない2人に、私は目を丸くして言った。「冗談で言ったんですよ。こんなのどうかしてます」

「どうかしてる？　何がどうかしてると言うんです？」と、工場長が身構えて言った。

2人はボーナス制度に熱心に取り組むあまり、どれほど複雑なシステムかがわからなくなっている。自分たちが生み出した難解な制度の「致命的過失」が見えなくなっているのだ。チームの誰一人、理解できていないのに。

「これはとてつもなく複雑なシステムです。複雑すぎる。必要なのは、シンプルにすることだと思いますよ」と私は言った。

「いや、複雑な環境なんですよ。おそらく図解して説明すれば、ご理解いただけるでしょう」と主任技術者が言う。

「私が理解するかどうかは重要じゃありません」と私。「重要なのは、彼ら――製造チームのみなさん――が理解することです。理屈の上で、理解できてもダメですよ。頭をひねって考えなくてもわかる程度まで、理解できなくちゃいけません。常にそれを基準に、行動できるくらいに」

「でも、社員のやる気を正しい方向に向けなくちゃならないんです」と主任技術者が言う。

「その通りよ」と工場長も同調した。「変動する要素を考慮しないと、社員を押したり引いたり、常に正しい方向へ導くことはできません」

どうやら2人とも、膨大な時間と労力をこの制度に費やしてきたようだ。だから、「複雑すぎる」という明らかな欠陥があるのに、努力を無駄にしたくないのだ。

「このボーナス制度は今、どれくらい社員をやる気にできてますか？」と私は聞いた。

「先ほど、『制度をうまく活用できてない』とおっしゃいましたね。つまり、やる気が出て行動が変わったとか、ある方向へ導けた、ということはないんですよね？　制度が複雑すぎて、意識的にボーナスを増やす行動が取れないんでしょう。たとえば、ラットにオペラント条件付け［訳注：報酬や罰によって、自発的な行動を強化する学習］を使うときも、ラットはなぜ罰を与えられ、なぜ報酬をもらえるのか、理解しなくちゃなりません。行動と賞罰との相関関係がはっきりしない限り、行動は決して修正されないんです。ラットはなぜ砂糖粒をもらえたのか、なぜ電気ショックを与えられたのかがわからなければ、行動を変えませんよ」

「つまり、うちの社員はラットだと？」と、主任技術者が冗談めかして言った。

私はアハハと笑った。面白かったから。だが、そのあとこう返事した。「いいえ、もちろん違います。でも、人間を含むどんな動物も、学習したり適切に反応したりするためには、行動と結果のつながりを知る必要があるんです。今のやり方では、社員のみなさんに、そのつながりは見えません」

「いいえ、制度に目を向けて考える時間を取れば、見えますよ」と工場長は言った。

「確かに、見えるかもしれませんが、見ないでしょう。人はたいてい、一番楽な道を選びます。それが人間というものです。一つ質問させてください。この報奨制度から、数値化できるどんな改善が得られましたか？」

「正直なところ、まだ収穫はありません」と工場長は認めた。「間違いなく、期待していたほどには」

「でしょうね」と私は言った。

「この制度は、私たちが戦闘で守っていた何より重要な原則に反してます。そう、**『シンプルに』という原則**に。訓練中の若いシールズのリーダーに任務の目標を与えると、たいてい、ありとあらゆる可能性を盛り込んだ行動計画を立てようとします。その結果、とてつもなく複雑でとてもついて行けないような計画ができ上がる。部隊は自分が担当するパートは理解できても、壮大な計画のありとあらゆる複雑さに、とてもついて行けません。すべてが順調なら、何度かはうまくやり過ごせるでしょうが、覚えておいてほしいんです。敵にも、結果を左右する力はある」

「敵にも、結果を左右する力はある？」。工場長は、私の言葉を繰り返した。

「はい。あなたが作戦をどう展開させるつもりでも、敵にもやりたいことがあるんです。つまり、きっと邪魔をしてくるでしょう。うまくいかない事態になると――いずれそういうことは起こります――複雑な計画は混乱に拍車をかけ、悲惨な結果を招くでしょう。たいていの任務は、計画通りにはいきません。現場には対処しなくちゃならない、不安定な要素が多すぎるからです。ここで鍵になるのが、シンプルであること。計画がシンプルなら、誰もが理解できるので、速やかに自分の動きを調整したり修正したりできます。計画が複雑すぎると、チームは速やかな調整ができません。計画を基本レベルで理解できていないからです」

「なるほど」と主任技術者が言った。

「私たちは何をするときも、そのルールに従ってました」と、私はさらに言った。「標準業務手順書は、常にシンプルに書かれてましたし、通信計画も同じです。無線で話すときも、なるべくシンプルに単刀直入に。装備の整頓の仕方も、全員が揃ってるか確認する人数の数え方すらも、最もシンプルな方法が取られてました。そうすれば、どんなときも速く、正確に、簡単にできるからです。このシンプルさが活動のすべてに組み込まれているので、部隊は自分たちが何をしていて、それがどう任務と結びついてるのかを明確に理解していました。その基本的な理解のおかげで、つまずくことなく速やかに適応できていたんです」

「わかりました。それが大きな強みになるんですね」と工場長。

「そうです。では、だまされたと思ってやってみましょう。ボーナス制度を軌道に乗せる一番の方法は、振り出しに戻って、新しいモデルを考えることです。評価・採点する分野は、2つか3つ――4つ未満――に絞りましょう」

主任技術者と工場長は、その任務を受け入れ、オフィスに戻って取り組み始めた。

翌日オフィスへ行くと、ホワイトボードに新しい制度が書き込まれていた。その制度には、2つのパート――(1)ウェイトをかけたユニット、(2)品質――しかなかった。

「これだけですか?」。今回は皮肉抜きで尋ねた。

「これだけです」と工場長は言った。

「とってもシンプルでしょ? なるべく多くのユニットをつくってもらうシステムです。やはり需要に基づいてユニットのウェイトは調整しますが、ウェイトは月曜日に設定して、金曜日までそのまま。あるユニットの需要が急増しても、翌週に調整してウェイトを変えればいいだけ。そして、各ユニットのウェイトは掲示板に貼っておくので、製造ラインの全員がそれを見て、理解し、考えられます。品質については、月ごとに評価することにしました。品質スコアで95パーセント以上を獲得した人は、ボーナスが15パーセント増えます」

「いいですね」と私。この制度ならずっと伝えやすいし、理解もしやすい。「調整が必要なときも、簡単にできそうですね」

その日の午後、主任技術者と工場長がチーム・リーダーや午後のシフト担当者たちと、制度について議論するのを見たが、素晴らしい反応をもらっていた。

社員たちはようやく、ボーナスをもらうには何をすればいいのかを理解した。ボーナスが社員の行動を後押し始めたので、会社の生産性は上がるだろう。

数週間のうちに、工場長と主任技術者から、「早速生産性が改善しました」と報告を受けた。どの商品をつくれば稼げるのかに目を向ける社員が増え、当然ながら会社の目標によい影響を及ぼした。さらには、意外な効果も現れた。優秀な社員がボーナスを増やそうと奮闘するにつれて、成績の悪い社員が、注文に応える量が減っていった。1カ月も経たないうちに、会社はボーナスの点数が最も低い4人の社員を解雇した。4人は長年成績が振るわず、チームの足を引っ張っていた。ほかの社員が大幅に効率を上げた今、会社はもう彼らを必要としていなかった。

この業績の改善で何より印象深かったのは、工程の大幅な変更やテクノロジーの進歩によるものではないこと。改善を実現したのは、昔ながらのリーダーシップの原則――**「シンプルに」**――なのだった。

第7章
優先順位を決めて実行せよ

＜リーフ・バビン＞

ラマディ中南部（イラク）——スズメバチの巣

一日中、殺意のこもった機銃掃射が私たちの拠点を攻撃し、窓ガラスを粉々に砕いては、内壁にも激しい衝撃を加えている。弾の一つ一つに、巨大なハンマーを全力で振り下ろすほどの破壊力と運動エネルギーが込められている。飛んでくる弾の一部は徹甲弾［訳注：装甲を貫通するために設計された弾丸］で、屋上を取り囲む低く分厚いコンクリート塀を貫通している。正確に撃ち込んでくる敵の攻撃にさらされ、シールズ分隊とＥＯＤ爆弾技術者とイラク兵にできることと言えば、ひたすら床に伏せ、頭を吹っ飛ばされないよう努めることだけ。弾が頭上数センチのところで鋭い音を立て、ガラスやコンクリートの破片があらゆる場所から降ってくる。

「クソッ！　結構撃てるヤツがいるじゃないか！」。身体を床に極限まで押しつけて、シールズ隊員が叫んだ。もうこの窮状を笑うしかない。

続いてRPG－7が矢継ぎ早に3、4発撃ち込まれ、とてつもない衝撃と共に外壁を吹き飛ばした。建物の中へと後退し、身をかがめる面々は、30センチほどのコンクリートのおかげで、骨がきしむほどの爆発からも爆弾の破片からも守られている。的を外したRPGロケット擲弾が1発、建物の上空に高く舞い上がり、独立記念日の打ち上げ花火のように、雲一つないイラクの霞《かすみ》がかった夏空にたなびいた。だが、そんなロケット擲弾が1発でも窓ガラスを直撃すれば、赤熱したギザギザの金属片が、部屋にいるほぼ全員を引き裂くことになるだろう。

敵の猛攻にもかかわらず、私たちは大きな4階建てアパートで持ち場を守っていた。やがてすさまじい攻撃が収まると、シールズ狙撃手たちが破壊的なパワーで反撃し始めた。通りにいる武装した敵が攻撃を目論んで近づくと、立て続けに引き金を引き、恐ろしいほど正確に命中させている。確実に10名が死亡。さらに5名ほどを殺害した模様だ。

小隊指揮官として分隊全体を仕切る私は、各階の部屋から部屋へと移動し、状況をチェックし、誰も撃たれていないことを確認した。狙撃手から交戦情報を集めると、米陸軍TOC

に無線で状況報告をした。TOCは、遠く離れた味方の戦闘前哨の中にある。

「みんな大丈夫か？」。さっと部屋に立ち寄って聞く。ほかの者たちが休憩を取る中、狙撃手と機関銃手が陣地を守ってくれている。

「準備は万全ですよ」と返事が返ってきた。

別の部屋へ行き、シールズ小隊長に声をかけた瞬間、敵の銃弾がガシャッと窓を突き破り、小隊長をその場に釘づけにした。コーナーの壁に張りついたまま、アハハと笑い、親指を立てている。豪胆な男なのだ。機関銃手たちが「やることはないですか？」とやってきたので、敵の陣地を撃つよう命じたところ、すぐさま7・62ミリ弾の正確な一斉掃射で攻撃してくれた。

シールズの射手、ライアン・ジョブが、大きな機関銃を百発百中の正確さでひたすら撃ち込んでいる。こちらに飛んでくる弾を物ともせず、勇猛果敢に窓辺に立って、武装勢力の陣地へ3連射、5連射、と撃ち込んでいく。敵のグループが羊小屋を隠れ場にして、こっそり近づこうとしていたが、ライアンが激しく攻撃し、事前に食い止めた。集中攻撃を受け、小屋にいた羊たちにも若干の被害が出た。

「ああっ。羊がたくさん死んだな」と私。

「ムージの羊じゃないですか」とライアンが笑った。

私は、40ミリグレネード榴弾（HE）を何発か戸口へ発射した。小隊長が、攻撃をもくろむ敵を目撃したからだ。ドーン！　1発が戸口の内側に着弾すると、激しい爆発が起こった。

敵は少なくともしばらくの間は、大人しく隠れているはずだ。
今朝は夜明けよりずいぶん早く――朝一番の祈りの呼びかけが、ラマディ中南部の多くのモスクのミナレットから響きわたる前に――チャーリー小隊と（もはや小隊員と化している）ＥＯＤ隊員と、通訳とイラク兵のグループは、こっそり闇に紛れ、埃っぽい瓦礫まみれの通りを徒歩でパトロールし始めた。小隊長の言葉を借りれば、「ＢＴＦ侵入」を始めたのだ。

ＢＴＦとは「Big Tough Frogman（大きくてタフな戦闘潜水員《フロッグマン》）」の略で、チャーリー小隊が非公式に採用しているモットーだ。ＢＴＦ《ビッグ・タフ・フロッグマン》にはかなりの肉体労働と大きなリスクがつきもので、ビッグでタフなフロッグマンでいるには、忍耐力も欠かせない。つまり、敵陣に奥深く侵入するのは、いかにもＢＴＦな行動、というわけだ。おそらく――小隊長が「ビッグな喧嘩」と呼んでいる――銃撃戦が待ち受けている、とみんな承知している。

こうした軍事行動のいつもの流れを、小隊長の言葉で表現するなら、「ＢＴＦ侵入、ビッグな喧嘩、ＢＴＦ撤収」といったところか。そのあと基地に戻って、食堂で「ビッグな食事」をする。

早朝の闇の中、ＣＯＰファルコンを出て、都会の人口密集地をパトロールしていく。外塀と頑丈な金属の門を構えた、２階建て住宅がずらりと並ぶ地域だ。重い装備とかなりの火力を携えて、徒歩で15キロほど「ＢＴＦ侵入」したあと、敵が支配するもう一つの暴力的な地域へと足を踏み入れた。ここは、野蛮な武装勢力が掌握している地域だ。

敵の戦闘員たちは、東からも西からも追われ、街のちょうど真ん中にあたるこの汚いエリアをかけて戦うことを選んだ。私たちが陣地を構えたのは、モスクから通りを少し上ったところにある建物だった。このモスクのミナレットのスピーカーからは、あたりを占領している何百人もの完全武装のムージたちに向けて、頻繁にジハードの呼びかけが行われている。

つい先日、まさにこの通りで、敵の大群が米海兵隊の分隊を攻撃した。海兵隊は身動きが取れなくなり、数時間後にようやく負傷兵を避難させることができた。2週間前にも、この通りを南へわずか半ブロック行った場所で、米軍の重装備の地雷除去車両が、IEDの大爆発で大破した。この区域では、すでに10台以上の米軍の戦車や装甲車両が破壊されている。キャンプ・ラマディの奥にある「車の墓地」では、黒焦げになった車両が永遠の眠りについている。黒くねじれた金属の焼けただれた残骸が、爆発のすさまじさと多くの死傷者をまざまざと思い出させる。

シールズ小隊は、地域をよく見渡せるこの建物を選んだ。何より重要だったのは、ここが敵の縄張りの中にあること。このあたりはかつて、武装勢力の戦闘員にとって安全な隠れ場であり、自由に動き回れる場所だった。連中がたびたび機関銃やRPGロケット擲弾で猛攻を加えてくることが、米軍の存在がここで煙たがられていることを証明している。

まさにスズメバチの巣をつついてしまった形だが、ここにどうしても陣地を構えたかった。私たちの計画はこうだ。まず、悪党たちがまさかと思うような場所まで出向き、敵の計画を徹底的に破壊する。一人でも多くの戦闘員を殺害し、敵が近くの米陸軍と海兵隊の戦闘前哨を攻撃する能力を削ぐ。敵に「ここはもう安全な隠れ場ではなくなった」と知らしめたいのだ。この近辺はもはや、連中のものではない。この土地に責任を負っているのは、私たちなのだ。

ここまで敵地に深く侵入するのには、大変なリスクを伴う。この陣地から最寄りの米軍の戦闘前哨までは、直線距離でせいぜい1・5キロほどだが、ＩＥＤの深刻な脅威や大勢の敵の存在を思うと、戦車や装甲車両に支援を求めたところで、どうにもならないとは言わないが、極めて危険で困難な事態をもたらしそうだ。

陸軍の仲間たちは、要請すれば助けにきてくれるだろうが、彼らをひどい危険にさらしてしまう。街の主要道路沿いに駐留している、米海兵隊の中隊から学んだ戦術がある。それは、一刻を争うような負傷者がいない限り、今いる場所で粘り強く陣地を守る、という戦術だ。深刻な人的被害が出て、どうしても必要な場合以外は、車両や追加部隊を求めて、仲間を危険にさらしてはならないのだ。

今シールズ小隊が陣取っているアパートは、戦術的には最高の拠点だ。周りの建物よりも高くて見晴らしがよく、分厚いコンクリートの壁が敵の砲火からいくぶん守ってくれる。ただし、一つ問題があった。この建物には、出入口が一つしかないのだ。そう、2階から通りへ下りる狭い階段だけ。日中に入口や周辺の通りを見張るには、敵の銃撃に身をさらすしかないのだ。

つまり、私たちが家の中にいる間に、敵は入口付近にＩＥＤを仕掛け、私たちが出ていく

「フロッグマン・オン・ザ・ルーフ（屋根の上の戦闘潜水員）」は、シールズが高い場所にいる、と味方部隊に知らせる無線の呼びかけだった。ここでは、シールズ機関銃手、マーク・リーが武装勢力に猛烈な機銃掃射を浴びせる中、別の隊員が状況を見極め、擲弾兵［訳注：手榴弾を投げる兵士］が標的を見渡している。（写真：著者提供）

ときに爆発させられる。イラクに派遣されてから、海兵隊の狙撃手チームなどの米軍部隊にそうした悲劇が起こった話を、すでに耳にしていた。

IEDの脅威に対抗しようと、小隊長と私は、通りをはさんで向かい側の家を占拠し、入口を見張ることを検討したが、人手が足りなかった。ほかに実行できそうなアイデアもないので、この弱点を受け入れるほかなさそうだ。玄関前の階段にIEDを設置されるリスクを減らそうと、EOD隊員は出入口の周りを入念に調べておき、その晩遅くに予定されている出発の前に、爆弾がないか徹底的にチェックする計画を立てた。

一日を通して、敵の激しい攻撃が続いた。猛攻が加えられる時間帯も、静かになる時間帯もあった。敵の戦闘員はさまざまな方向から攻撃を仕掛けてきたが、シールズ狙撃手たちが迎え撃って、多くを殺害した。機関銃手たちも応戦し、敵陣に壊滅的な打撃を与えた。ほかのシールズ隊員も、コンクリート塀の後ろに隠れている敵に、LAAW（軽対装甲兵器）ロケット弾や40ミリグレネードを放った。いつもは自衛に精を出しがちなイラク兵まで参戦し、AK-47やベルト給弾式機関銃PKCで応戦していた。

太陽が次第に陰り、地平線の下に沈むと、攻撃も減っていき、銃撃も爆発も収まった。日が暮れて不気味な静けさがラマディを覆うと、沈黙を破るのは埃っぽい屋上にこだまする、夕方の祈りの呼びかけだけになった。

シールズ小隊とイラク兵たちは装備をまとめ、出発の準備をした。出口が一つしかないという弱点を忘れず、2名のEOD技術者が仕事に取りかかった。2階のバルコニーから暗視ゴーグルを着けてのぞき、出口付近や周りの通りを見渡すと、通りはゴミだらけで深い穴があいている。IEDの爆発でできた、大きな穴があいている箇所もあった。

だが、何かがおかしい。夜明け前の暗がりの中で見渡したときと、何かが違って見えるのだ。そう、普段ならとくに気にならないような物が、建物の壁に立てかけてあった。出口からわずか30センチほどのところに、ビニールの防水シートをかぶせて。防水シートの下からは、小さな銀色のつるりとした円筒状の物体がのぞいていた。

「不審物があります」と、EOD隊員が報告した。かなりありがたくない知らせだ。何しろ簡単に外へ出る手段は、通りにつながる階段だけなのだから。

小隊長と兵曹（LPO）と小隊の初級将校らを呼んで、話し合った。「ここを出る別の方法を考えなくちゃいけないな」と私。決して簡単な話ではない。

建物の3つの側面にある2階の窓やバルコニーから通りへ降りるとなると、高さは6メートルほど。ロープの持ち合わせはない。装備や重い備品をまとって飛び降りたら、重傷を負いかねないし、通りには少なくとも1発、爆弾が仕掛けられている。もっと仕掛けられている、と考える必要があるだろう。

誰かが、子どもの漫画に出てくるような脱獄方法を提案した。「ベッドシーツを結わえて、3階の窓から隣の家の屋上に降りるのはどうでしょう?」。バカバカしいアイデアだが、この状況では、真剣に検討せざるを得ない。

2階の4つ目の壁は、窓もドアも開口部もない硬いコンクリートだ。迂回することも乗り越えることもできないが、通り抜けることなら、できるかもしれない。

「いい、いい、BTFするときが来たようですね」とLPOが言った。つまり、またしても体力の限界に挑む、強さとタフさを極める真剣勝負をしなくてはならない、ということ。だがチャーリー小隊は、こうした偉業の達成を自慢にしている。「さあ、大型《スレッジ》ハンマーを振るうぞ!」

私たちは常にスレッジハンマーを携行し、必要に応じて鍵の掛かったドアや窓を通り抜けるのに使っている。LPOが「スレッジをくれ」と言って、作業に取りかかった。ハンマーを全力で振るい、コンクリートの壁に打ち込むたびに、バシッ！　と頭に響く大きな音と衝撃が広がる。LPOと何名かの隊員が数分おきに交代して、分厚い壁にハンマーを振るい続けた。切なくなるほど進みののろい、骨の折れる作業だ。リュックサックと重い装備を身に着けた隊員たちが通り抜け、隣の1階建ての屋上に着地できる程度には、大きな穴が必要だ。

一方、EOD隊員たちは、玄関前の階段に仕掛けられたIEDと慎重に向き合っていた。細心の調査によって、2つの130ミリロケット発射機を発見した。そのノーズコーン［訳注：円錐状に尖った頭部］には、プラスチック爆弾「セムテックス」が詰め込まれている。彼らが気づかなければ――そして、起爆させていたら――大きな爆発が起こって、おびただしい爆弾の破片で小隊の半数が死亡していただろう。

とはいえ、IEDをここに放置して、ほかの米軍兵士や海兵隊員や無辜のイラク市民を犠牲にするわけにはいかない。そういうわけで、EOD隊員が注意深く爆薬を仕掛け、IEDをその場で爆発させることにした。準備が整うと、EOD隊員は私に知らせ、「撤収」の指示を待った。その指示で爆薬に火を点ける、時限付き導火線に点火するのだ。

20分間交代で延々とスレッジハンマーを振り下ろしていたLPOとBTFシールズの面々は、ついにコンクリートの壁を打ち破った。うだるような暑さの中、息切れし、全身汗だくになってはいたが、おかげでようやく、IEDを踏まずにすむもう一つの出口が手に入った。

全員が忘れ物はないか装備をダブルチェックすると、壁に開いたギザギザの穴の近くに整列し、建物から脱出する準備を整えた。

「脱出に備えよ」と分隊内の無線で伝えると、シールズ隊員とイラク兵たちがリュックサックを背負った。「撤収せよ」と待機していたEOD技術者に伝えると、一人が撤収し、もう一人が爆発までのカウントダウン用に、ストップウォッチのボタンを押した。数分以内に全員を外へ出し、大爆発から身を守れる程度に距離を取らなくてはならない。

私たちは速やかに、コンクリートのギザギザの穴を通り抜け、隣の建物の埃っぽい屋上へと移り始めた。シールズ射手たちが扇形に広がり、周りの高い建物の暗い窓や屋上に銃を向け、脅威はないか見渡した。戦術的に見れば、ここは最悪の陣地だ。目隠し一つない無防備な屋上で、周りをより高い建物に囲まれている。しかも敵の縄張りのど真ん中で、一日中激しい銃撃戦を繰り広げたあとときている。

「人数を数える必要があるな。全員がいるか確認せよ」と、LPOに伝える。LPOはすでにその態勢を取り、数え始めている。すると突然、屋上の縁《へり》に沿って私の前を歩いていた隊員の足元がザザッと崩れ、6メートル下の地面に落ちた。ドーンと大きな音を立て、コンクリートに激突したのだ。

大変だ！　とんでもないことになった。暗闇の中、屋上の縁に見えていたのは、埃まみれのビニールの防水シートにすぎなかったのだ。一瞬にして、大混乱に陥った。

隊員は地面に倒れたまま、うめき声を上げている。何とか彼に呼びかけ、無線でコンタクトを取ろうとした。

「おい、大丈夫か?」と尋ねたが、返事はない。屋上の隊員たちは駆けつける方法を探したが、唯一の階段のドアは、鎖と鍵のついた鉄格子の門で封鎖されている。

まずい。目隠し一つない屋上で無防備なまま、危険だらけの敵の縄張りのど真ん中で、見晴らしがよく戦術的にも優れた敵陣に完全に包囲されている。ここは大勢の敵が自由に動き回れるエリアで、一日中攻撃を仕掛けられ、居場所も知られている。さらに悪いことに、IEDの大爆発が起きて、おびただしい金属片が四方八方に飛び散る瞬間が刻々と迫っていた。

シールズ分隊はまだ、人数を数え、全員が建物から脱出したという確認すらできていない。それどころか隊員が1名、ラマディで一番たちの悪い通りでなすすべもなく横たわっているのに、駆けつけることすらできない。首や背中が折れているかもしれないし、頭蓋骨を骨折している恐れもある。直ちに衛生兵——戦闘救護兵——を向かわせなくてはならないが、鍵のかかった鉄の門を突破して通りへ出ないことには、それもかなわない。

途方もないプレッシャーが、私の両肩にどっしりとのしかかった。こんなジレンマに陥ったら、世界一のリーダーでも圧倒されるのではないだろうか。一体どうすれば、これほど多くの問題に一度に対処できるのだろう？

「優先順位を決めて実行せよ」——それしかない。どれほど偉大な戦場リーダーでも、多くの課題を一度にこなそうとすれば、圧倒されてしまう。そうなると、どれもこれも失敗に終わる危険がある。私は落ち着いて、今の感情から一歩離れ、チームにとっての最優先事項を判断する必要があった。そして、最優先事項に着手できるよう、すぐさまチームを導かなくてはならない。

車輪が回り始め、チームのすべてのリソースが最優先事項に注がれれば、その時点で次の優先事項を決め、そこにまたチームを注力させ、また次の優先事項へと歩を進めればいいのだ。圧倒されている場合ではない。落ち着いて、周りを見回し、判断しなくてはならない。これが「優先順位を決めて実行せよ」である。

前年に、何十回という厳しいシミュレーション訓練を通して、わが小隊を含むシールズのタスクユニットは、混乱した過酷な戦場の予行練習をしていた。あの訓練は私たちを圧倒し、安全地帯からはるか遠くへと連れ出し、プレッシャーのもとで重要な判断をさせるために設計されていた。騒音と混乱にまみれ、結果が見えない中で、冷静さを保ち、状況から精神的に一歩離れて事態を見極め、何をすべきかを決め、判断を下す能力を培った。「優先順位を決めて実行する」ことを、あそこで学んだのだ。このプロセスがもともと備わっている人間はほとんどいないが、何度も訓練することで、学ぶことも培うことも、大きく向上させることもできる。

ここで私は何が最優先かを確認し、隊員がそれに着手できるよう、シンプルな言葉でごく一般的な指示を出した。「警戒態勢を取れ！」。私も小隊のみんなと同じように、負傷して通りに倒れている仲間を何としても助けたかった。だが、そのための最善策は、戦術的に最強の態勢を整え、自分たちの身を守ること。周りからも上からも迫る脅威に、射手たちに武器を構えさせ、掩護の態勢を取らせる必要があった。無防備な屋上にいる隊員たちと、まだ建物から脱出中のシールズ隊員をはじめとした仲間たち、それから通りになすすべもなく横たわる負傷兵に対する、敵の脅威と戦うために。

小隊長がすぐ歩み出て、壁の穴を通って屋上へ降りる射手たちに指示を出し始めた。「銃をここへ！」と叫ぶ。

一瞬にして武器が揃い、何より機関銃手たちが掩護《えんご》態勢に就き、警戒態勢が整った。

次に、２つ目の優先事項に取り組んだ。全員を無防備な屋上から脱出させ、負傷した仲間のもとへ駆けつける方法を見つけなくてはならない。そのためには、突破要員に鍵の掛かった鉄の門を破らせ、吹き抜け階段を下りられる状態にしなくてはならない。

幸い過去のすべての訓練が、小隊全員に「優先順位を決めて実行する」力を伝授していた。チーム全体が同時に問題を見極め、私がわずかな指示を出しただけで、何が一番重要なのかを考え、次の優先課題に移る前に処理してくれていた。だから、とくに指示しなくても、鍵の掛かった門にも対処してくれた。「突破要員」と声をかけただけで、隊員が直ちに歩み出て、門を突破し始めた。

それから、３つ目の優先事項に取り組んだ。人数を数え、全員が最初の建物を脱出し、間もなく起こる爆発から身を守れる場所にいることを確認しなくてはならない。

「人数を数えよ」と、ＬＰＯに命じた。目の前の大混乱にもかかわらず、ＬＰＯは終始冷静に、集中力を保ち、人数を正しく数え、全員が建物から脱出したことを確認した。

そしてすぐ、「揃いました」と報告した。全員が脱出に成功した。そこには、通りに落ちた隊員も含まれている。これはよいニュースだ。

郵便はがき

141-8205

おそれいりますが
切手を
お貼りください。

東京都品川区上大崎3-1-1

株式会社CCCメディアハウス

書籍編集部 行

CCCメディアハウス　書籍愛読者会員登録のご案内
＜登録無料＞

本書のご感想も、切手不要の会員サイトから、お寄せ下さい！

ご購読ありがとうございます。よろしければ、小社書籍愛読者会員にご登録ください。メールマガジンをお届けするほか、会員限定プレゼントやイベント企画も予定しております。
会員ご登録と読者アンケートは、右のQRコードから！

小社サイトにてご感想をお寄せいただいた方の中から、
毎月抽選で2名の方に図書カードをプレゼントいたします。

■アンケート内容は、今後の刊行計画の資料として
利用させていただきますので、ご協力をお願いいたします。
■住所等の個人情報は、新刊・イベント等のご案内、
または読者調査をお願いする目的に限り利用いたします。

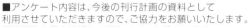

愛読者カード

■本書のタイトル

■本書についてのご意見、ご感想をお聞かせ下さい。

※ このカードに記入されたご意見・ご感想を、新聞・雑誌等の広告や
弊社HP上などで掲載してもよろしいですか。
はい（ 実名で可 ・ 匿名なら可 ） ・ いいえ

ご住所	□□□-□□□□ ☎ — —		
お名前	フリガナ	年齢	性別
			男・女
ご職業			

それから1分も経たないうちに、シールズの突破要員が鍵の掛かった門を破った。これで負傷した隊員のもとへたどり着けるし、全員が無防備な屋上をあとにすることができる。目隠し一つないこの場所でもし銃撃されたら、かなりの死傷者が出てしまうだろう。

「移動しよう」と呼びかけると、小隊長も呼びかけに加わって、射手たちに後ずさりで階段まで行き、下りるよう指示した。そして、ほかの隊員たちが下りる間、銃を構えてカバーするよう命じた。

射手たちはダッと階段を下り、通りの左右に銃を向けて警戒態勢を取った。そのあとほかの隊員たちが、倒れている仲間の救助に向かった。こうして、分隊全員が続いて階段を下り、通りへ出た。それから大急ぎで、間もなくのIEDの爆発から適切な距離を取った。そのとき一瞬立ち止まり、誰も置き去りにされていないか人数を再確認すると、班のリーダーたちが分隊リーダーたちに、分隊リーダーたちがLPOに、LPOが私に報告した。

「揃いました」。最初の建物を脱出してからわずか数分以内に、シールズ小隊、EOD、イラク兵たちは全員揃って、徒歩で安全な場所へと移動したのだ。

ブーーーーーーーーン!!!!　大爆発の深い衝撃と共に巨大な火の玉が夜の街を照らし、爆弾の破片が街区全体に、四方八方へと降り注いだ。

ストップウォッチの時刻通りにIEDを爆発させたのは、EOD技術者の爆薬だ。恐ろしい衝撃が、夜の静寂を打ち破った。IEDはとてつもない破壊力で、命を奪う兵器だ。だが今回のIEDは、ありがたいことに米軍にもイラク軍にも死傷者を出さなかった。屋上から落ちたシールズ隊員も、幸いリュックサックの上に落ち、それが緩衝材になってくれた。片肘にひどい裂傷を負ってショックを受けてはいるが、ほかは大丈夫だった。基地に戻ってドクターに縫合してもらうと、また次の作戦に参加していた。

原則

戦場では、数え切れないほどの問題が雪だるま式にふくらんでいくものだ。どの課題もそれぞれに複雑で、一つ一つ対処する必要があるが、リーダーは冷静さを保ち、できる限り最善の判断をしなくてはならない。そのために、シールズの戦闘リーダーたちは、**「優先順位を決めて実行せよ」を活用している。この原則を言葉にするときは、次のように指示している。「落ち着いて、周りを見回し、判断せよ」**

世界一有能なリーダーでも、いくつもの問題や課題に一度に対処しようとすれば、圧倒されてしまいかねない。するとチームは、すべての課題で失敗する羽目になるだろう。リーダーは最優先事項を決めて、実行しなくてはならない。**圧倒されそうになったら、「優先順位を決めて実行せよ」の原則を活用してほしい。**

いくつもの問題、大きなプレッシャー、いちかばちかの状況……それらは戦場に限った話ではない。人生、とくにビジネスの多くの場面で起こることだ。ビジネスの判断に、生きるか死ぬかの緊迫感はないかもしれないが、ビジネスリーダーのプレッシャーも相当なものだ。

チームや部署や会社、投資家の金融資本、キャリア、それに生活がかかっているからだ。そんなプレッシャーはストレスになるし、差し迫った判断を求められることも多い。そうした意思決定は、リーダーにとって荷が重いものになりがちだ。

プレッシャーのもとで優先順位を決めて実行する、とくに効果的な方法は、現実の問題より少なくとも1歩か2歩、常に先を歩くこと。不測の事態に備えて綿密な計画を立てておけば、リーダーは遂行の際に起こりそうな課題を予測できるし、問題が起こる前に効果的な対応策を考えられる。そうしたリーダーとチームが勝利を収めるチャンスは、かなり大きくなるだろう。

常に先手を打っていれば、リーダーはプレッシャーのもとでも圧倒されず、決断力を発揮できる。チームも、不測の事態にどんな行動を取るべきかを説明され、理解していれば、問題が起こったときに、リーダーの指示がなくても、すばやく実行できるだろう。これは、どんなビジネスや業界においても、勝利を収める優秀なチームの大きな特徴である。これができていれば、（第8章の）**「権限を分散させよ」**の法則もうまく活用できるだろう。

膨大な作戦計画の中の、複雑でこまごまとした事柄を前にすると、細かいことについ気を取られ、脇道にそれたり、より大きな取り組みに目が向かなくなったりしがちだ。とくに、組織のトップリーダーは、前線から距離を置き、一歩下がって、戦略的ビジョンを維持することが重要だ。それが、チームにとっての優先順位を正しくつける助けになるからだ。

そうした視点があれば、優先順位が最も高い取り組みを選び、それを実行するのに全力を注ぐことが、はるかにたやすくなる。幹部はさらに、部下のチーム・リーダーたちが取り組みの優先順位を決める手助けをしなくてはならない。

戦闘においてもそうだが、優先順位はめまぐるしく変わるものだ。変更が生じたら、それをチーム全員に、上司にも部下にも伝えることがとても重要だ。チームは、一つの問題に目標を固定してしまわないよう注意しなくてはならない。最優先事項が変わったときは、必ず気づかなくてはいけないのだ。**チームは、取り組みの優先順位を即座に決め直し、絶えず変化している戦場にすばやく適応する能力を保たなくてはならない。**

どんなビジネスやチームや組織においても、「優先順位を決めて実行せよ」を実践するために、リーダーがしなくてはならないことは、次の通りだ。

- 最優先課題を見極める。
- 最優先すべき取り組みを、シンプルで、明確で、簡潔な言葉でチームに伝える。
- 解決策を見つけ、決定し、できる限り主要なリーダーやチームに意見を求める。
- その解決策の実行を指示し、最優先課題にすべての力とリソースを注ぐ。
- 次の最優先課題に移る。先ほどのプロセスを繰り返す。
- チーム内で優先順位に変更が生じた場合は、上司にも部下にも状況認識を伝える。
- ある優先課題に集中するあまり、目標を固定してしまわないよう注意する。ほかの問題の発生に気づき、必要に応じて目標を速やかに変更する能力を保つ。

ビジネスへの応用

〈ジョッコ・ウィリンク〉

大きな問題が、一つだけあった。会社の資金が減りつつあるのだ。長年にわたって製薬業界で利益を出し、拡大の時期も幾度となく経験してきた。何もかも順調に見えるが、最近は収益がやや減少傾向にある。最初のうち減益は、「市場状況」や「季節によるばらつき」のせいにされていたのだが、それが続くうちに、一時的なつまずきではなく、新たな現実であることが見えてきた。

この製薬会社のCEOから、リーダーシップ研修とコンサルティングを依頼された。CEOと幹部たちは、「会社の状況」を報告書にまとめてくれていた。そこには、業績を改善するための会社の戦略的ビジョンが詳しく記されている。報告書はいくつものセクションに分かれ、セクションごとに多くの任務やプロジェクトが組み込まれていた。

CEOは私を座らせると、報告書の内容をざっと説明してくれたので、現状はだいたいつかめた。報告書には、新たな計画がぎっしり詰め込まれ、それぞれの計画が課題を抱えていた。

まずCEOは、いくつもの新商品を導入する計画を立てていて、各商品のマーケティング計画も立案ずみだ。売上を伸ばすために、今後18～24カ月の間に、10カ所を超える新たな市場に流通センターを建てるつもりだ。さらに、実験機器の市場にも参入する予定で、医師や病院とのつながりを通して販売したいと考えている。

CEOはまた、管理職を教育し、リーダーとしての能力を高める新たな研修プログラムも検討している。その上、会社のウェブサイトの全面的な見直しも計画中だ。時代遅れのサイトをアップデートして、顧客体験やブランド戦略を改善したいのだという。

最後に、売上を伸ばすために、営業チームと給与制度の改革も計画している。改革のためには、営業チームを収入を生み出す活動に専念させ、時間や労力の無駄を省く、効率的な活動管理システムが必要だ。CEOは、いかにも重要そうなたくさんの計画を詳しく説明した。会社に情熱を傾け、新たな試みに着手するのに心を躍らせているのがわかる。会社をまた軌道に乗せたいのだろう。そして説明の最後に、質問はないかと尋ねてくれた。

「『是が非でも勝つ』という軍隊用語を耳にしたことはありますか？」と私。

「いいえ、ありません。軍隊に入ったことがないので」とCEOが笑顔で言った。

「是が非でも勝つ――これは、部隊が厳しい戦闘状態の中で身動きが取れず、移動も脱出もできない、そんな状況を表す言葉です。つまり、撤退できないから、勝たねばならない。新しい取り組みが山積みの御社は、膨大な数の戦闘を抱えておられるように見えます」

「確かに。かなり手を広げています」と、CEOは認めた。一体何を言いたいのだろう？

といぶかりながら。

「すべての取り組みの中で、最も重要だと感じておられるのはどれですか？」と私は聞いた。

「どれが最優先事項なんでしょう?」

「それなら簡単です」とCEOは即答した。「営業チームの活動管理が最優先事項です。営業には、正しい活動に取り組んでもらわなくちゃいけません。彼らが顧客に会って商品を売ってくれなかったら、商売になりませんからね」

「計画中のすべての中で、それがCEOの最優先事項だ、とチームのみなさんはご存知ですか?」

「いや、おそらくわかっていないでしょう」とCEOは言った。

「戦場では、最前線で敵と向き合ってる者たちが仕事をしなければ、どうにもなりません。敗北は避けられないでしょう」と私。「ほかのいろんなことに取り組んで、ほかのいろんなことに力を注ぎながら、第一線の営業部隊に最高の仕事をさせることに、どれくらい目を向けられますか? もし今後の数週間か数カ月間、CEOをはじめ会社全体が営業チームに100パーセントの注意を向けたら、状況はどれくらい改善するでしょう?」

「おそらく、ぐんとよくなると思います」とCEOは認めた。

「シールズで、若手のリーダーたちがこういう状況に陥るのをよく目にしました」と、私は言った。「大混乱の中でたくさんのことが起こると、一度に山ほどの課題をこなそうとするんです。でも、決してうまくいきません。私は、『優先順位を決めて実行せよ』と教えていました。問題の優先順位を決めて、一度に一つずつ取り組むんです。まずは最優先事項から。同時にすべてのことに取り組もうとしてはいけない。それでは、成功を収められません」。

そして、同時にたくさんの課題に取り組もうとするリーダーが、いかにすべてに失敗してしまうかを説明した。

「では、ほかの取り組みは、どうしたらいいんでしょう？」とＣＥＯ。「どれもこれも、会社のためになるものなんです」

「そんな取り組みは捨ててしまえ！　なんて言ってるわけじゃないんですよ」と私。「どれも重要で、素晴らしい試みのようですね。でも、**手を広げすぎると、結果は出せません。私のお勧めは、一つの課題に集中的に取り組んで、それが終わるか、少なくとも少し弾みがついた頃に、次の課題に移って、そちらに集中することです。それが終わったら、また次の課題に移って……と、すべてが解決するまで取り組むのです**」

「なるほど」とＣＥＯは言った。「やってみます」。何としても会社の業績を好転させたいのだ。

それから数カ月間、ＣＥＯは、全社的な取り組みを営業チームのサポートに集中させ、それが会社の最優先事項であると明言した。

すると、研究所は顧客の見学を受け入れ、マーケティング・デザイナーは、情報満載の新しい商品パンフレットをつくった。営業部長は、営業チームが毎週医者や医療管理者に会うノルマを、最小限に減らした。マーケティング・チームは、トップの営業スタッフにインタビューするオンライン動画を作成し、営業テクニックをみんなが学べるようにした。全員が会社の売上を伸ばすために、最優先課題に１００パーセント焦点を絞ったのだ。

取り組みを一つに絞ったことで、全社一丸となって臨むことができた。瞬く間に成果が上がり、どんどん勢いを増した。ＣＥＯもそのすさまじいパワーと、「優先順位を決めて実行せよ」の有効性を実感したのだった。

第8章

権限を分散させよ

〈ジョッコ・ウィリンク〉

ラマディ中南部（イラク）――復讐

「建物の屋上に、複数の武装した敵の戦闘員がいる。狙撃手のようだ」と無線がなり立てている。情報を伝える米兵の声には、明らかに懸念と興奮がにじんでいる。

この警戒すべき情報は、即座に無線を聞く全員の心をとらえた。敵の狙撃手は恐ろしい。スキルも訓練も装備も米軍の狙撃手には到底かなわないが、中には大きなダメージを食らわす腕の立つ射手もいて、正確なライフル射撃で米兵やイラク兵をたびたび死傷させていた。

タスクユニット「ブルーザー」の2つの分隊は今、敵意に満ちた武装勢力がうごめく場所にいる。敵地に侵入している米陸軍部隊と活動を共にしているのだ。私の仕事は30数名のシールズ隊員と協力部隊であるイラク兵の指揮統制だが、これを効果的に行うには、**「権限を分散させよ」**の法則を活用するしかない。これが唯一の方法なのだ。

戦場で、部下のリーダーたちに期待することは一つしかない。そう、リーダーシップを発揮することだ。私は彼ら——リーフをはじめとしたシールズ将校、その部下の小隊長や上級下士官——が判断を下せるよう、教育と訓練を行った。だから、その状況判断と意思決定を信頼している。彼らなら任務の達成に役立つ、よく考え抜かれた、戦術的に妥当で、最終的に戦略的任務に貢献する判断を下してくれる、と。

彼らはラマディへの派遣期間に、その信頼に何度も何度も応えてくれた。リーフもほかのリーダーたちも、敵の砲撃、大混乱、同士討ち、そして何より、死傷した仲間たちの痛みや苦しみを目の当たりにするという、最悪の環境に放り込まれた。だが、そうした事態の一つ一つで、堂々と勇敢にリーダーシップを発揮してくれた。限られた情報しかない悲惨な状況で、速やかに、生死に関わる判断を次々と下してくれた。私は、彼らを信頼していた。

その信頼は、彼らが何カ月にも及ぶ訓練を通して、失敗し、その失敗から学ぶことで獲得したものだ。私は彼らにしっかり目を向け、シールズ・チームで15年かけて学んだリーダーシップの原則を教え込んだ。2名の小隊指揮官はチームでは比較的新顔だったが、幸いどちらも勉強熱心で、意欲的にチームを導き、謙虚でかつ自信に満ちた指揮統制をしてくれた。
だが、ラマディ入りしてからは、共に過ごして肩越しに目を向け、指導することはできなくなった。彼らに指揮する権限を与えなくてはならないのだ。訓練期間に、大胆で自信に満ちたリーダーに成長していく姿を見ていたので、チャーリー小隊指揮官のリーフも、デルタ小隊の指揮官も、正しい判断を下せるとわかっている。そして2人が、小隊の部下のリーダーたちに正しい判断を促せることも知っている。私は彼らのリーダーシップに全幅の信頼を置いて、戦場へ解き放ったのだ。

タスクユニットにおいて、意思決定を最前線の部下のリーダーに任せることは、チームの成功に欠かせない。「権限を分散させる」というこのシステムのおかげで、私は指揮官として常に大局に目を向けていられた。味方の戦力資源を調整し、敵の活動に目を光らせることができた。私がこまごまとした戦術的な問題に巻き込まれていたら、戦略的任務を取り仕切る人間が、いなくなっていただろう。

「権限を分散させよ」の法則を正しく理解して活用するには、それなりの時間と努力が必要だ。どんなリーダーでも、経験の浅い若手リーダーに全幅の信頼を寄せ、チームのマネジメントを任せるのは難しい。それには、最前線のリーダーたちへのとてつもなく大きな信頼が必要なのだ。

最前線のリーダーたちは、戦略的任務を明確に理解し、最終的に組織全体の目標達成に貢献できるような戦術的判断をしなくてはならない。また、幹部（上司）を信頼し、自分たち

が判断の権限を与えられていること、その判断を幹部が必ず支えてくれることを理解していなくてはならない。

「権限を分散させる」スキルは、ブルーザーに魔法のように授けられたわけではない。それは厳しい準備と訓練の賜物であり、イラク派遣前に何カ月もかけて、しっかりと理解したおかげだった。

この法則について最大の教訓を学んだのは、ケンタッキー州フォートノックスで行われた「ＭＯＵＴ（市街地における軍事行動）」訓練の期間中である。そこでは、容赦ないプレッシャーと極めて過酷なシナリオのもとで、どんなに混沌とした状況でも、この法則を効果的に活用するすべを学んだ。

ＭＯＵＴの施設は、複数の街区から成るつくりものの都市で、つくりもののワンルーム住宅から大きな複合高層ビルに至るまでさまざまなコンクリート建造物が立ち並んでいた。これらは、当時米軍がイラクで激戦を展開していたような環境で、軍隊が市街戦の課題に備えられるようにつくられた。（私がのちに指揮することになる）シールズ訓練分遣隊「ＴＲＡＤＥＴ」の任務は、シールズの小隊やタスクユニットにイラクやアフガニスタンへの派遣の準備をさせること。だから私たちも、ここで大変な苦境を経験させられる、と承知していた。

ＴＲＡＤＥＴの教官幹部は、訓練に参加するシールズ部隊、とくにリーダーたちを混乱させ、まごつかせ、心身共にストレスを与え、圧倒するようなシミュレーション訓練をつくる。そして、至るところで「マッドサック」[24]を仕掛けてきた。シミュレーション訓練の中で「敵軍」役を演じるスタッフはたいてい、試合のルールには従わない。シールズ隊員の中には「訓練がこんなに難しいなんてあり得ない」と小バカにし、「ＴＲＡＤＥＴがズルをした」などと責め立てる者もいた。

だが、それには賛同できない。イラクで対戦した敵には、ルールなど通用しなかった。巻き添え被害も同士討ちも、気にも留めないような連中だった。イラクの武装勢力は、こちらの弱みを分析し、つけ込むのに長けていた。残忍でどう猛で、その戦い方は、最も恐ろしくて卑怯で効果的な殺し方を考える、というもの。だから実のところ、ＴＲＡＤＥＴには、それと同じことをしてもらう必要があった。

ブルーザーのＭＯＵＴ訓練の最初の数日間のこと。部下のリーダーたちは、すべての、そして全員の手綱を自分一人で握ろうと頑張っていた。すべての作戦を指示し、すべての拠点を管理し、部下の一人一人——最大35名のブルーザー隊員——を直接管理しようとしていたが、うまくいかなかった。

歴史を通して、軍隊が経験の積み重ねから学んだことがある。それは、複雑な戦場全体で起こっているすべてを認識し、物理的に関わり、理解し、一人で上手に指揮できる人間などいないこと。シールズのリーダーたちも学んだ。チーム内のさらに小さなチームの運営は、部下のリーダーたちに任せなくてはならない、と。

もちろん、（「指揮官の意図」という言葉で知られる）より大きな任務と、標準業務手順書をよく理解した上でだが、部下が任務を遂行することを許さなくてはならないのだ。これが効果的な「指揮権の分散」である。

そういうわけで、私たちは、一人のリーダーが管理しやすい4～6名の小さなチームに分かれた。各小隊指揮官は、割り当てられた16名全員の手綱を握らなくては、と気に病む必要はない。管理するのは、小隊長と分隊リーダーたちの3名のみだ。各小隊長と兵曹は、班のリーダーたちを管理すればすむし、班のリーダーたちは、それぞれに4人の射手を担当すればいい。そして、私はわずか2名――2人の小隊指揮官――を管理するだけだ。

各リーダーは、組織全体の任務を支えながら、自分のチームの指揮・指導を任されていた。こうした若手リーダーたちは、自分で判断することを期待されている、と学んだ。「何をすればいいですか?」と尋ねる代わりに、「こうするつもりです」と発言しなくてはならないのだ。全員が任務全体の意図を理解した、と私が判断したあとは、各リーダーがそれぞれに活動・指揮し始めたが、誰もが組織全体の任務に貢献し、混乱にまみれた最悪のシナリオを、はるかに対処しやすい状況に変えてくれた。

ブルーザーがイラクのラマディに派遣されたとき、「権限を分散させよ」の法則が、成功に大きく貢献した。私たちは、連合軍が敵地に足場を築く際に、多くの大規模な軍事作戦をサポートし、ラマディへの本格的な侵攻にはほとんど参加した。

そして派遣から数カ月後に、ブルーザーとして過去最大の軍事作戦を遂行した。これには、

24　極めて卑劣な攻撃や不意打ちに対するシールズの用語。

それぞれ数百名の米軍兵士を擁する2つの陸軍大隊と、海兵隊の大隊と、約100台の装甲車両に加え、上空から米軍機も参加した。こうした部隊の多くが別の無線ネットワークを使用していたことから、状況はかなり複雑になり、リスクも大きくふくらんだ。

戦闘地域に先陣を切って侵入したのは、シールズ狙撃部隊だった。戦場を最もよく見渡せる高い場所に陣取ることで、ブルーザーは、戦術的に敵より優位に立ち、地上のほかの米軍を守ることができる。しかし、こうしたどんな動きも、混乱を引き起こす可能性があった。私の仕事は指揮統制を行い、チャーリー小隊とデルタ小隊の狙撃手掩護部隊と、米陸軍や海兵隊との調整を行うことだ。

この軍事作戦は南北に走る主要道路を軸に展開されたが、この道路は暴力的なことで知られる2つの地域——東側の戦火にまみれたマラアブ地区と、西側のJブロック——にはさまれていた。「Jブロック」とは、マラアブと並んで暴力的なラマディ中部の区域に、米軍がつけた名称である。

マラアブでブルーザーは、派遣から数週間のうちに、最初の人的被害を被った。若い隊員が、敵の機関銃の徹甲弾を撃ち込まれて負傷したのだ。弾は大腿骨を砕き、脚には大きな穴があいた。シールズ機関銃手のマイケル・モンスーアが制圧射撃［訳注：敵の行動を制圧し、味方を助けるための射撃］を行い、通りから安全な場所へ避難させた。幸いこの負傷兵は生き延びて米国へ戻り、回復までの長い道のりを歩んだ。コレヒドールのシールズ隊員たちは、毎日のようにマラアブで銃撃戦を展開した。

リーフをはじめチャーリー小隊の隊員たちも、敵の戦闘員と常に激しい銃撃戦を行っていた。Ｊブロックでは、わずか２週間前に、ライアン・ジョブが敵の狙撃手に顔を撃たれ、視力を失った。Ｊブロックのライアンが撃たれた場所から通りを少し下ったところで、その同じ日に、マーク・リーが、射殺された。マークは交戦中に殺害されたブルーザーの最初の隊員となり、イラクで殺害された最初のシールズ隊員となった。

ラマディで激しい戦闘の最中《さなか》に仲間を失い、私たちはやはり動揺していた。リーフも戦闘中に背中を撃たれ、負傷した。だが、けがをしているのに、その作戦の間は、指揮を執り続けた。敵を追跡し、殺害したい、という思いも、少しも薄れていなかった。

ブルーザーの最大の作戦がこのエリアで行われるのは、決して偶然ではなかった。これは復讐なのだ。

作戦は、まずシールズが夜の闇に紛れて、徒歩でパトロールしながら所定の位置へ――チャーリー小隊はＣＯＰファルコンから西へ、デルタ小隊はＣＯＰイーグルズネストから東へ――向かうところから始まった。小隊が自分たちの位置を無線で定期的に伝えてくるので、ＣＯＰファルコンで陸軍幹部と共に指揮を執る私も、ほかの味方部隊も、彼らの動きを追跡できた。

チャーリー小隊もデルタ小隊も、地域の地図を入念に調べ、狙撃手掩護拠点を事前に選んでいた。私はさらに大きな戦略的ビジョンの調整をする必要があるので、拠点選びは全面的に彼らに任せていた。また、現場に着いたときに選んだ拠点が不適切だと判明した場合も、場所を変える権限は１００パーセント彼らにある。全員が訓練を積んでいるので、狙撃手掩護分隊のリーダーは、下記の掩護活動における指揮官の基本指針に基づいて、判断を下していた。

1 敵が出入りするルートは、できる限り多くカバーせよ。
2 互いに支え合える陣地をつくれ。
3 必要なら、長期にわたる敵の猛攻を防げる、頑丈な戦闘陣地を選べ。

自分や部下の命がかかっているから、小隊指揮官たちはこの指針を——おそらく私以上に——よく理解していた。彼らの頭にしっかりと刻まれていたので、作戦のたびに詳しく説明する必要はなかった。このように、最前線のリーダーたちは、作戦の最中に戦術的な判断をする権限を与えられていた。私が1キロ以上離れたCOPファルコンで、米陸軍指揮官たちと任務を見守っている間、現場で意思決定をしていたのは彼らだった。

時には、地図をよく調べて計画を立てても、事前に選んだ場所が不適切だと気づくこともある。使用するつもりの建物に到着すると、地図で見たより道路から奥まった場所にあったり、敵のルートや味方の持ち場が見えにくい場所だったりしたことも、何度となくあった。あるいは、建物の周りが「死角」——見えづらく、防御しづらいエリア——だらけだったこともある。その場合、任務をうまく達成できる別の建物を選ぶのは、小隊幹部の責任だ。

ここでも、「権限を分散させよ」の法則が必要だった。こうした状況で、リーダーが私に連絡してきて、「どうすればいいでしょう？」などと尋ねることはない。その代わり、「こうするつもりです」と伝えてくる。私は、彼らが不測の事態に対応し、計画を修正できる、と信じていた。もちろん、私が与えた指針や標準業務手順書の範囲内で。彼らならしっかり指揮を執ってくれる、と信頼していた。

私のエゴは、最前線で部下のリーダーたちが采配を振るのに気を悪くしたりしなかった。それどころか、誇らしい気持ちで彼らの指示に従い、サポートしていた。部下のリーダーたちがチームを仕切り、戦術的な判断をしてくれるおかげで、私も大局に集中できて、かなり楽に仕事ができるのだ。

今回の作戦では、チャーリー小隊は、あらかじめ選んだ拠点がうまく機能したが、デルタ小隊は、予定の建物が使えないと気づいた。デルタ小隊の指揮官と幹部は、ほかの建物を探すことにした。指揮官が無線で、「小隊は、通りの向かい側にある別の建物――建物94――に移る」と連絡してきた。

私はこう返事をした。「こちらはジョッコ。建物94に移りたい旨、理解した。実行せよ」。すると、デルタ小隊は直ちにこの情報を残りの味方部隊に伝えた。そこには、COPファルコンで私のそばにいる、米陸軍大隊スタッフや中隊幹部も含まれていた。私は椅子に深く腰かけ、デルタ小隊の計画が報告され、その情報が上級司令部にも明確に伝わったことを確認した。味方の全部隊に知らせてから、デルタ小隊は、「新しく選んだ建物への移動を始める」と報告した。

建物94は、非常に見晴らしのきく場所だとわかった。4階建てのこの建物はエリア内で最も高いものの一つで、南北に走る主要道路も、陸軍が間もなく新たな戦闘前哨「COPグラント」を建設する予定の場所も、はっきり見渡せた。建物94は防御しやすい上に、敵がこのエリアの出入りに使う多くのルートを狙いやすい、射撃陣地を提供してくれた。

デルタ小隊が態勢を整えると、無線手がこう報告してきた。「建物94を確保。掩護陣地は4階と屋上である」

「了解」と私。

すると無線手はその情報を、エリア内のほかの部隊にも伝え、ほかの部隊がデルタの新しい拠点の場所を理解したことを、私も確認した。

チャーリー小隊とデルタ小隊の態勢が整ったので、米軍がどっとそのエリアに流れ込んだ。任務のこの段階においては、米軍は極めて脆弱だ。まだ恒久的な安全態勢が敷かれていない中、勇敢な陸軍工兵が戦闘前哨の建設を始める。敵がはびこる戦闘地域での建設プロジェクトだけに、通りでも、私がいるCOPファルコンの指揮統制分隊でも、緊張感が高まった。

味方部隊が現地入りすると、敵の動きらしきものも無線で報告され始めた。ほかの建物の電気が消えた中、電気が点いた建物がある。車のエンジンがかかり、ドライヴウェイを出て、通りを走り去った。徴兵年齢の男が狭い路地を通って、味方部隊の動きを観察している……。ある報告によると、敵の部隊の隊員らしき2～4名の徴兵年齢の男たちが建物を出て、散らばった。ほかにも、無線で話す男たちが目撃されている。

これが一番イライラする時間だ。銃撃が始まる前の、「戦闘が起こりそうだ」という不安を抱えて待っている時間。シールズ隊員もこの作戦に参加している何百名もの米兵たちも、ここ数カ月間に隣接地域で、敵と激戦を繰り広げてきた。多くの米兵の血が流された。もちろん、シールズの仲間たちも例外ではない。敵が攻撃してくるのは、もう時間の問題だ。おそらく壮絶な戦いになるだろう。

そのとき、熱映像暗視装置《サーマル・サイト》を装備したブラッドレー戦闘車から、無線でこんな報告があった。「建物の屋上に、複数の武装した敵の戦闘員がいる。狙撃手のようだ」

敵の1発の銃弾がライアン・ジョブを襲い、重傷を負わせて視力を奪い、のちに命も奪った。たびたび一緒に任務に就いていた第2アングリコの若い海兵隊員も、わずか数週間前、1発のライフル弾で射殺されてしまった。ほかにも多くの兵士が、たった1発の銃弾で死傷している。

シールズ狙撃手が敵を脅かしているように、敵の狙撃手も私たちから見れば悪夢そのものだ。見えない場所から正確に狙い撃ち、死傷者を出し、いつの間にか姿を消している。そういうわけで今、敵の狙撃手の目撃情報に、誰もが警戒心を高め、引き金を引く指に緊張感が走った。

別々の掩護陣地にいるチャーリー小隊とデルタ小隊も、無線でこの報告を聞き、すっかり盛り上がっていた。おそらくこうした敵の狙撃手の中に、ライアンや海兵隊の仲間を殺した犯人がいる。シールズ狙撃手の誰もが、強力な武器で敵の狙撃手を抹殺することに胸を躍らせていた。

だが、狙撃手vs狙撃手の追跡・射撃大会もロマンティックでいいけれど、私たちが好む大会は、もっと一方的な戦いだ。そう、敵の狙撃手vsとてつもない火力を誇るM1A2エイブエイブラムス主力戦闘戦車。敵の狙撃手はおそらく、部屋の中で土嚢やコンクリートの後ろに身を潜めるだろう。それをライフルで撃つのは難しいが、電子光学機器を備え、重装甲に守られたた安全な場所から撃ち込まれる巨大な120ミリ滑腔《かっこう》戦車砲には、到底かなうまい。誰もが、敵の狙撃手を発見したブラッドレーによる、即座の猛攻を期待していた。

もちろん私も、ほかのみんなに負けないくらい、敵の狙撃手が抹殺されるところを見たかった。だが、ここは複雑な戦場だ。ベテランの米軍兵士やシールズ隊員でさえ混乱してしまいかねない。混沌とした都会の戦場の霧は、あっという間に深くなり、見まがいようのない状況すら曇らせることがあるのだ。

敵の狙撃手について報告したブラッドレー戦闘車の責任者である中隊長（米陸軍大尉）は、優れた戦士でリーダーだ。シールズ隊員たちも深く尊敬し、高く評価している。中隊長と部下の兵士たちは、傑出したグループだった。彼らとは、何十回も軍事作戦を共にして、素晴らしい絆ができている。こちらの狙撃手が彼らの作戦を支援すれば、お返しに、何度となく支援要請に応えてくれた。戦車に乗り込み、まだ地雷が除去されていない危険な道路を走り、火力をもたらし、シールズの死傷者を避難させてくれた。

助けを求めるたびに、中隊長はひるむことなく自分たちの身を危険にさらした。自ら装備を着けて戦車を動かし、圧倒的な火力で、シールズの拠点を攻撃する敵を撃退してくれた。

そして今、敵の狙撃手の情報を得て、中隊長は無線にこう呼びかけている。

「標的《ターゲット》について説明してくれ」

ブラッドレーの車長が答える。「徴兵年齢の男が数名、屋上にいる。重火器を持っているようで、中にはスコープ付きの狙撃銃らしいものを持つ者もいる」

無線をモニターする私は、COPファルコンの仮設TOCで、中隊長の隣に立っている。敵が目撃された近くの屋上にシールズ狙撃手が陣取っているのを知っているから、私はすかさずこう言った。「敵を目撃した建物の番号は何番ですか?」。中隊長は無線で、ブラッドレーの車長に正確な場所を尋ねる。

「建物79だ」とブラッドレーの車長が言った。

「シールズは今、建物79にいませんでしたか?」と、中隊長が念のために私に聞いた。

私は無線で聞いた2つの建物番号を確認しようと、戦闘地図を見た。すると建物79は、デルタ小隊が陣取っている建物94から通りを少し下ったところにあった。

「いや」と私は中隊長に言った。「シールズは建物94にいる。79じゃない」

「了解。では、交戦だ!」。中隊長は、敵の狙撃手を殺害しようと気合いを入れている。誰もが敵をたたきつぶし、危険な現場にいる米軍を守りたいと必死なのだ。だが、しっかりと確認しなくてはならない。

「ちょっと待ってくれ」と私は言った。「現状を確認しましょう」

無線を調整し、ブルーザーだけが使う非公式なネットワークで、隊員と話すことにした。

私は、デルタ小隊の指揮官に直接こう聞いた。「君の陣地のそばで、敵が活動している。おそらくは狙撃手だ。ブラッドレーの主砲[25]で攻撃したい。そこで、君たちがいる場所を確認してほしい。100パーセント正確に」

「了解」と彼は言った。「すでに3度確認した。ここの南側にある建物は91。その南側は道路だ。われわれの建物の屋上には、L字形の空間がある。戦闘地図にも出ている。私はその中に座っている。すでに確認ずみだが、われわれは建物94にいる。100パーセント正確だ。以上」

私はデルタ小隊の指揮官の報告を聞いて、隣にいる中隊長に言った。「うちの隊員たちは、確かに建物94にいる」

「了解。では、連中をぶちのめそう」と中隊長。

「待ってくれ」ともう一度、ストップをかけた。「あなたの部隊が見ているものを、確認しましょう」

「すでに確認ずみです。敵の狙撃手たちが、建物79の屋上にいます」と中隊長は答えた。「その建物に、味方部隊はいない。攻撃は、できるときにしなくてはならない」。敵の狙撃手を殺害する絶好のチャンスを逃したくないのだ。

私も彼に負けないくらい、敵の狙撃手を抹殺できるチャンスを先延ばしにしたくない。しかし、都会の戦場の大混乱と、どれほどたやすくミスが生じるかを知っているだけに、確認を怠るわけにはいかない。

「お願いです」と中隊長に頼んだ。「念のためにブラッドレーの車長に、「彼が立っている」大きな交差点から敵の狙撃手がいる建物までの、建物の数を数えてもらってほしい」

中隊長は、少しイラついた様子で私を見た。もし本当に敵の狙撃手なら、いつ米軍を標的にしてくるかわからない。一刻も早く始末しなければ、米兵が殺害されてしまう。

「確認したいだけなんです」と私はさらに言った。「遅らせろ」と命じることはできない。だが、この厳しい環境で幾度も戦闘活動を共にした私たちの間には、プロ同志の強い絆ができていた。中隊長は部下ではないので、私たちが敵に与えるダメージを評価してくれている。だから私を信頼し、要請に従ってくれた。

「了解」と言って、中隊長は無線を調整し、ブラッドレーの車長に指示を出した。「最終確認として、君がいる交差点から、敵の狙撃手がいる建物までの、建物の数を数えよ」

ブラッドレーの車長は、一瞬黙った。おそらく「敵が襲いかかろうとタイミングを狙ってるのに、何でこんな指示を出すんだ?」と思いながら。それでも指示に従い、「了解。しばらく待て」と答えた。

15秒もあれば、標的までの建物の数を数えられるはずだが、無線の沈黙は長かった。いや、長すぎる。

ようやく沈黙が破られた。「訂正します。敵陣と疑われる建物は、建物94。もう一度言う。

25　榴弾が装填された25ミリチェーンガン。

94だ。その一角の建物の数を数えた。先ほどは距離を見誤っていた。以上」

「射撃中止！」。中隊長はすぐ大隊の無線に向かって、威厳ある声で叫んだ。建物94にいる「敵」とされた兵士たちは味方だ、と判明したからだ。

「全部隊に告ぐ。射撃は中止せよ。建物94にいるのは味方だ。もう一度言う。建物94は味方の陣地だ。その建物の屋上に、シールズの狙撃手たちがいる」

「了解」と、ブラッドレーの車長が重々しい声で言った。自分のミスであわや同士討ちになるところだった、と理解したのだ。

「了解」と中隊長も答えた。こうしたミスがどんなにたやすく起きてしまうかに驚き、どんなに恐ろしく悲惨な事態に陥るところだったかに気づいて、私を見つめ、重い口調でこう言った。「危なかった……」

正規の道路標識も番号もない、ややこしい交差点や狭い路地の周りでは、こうした混乱が簡単に起こってしまう。本当に攻撃していたら、恐ろしいことになっていただろう。ブラッドレーの25ミリ重砲が榴弾を発射すれば、屋上を吹き飛ばし、何人ものシールズ隊員が死傷していただろう。

幸い、ブルーザーの隊員は「権限を分散させよ」の法則のもとで活動していた。小隊指揮官たちは私に状況報告をするだけでなく、解決のために何をするつもりかを伝えてくれる。部下のリーダーたちの「究極の責任感」とリーダーシップのおかげで、彼らも自信を持って指揮を執れるし、私も大局——今回なら、めまぐるしい環境での部隊間の調整を監督すること――に専念できた。離れた場所にいる私が、チャーリー小隊とデルタ小隊の戦術的な判断に口をはさんで巻き込まれていたら、重大な事件が起こるのを見落としていただろう。そして、壊滅的なダメージを被っていたはずだ。

「権限を分散させよ」の法則が機能したおかげで、チームとして巧みにリスクを管理し、最悪の事態を防ぎ、任務を達成できた。それから間もなく本物の敵の戦闘員たちが、南北に走る通り沿いの自分たちの領土を守ろうと、凶暴な攻撃を仕掛けてきた。だが、シールズ狙撃手と機関銃手が、敵が守ろうとしているまさにその通りで彼らを殺害すると、連中の熱意は瞬く間にしぼんだ。

「権限を分散させよ」の法則は、困難な戦場で効果的に任務を行う力となり、米陸軍の仲間たちが新たな戦闘前哨を建設し、より多くの兵士が無事に帰還するのを支えた。結局のところ、この法則が「ラマディを安定させ、一般市民を守る」という戦略的任務を後押ししたのだ。その後の数カ月間に、この任務は大成功を収めることになった。

原則

人間は通常、6~10人を超えるグループを管理できない。とくに、物事がうまくいかないときや、避けられない不測の事態が起こったときには。どんな幹部でも、何十人もの個人をマネジメントできるとは思えないし、ましてや何百人も管理できるはずがない。

チームは隊員4～5名で構成される管理しやすい分隊に分け、リーダーを1名、決めなくてはならない。リーダーは組織全体の任務とその任務の最終目標――指揮官の意図――を理解していなくてはならない。若手リーダーたちは、その任務を最も効果的・効率的に達成するために、重要な課題についての意思決定をする権限を与えられなくてはならない。チーム内の小さなチームは、特定の任務に効果的に取り組むために組織され、リーダーの責任範囲が明確にされている。

戦術を担当するチーム・リーダーは、何をすべきかだけでなく、なぜそうするのかを理解していなくてはならない。最前線のリーダーが「なぜか」を理解できない場合は、上司に質問して理由を明確にする必要がある。これは、（第3章の）**「信頼せよ」**と密接につながっている。

「権限を分散させよ」とは、若手リーダーやチームメンバーがそれぞれの計画で動く、という意味ではない。そんなことをしたら、大混乱に陥るだろう。そうではなくて、若手リーダーは、どこまでが自分の裁量――責任――範囲なのかを十分に理解していなくてはならない。さらに、範囲外の場合は、上司とコミュニケーションを取り、判断についての提案を行い、重要な情報を上司に伝えること。上司が十分な情報を得た上で、戦略的な判断ができるように。

戦場のシールズ・リーダーたちは、何をすべきかを考えて実行することを期待されている。つまり、上司に「どうすればいいですか?」と尋ねるのではなく、「こうするつもりです」

と伝える必要があるのだ。

若手リーダーは、受け身ではなく主体的に行動しなくてはならない。与えられた意思決定の権限をうまく行使するためには、最前線のリーダーが自信を持って実行することが大切だ。戦術を担当する現場のリーダーは、「戦略的任務と『指揮官の意図』を明確に理解している」という自信がなくてはならない。そして、幹部が自分の判断を支援してくれる、という絶対の信頼を寄せていなくてはならない。

　この信頼がなければ、若手リーダーは自信を持って実行することができない。つまり、「権限の分散」が効果的に行われない。権限の分散をうまく行うためには、幹部は常にコミュニケーションを取り、情報――軍隊で言うところの「状況認識」――を部下のリーダーたちに、しっかり伝えなくてはならない。同じように、若手リーダーも状況認識を上司に伝え、こまめに報告する必要がある。とくに戦略的な意思決定に影響を及ぼす、重要な情報は。

　シールズ・チームには――ビジネスの世界のどんなチームも同じだが――責任をいくつも背負い込みすぎるリーダーがいる。そんなことをしたら、作戦はあっという間に大混乱に陥るだろう。**解決策は、「権限を分散させよ」の法則を使って、最前線のリーダーたちに権限を与えること。トップが細かく管理《マイクロマネジメント》せずに、現場のリーダーにチームを任せ、組織全体の任務に貢献させることだ。**

　また、幹部の中には、最前線で任務を遂行している部隊から遠く離れすぎて、役目を果たせなくなる者もいる。こうしたリーダーは一見、部隊の手綱を握っているように見えるかもしれないが、実は部隊が何をしているか皆目わからず、チームをうまく導くことができない。私たちはこれを「戦場の無関心」と呼んでいる。こうした姿勢は幹部と部隊の間に大きなズレを生むので、こんなリーダーのチームは任務をうまく達成できずに苦労する羽目になる。

リーダーがどの程度関わるべきなのか、リーダーがどこに身を置くのがチームの指揮統制に最善なのか、その判断が重要になる。シールズのタスクユニットがいわゆるCQB（接近戦）の訓練をするとき、リーダーはその塩梅《あんばい》を「キル・ハウス」で学ぶ。

キル・ハウスとは、防弾壁を使った多室構造の施設で、シールズなどの軍隊や警察部隊がCQBのスキルを身に着けるのに使用している。リーダーシップのコツを学ぶ若いシールズ将校が、小隊と共にキル・ハウスを経験すれば、自分がどの程度関わり、どこに身を置くべきかを判断する、素晴らしい訓練になるだろう。

時折、将校が前のめりになりすぎて、全室の掃討活動に巻き込まれてしまうことがある。つまり、常にすべての部屋に踏み込んで、標的と戦っているのだ。そんなことをしたら、目の前の部屋で起こるささいなことに気を取られ、チーム全体に何が起こっているのか、状況認識を怠り、効果的な指揮統制ができなくなる。かと思えば、掃討活動の間中、隊列の後ろでじっとしたままのリーダーもいる。その場合は、後ろに離れすぎて、最前線で何が起こっているのかわからず、急襲部隊を指揮できないだろう。

私は多くの将校に「適度な関わり――適切な身の置き場――は真ん中あたりで、部隊の大半と共にいるべきだろう」とアドバイスしていた。前のめりになりすぎて全室の掃討活動に巻き込まれてもいけないし、後ろに下がりすぎて前線で起こっていることがわからないようでも困る。

誤解されがちだが、リーダーは決まった場所にしばられているわけではない。**リーダーは、一番必要とされている場所へ自由に動けなくてはならないのだ。その場所は、戦闘活動を通して、変わり続ける。リーダーとしての身の置きどころを理解することは、効果的に「権限を分散させる」ための重要な要素だ。**このルールは戦場だけでなく、どんなチームにもビジネスにも組織にも当てはまる。

「権限を分散させる」効果は、どんな業界のどんなチームの成功にも欠かせない。混乱し、ダイナミックにめまぐるしく変わる環境においては、あらゆるレベルのリーダーに意思決定の権限を与えなくてはならない。「権限を分散させよ」の法則は、勝利に欠かせない要素なのだ。

ビジネスへの応用

「組織図を見せていただけますか？」と、ある投資顧問グループの地域担当社長に言った。

「組織図」には、彼のチームの組織構造と指揮系統が記されている。社長は何十もの支店と千人を超える社員の責任者だけに、頭がよくて意欲的だ。勉強熱心でもあるようだが、リーダーとしての自信はあまりないようだ。

「最新のものはありません」と社長は言った。「その情報は秘密にしておきたいんですよ。

公表してみんなに見せたら、同僚だと思ってる誰かの部下だと知って、ショックを受けかねませんから。以前、そういう問題に対処する羽目になったんです」

「では、社員のみなさんはどうやって、誰が責任者かを知るんでしょう？」と私。

「明確な指揮系統がなければ――誰が何を仕切ってるのかみんなが知らなければ――リーダーは権限を行使できません。だから、これはシールズ・チームも御社も含め、あらゆるチームの成功に欠かせないことなんですよ」

「では、これをお見せしましょう」と社長が言った。

パソコンの文書を開いて、会議室の壁の大きなプラズマスクリーンに、さっと組織図を映し出した。

私は立ち上がって画面に目を向けた。社長が担当するチームは、広大な地域をカバーしている。米国のある巨大な地域に、支店が広く分布しているのだ。ただし、一つ気になることがあった。組織図に統一性がなく、でたらめに見えるのだ。

「ここにあるのは何ですか？」。そこで働く22人のリストがついた、ある箇所を指さして聞いた。

「支店です」と社長は答えた。

「では、この人たちのリーダーは誰ですか？」

「支店長です」と社長が言う。

「支店長は、21人全員のリーダーですか？　全員が彼の部下なんですか？」

「そうです。彼が全員を管理してます」

私は、組織図の別のところに目を向け、あるオフィスの場所を軽くたたいた。そこには3人しかいない。「では、これは何ですか？」

「それも支店です」

「リーダーは誰ですか？」

「支店長です」と社長は答えた。

「彼は、2人を管理してるんですか？」

「その通りです」

「つまり、ある支店長には部下が21人いて、別の支店長には2人しかいないと？」と、私ははっきり聞いた。

「はい……ちょっと変ですが、現場ではそれが理にかなってるんです」と社長は言った。

「どんなふうに？」と私。今組織図を見ている私がわからないなら、現場で任務を実行している前線部隊も、納得していない可能性が高い。

「つまり、大きな支店の人数が多いのは、大きな支店のほうが成功していて、たいてい優秀な支店長がいるからです。支店長が優秀なら、支店は大きくなり、さらに社員が必要になるので、直属の部下の数が増えるんですよ。時間と共に、かなり大きくなる支店も出てきます」と社長が説明した。

「支店が大きくなると、支店の効率はどうなりますか？」と私。

「正直なところ、支店がある大きさに達すると、成長は鈍化します」と社長は認めた。「支店長はたいてい優秀な社員に目を注ぐので、残りの社員は慌ただしい日常業務の中で、迷子になってしまいます。そして徐々に、支店長の大半も、会社が何をしようとしてるのか、戦略的にどこを成長させようとしてるのか、大局を見失ってしまいます」

「では、小さな支店はどうですか？　なぜ成長しないんでしょう？」と私は尋ねた。

「驚いたことに、理由はよく似ています」と社長は答えた。「支店に2人しかスタッフがいないと、支店長から見て、儲《もう》けと言えるほどの収益は出ません。だから支店長自身が、儲けを出さなくちゃいけなくなります。自分も現場で販売するわけですから、チームの指導やマネジメントに目を向ける時間はありません。そうして、大局——ビジネスの構築と拡大——を見失うんです」

「では、御社のチームや支店の理想的な人数は、どれくらいだと思いますか？」

「たぶん5～6人でしょうね。4～5人の財務アドバイザーとサポートスタッフがいればいい」と社長が答えた。

「ですよね」と私は言った。「シールズ・チームも米軍も、歴史上のほとんどの軍隊がそうなんですが、4～6名の隊員とリーダー1名のチームが基本です。それを『班』と呼んでます。一人のリーダーが指揮できる理想的な人数は、それくらいなんですよ。それを超えると、何か試練が起こって、チームにほんの小さなプレッシャーがかかっただけで、どんなリーダーでも手綱を握れなくなります」

「では、戦場でさらに大きなチームを、どうやって指揮してるんですか？」と、純粋な好奇心から社長が聞いた。

「うちの部隊の場合は、ある作戦で150名もの隊員と任務に就くこともありました」と私。

「シールズ隊員は15名か20名しかいなくても、イラク兵や協力関係にある陸軍や海兵隊も加われば、兵士の数は簡単に100名や150名を超えます」と説明した。「でも実を言うと、それだけの兵士が任務に就いていても、私が実際に指揮し、管理し、調整できる人数は、最大で4～6名ほどです」

この話が、社長の興味を引いたのがわかった。「だから、『権限を分散させよ』の法則を使わなくちゃいけなかったんですよ」と説明した。

「私がすべての小隊、分隊、班の射手全員と話すことはできません。私が話す相手は、小隊指揮官です。すると、指示を受けた彼がそれを分隊リーダーたちに伝え、分隊リーダーたちがそれを班のリーダーたちに伝えます。そうして、作戦を実行するんです。陸軍の中隊が支援してくれるときは、私は中隊長か、小隊指揮官の一人と話をしていました。すると、私の指示を部下のリーダーたちに伝えてくれるんです」

「話がややこしくなりませんか？　伝言ゲームみたいに、ささやいた言葉が戻ってきたときには、まったく違う内容に変わってたりしないんですか？」と社長が聞いた。

「だから、シンプルであることがとても重要なんです」と私。

「適切に『権限を分散させる』には、シンプルで、明確で、簡潔な命令が必要です。そういう命令なら、指揮系統の全員がたやすく理解できるでしょう。私の『指揮官の意図』については、部隊に直接詳しく説明していました。そうすれば、任務の最終目標は何なのか、みんなはっきりと理解できます。だから、戦場でいちいち許可を求めなくても、組織全体の目標を支える形で、任務を遂行できるんです。若手リーダーたちには、任務達成のために判断し、リーダーシップを発揮する権限を与えなくちゃいけない。それが戦場での成功の鍵になりました。それがここでも、あなたを大いに助けてくれるはずです」

「しかし、それでは、たくさんの小さな分隊が、でたらめにやりたい放題やるだけになってしまいませんか？」と、社長が疑わしそうに聞いた。

「リーダーであるあなたが、明確な指示を出し、裁量範囲を明らかにできなければ、そうなるでしょうね」と私は説明した。「部下のリーダーたちが理解できるように、明確な指示を出して、意思決定の裁量範囲を決めれば、みんなが組織全体の目標に向かって、それぞれに行動してくれます」

「わかりました。『行動指針《ミッションステートメント》［訳注：自社の価値観を行動指針として明文化したもの］』のことですね」と社長が言った。

「それも一つです。でも、それ以上のものが必要なんですよ」と私は答えた。「ミッションステートメントは部隊に、何をするかを教えてくれますが、部隊はなぜそうするのかを理解しなくちゃいけません。部下のリーダーたちも前線部隊も、任務の目的をしっかりと理解し、それがどのように戦略目標と結びついているか、それがどんな影響力を持つのかを理解してはじめて、明確な命令がなくても指揮を執ることができるんです」

「なるほど」と社長はうなずいた。

「チームは、一人の人間が実際に指揮できる程度に小さくなくてはいけません」と、私はさらに言った。「『管理限界』というビジネス用語がありますね。一人のリーダーがうまく指揮できる人数は何人でしょう？　戦闘では、リーダーの経験や資質、部隊の能力や経験、その地域の暴力の程度や今後の可能性によって、変わってきます。御社のチームに最適な人数を、考える必要があるでしょう。それがスタッフ5～6名にリーダー1名なら、チームをそのように編成すべきですね」

リーダーシップの観点から、社長に説明した。「権限の分散」が生み出す力を理解することほど重要なことはない、と。要するに、これこそが適切な指揮統制の方法なのだ。ただし、正しくやり通すのが難しい、複雑な戦略ではある。

リーダーとして、手綱を手放すのには勇気が必要だし、部下の最前線のリーダーたちとその能力に対する信頼も必要だ。何よりも、上司に対しても部下に対しても、信頼がなくては成立しない。部下が正しいことをしてくれるという信頼、そして、部下がミッションステートメントと「指揮官の意図」に基づいて行動すれば、上司が必ず支援してくれる、という信頼が必要だ。

信頼は、やみくもに与えられるものではない。時間をかけて育てなくてはならないものだ。状況によっては、上司が問題から手を引いて、若いリーダーに解決させなくてはならない場合もある。たとえ、自分ならもっとうまく解決できる、という自信があったとしても。問題の解決以上に重要なのは、若手リーダーが意思決定を許され、たとえ正しい判断ができなくても支えてもらえることのほうだ。**率直な会話は、信頼を生む。ストレスや困難な環境を克服することが、信頼を育む。非常事態に対処し、メンバーがどのように対応するのかを見ることで、信頼は育っていく。**

「若いリーダーは、知っていなくてはいけません。自分の判断がたとえ最善の結果を生まなくても、戦略目標を達成するためにしたことであれば、上司が支援してくれると」と私は説明した。

「ほかの人たちが何をし、どのように対応し、どんな判断を下すか——それに対する１００パーセントの信頼が、『権限の分散』を成功させる決め手になるんです。そしてこれは、勝利を収める優秀なチームに欠かせない要素です」

「わかりました」と社長は答えた。「うちでも取り組んでみます」

Part 03

Sustaining Victory

勝利を維持する

第9章

計画を立案せよ

〈リーフ・バビン〉

イラク・ラマディ――人質の救出

「庭にはＩＥＤが埋め込まれ、家の中には機関銃陣地が備わってます」と、情報分析官がひどく心配そうな面持ちで言った。

今回の任務は、人質の救出だ。究極のいちかばちかの軍事行動である。悪党を殺害するだけでなく、罪のない人質を救出しなくてはならない。こうした任務は、訓練では行っているが、実際の任務としてはまれだ。タスクユニット「ブルーザー」は、それを現実に遂行するチャンスをもらっていた。

イラク警視監の甥にあたるイラク人のティーンエイジャーが、アルカイダとつながりのあるテロリストグループに誘拐された。テロリストは家族に5万ドルの身代金を求め、「払わなければ首を斬り落とす」と脅迫していた。

当時、ラマディを含むアンバル州では、誘拐と斬首が頻発していた。家族が身代金を払っても、人質が拷問されたり殺害されたりすることもよくあった。要するに、テロリストの誘拐犯は邪悪で、おぞましい脅迫を実行に移す可能性が高いのだ。ブルーザーにとって、一刻も無駄にできない状況だ。大急ぎで計画を立て、部隊にブリーフィングし、最速で取りかかる必要があった。

情報部によると、人質の居場所は、ラマディ郊外の外れに立つ一軒家だ。そのエリアにつながる道路にはＩＥＤが大量に埋め込まれて、危険度が非常に高い。危険極まりない、敵が支配するエリアなのだ。それでも、人質と誘拐犯たちがそこにいる以上、地域に出入りする最善の方法を見つけなくてはならない。計画は、任務成功のチャンスを最大にし、シールズ急襲部隊とＥＯＤ爆弾技術者とイラク兵の協力部隊の危険を最小にするものでなくてはならない。

ブルーザーには、シールズとシールズ以外の支援要員から成る十数名の情報部があった。ブルーザーの情報部のトップは、米海軍兵学校（アナポリス）を卒業したばかりの若い少尉（海軍将校では最下位の階級）だ。シールズ隊員ではないが、情報《インテリジェンス》を専門にしている。

新人で経験は浅いけれど、賢くて勉強熱心で、やる気にあふれる人物だ。

私たちは、ケーブルテレビ「コメディ・セントラル」のアニメ、『サウスパーク』のキャラクターにちなんで、この情報将校に「バターズ」〔訳注：番組に登場する、無邪気で純粋でやや抜けた性格の子ども〕というあだ名をつけた。バターズと情報専門隊員のチームは、計画立案を支援すべく、何百もの報告データから有益な情報を掘り出し、必死で多くの情報を集めてくれていた。その傍らで、ブルーザーは計画立案に取りかかった。

チャーリー小隊指揮官の私は、家に侵入し、敵を掃討する十数名のシールズ隊員とEOD技術者と15名のイラク兵から成る急襲部隊の指揮官を務めることになった。ブルーザー指揮官のジョッコは、地上部隊の指揮官として、作戦に関わるすべての戦力資源――急襲部隊、車両、航空機、あらゆる支援分隊――の指揮統制の責任者となった。

時間が押し迫る中、私たちは任務を分析し、どんな機密情報があるのかを明らかにし、使える支援資源――シールズの装甲車両ハンヴィー、米海軍のHH-60シーホーク・ヘリコプター2機など――を列挙していった。そして、確かな計画にまとめた。

まず、シールズ狙撃手の小さなチームが、少し離れた拠点にひそかに移動し、標的《ターゲット》に目を光らせ、急襲部隊が標的の建物に近づく際にカバーする。次に、急襲部隊が家に侵入し、各部屋を一掃し、脅威を取り除き、（運がよければ）人質を取り戻す。ジョッコは車両に残って、標的の建物から敵を排除するまで、支援資源の調整を行う。そして、全員が基地に戻り、人質に医療ケアを受けさせる。

その日、ある目的があって、私はキャンプ・ラマディで車を走らせていた。キャンプ・ラマディはラマディ郊外にある大規模な米軍基地で、米軍の大半がここで生活し、任務に就いている。私は、標的の建物があるエリアを担当している米陸軍中隊長（少佐）と至急、会う必要があった。

この少佐と中隊は、ラマディに派遣されて1年以上になる。彼らはこの地域のあらゆる場所で恐ろしい敵と激戦を繰り広げ、勇敢な兵士を何名も失い、さらに多くの負傷兵を出している。だから中隊長は、地域を庭のように知り尽くしていた。彼が率いる戦車も隊員たちも、この作戦でシールズが苦境に陥れば、必ず支援してくれるだろう。

少佐と彼の中隊は米陸軍州兵、つまり、母国では兼業兵士だ。少佐も国に帰れば学校の先生なのだが、ここラマディでは彼も部下の隊員たちも、専業の恐ろしく優秀な戦士だった。少佐は傑出した戦闘リーダーで、プロの将校なのだ。私たちは少佐と中隊を深く尊敬し、地域に関する彼の専門知識を高く評価していた。そういうわけで、少佐と一緒に計画を見直すと、いくつかよいアドバイスがもらえた。敵に気づかれずに地域に潜入する最善の方法や、少佐のエイブラムス戦車とブラッドレー戦闘車による効果的な支援の方法など。私は、注意深く耳を傾けた。

シールズのキャンプ「シャークベース」[26]に戻って、画期的な計画をまとめた。この計画は、テロリストに不意打ちを食らわせ、部隊のリスクを軽減し、成功のチャンスを最大にするよう設計されている。そのあと、全シールズ隊員を任務計画スペースに集め、計画のブリーフィングを行った。シールズとＥＯＤ爆弾技術者と作戦に同行してくれる通訳者（イラク部隊には、のちに連絡と説明を行った）に加えて、基地に残ってＴＯＣを担当する、ブルーザーの主要な支援要員もすべて集めてだ。全員が計画をよく理解し、いつどのように連絡を取るのか、うまくいかない場合には何をすべきかを把握していることが重要だからだ。人質の救出に成功したいなら、直ちに行動しなくてはならない。全員が大急ぎで、ブリーフィングの内容を懸命に頭に入れた。

私は急襲部隊の指揮官として、最後にいくつかコメントした。射手たちは、山ほど情報を与えられたばかりだ。私は締めくくりとして、情報の優先順位のつけ方を教えた。そう、急襲部隊に肝に銘じてもらいたい、３つの重要事項を伝えたのだ。

1 奇襲作戦を守ること。標的に近づくときは、スピードよりひそかに行うことのほうが重要だ。

2 入口を突破し、侵入したあとは、スピードが何より重要だ。標的を速やかに掃討し、安全を確保すること。

3 どんな潜在的脅威にも、ＰＩＤ（身元確認）を怠らないこと。人質を傷つけないよう注意すること。そして、医療支援を行う準備をすること。

作戦を仕切る地上部隊の指揮官として、ジョッコが最後にコメントした。難しい法律用語で書かれた交戦規定を、誰もが理解できる、明確で簡潔な言葉に変えたのだ。「引き金を引かなくちゃならないときは、殺す相手が悪党だと確認せよ」と。

こうしてブリーフィングは終了し、シールズ隊員たちは建物から流れるように出ていった。全員が武装し、車両に荷物を積み込み、大急ぎで装備品の最終チェックをした。ジョッコと私だけが任務計画スペースに残り、計画の最終的な全体像を確認し合った。

すると突然、バターズがダッと部屋に飛び込んできて言った。「今、新しい情報が入りました」。心配そうな、興奮気味の声だ。「庭にはＩＥＤが埋め込まれ、家の中には機関銃陣地が備わってます」。

要するに、人質を誘拐したテロリストたちは戦う準備が万端に整っていて、部隊のリスクは高い、ということ。バターズが心配そうな深刻な目で、こちらを見つめている。

ジョッコが私を見た。「相当派手な展開になりそうだな」。そう言って、自信たっぷりの笑顔でうなずく。ジョッコもリスクは十分承知しているが、計画は堅実だし、急襲部隊も支援資源も敵に対抗できるだけの備えをしている。

「そうですね」と、私もにっこりうなずいた。そして、困難なことや悲惨な何かに立ち向かうときにしばしば使うフレーズを口にした。「楽しみだ」

26　のちに、イラクで戦死した最初のシールズ隊員であるマークに敬意を表して、「キャンプ・マーク・リー」に名称が変更された。

車両まで歩いていくと、シールズの急襲部隊と車両部隊の隊員たちがスタンバイし、出発の用意ができていた。

「最新情報を伝える」と、私は部隊に言った。庭のＩＥＤのこと、機関銃陣地のことを伝える。

「了解」と数名のシールズ隊員が言った。「さあ、派手にやろう」

みんなハイテンションになっている。これが、ブルーザーだ。

何もうぬぼれたり、自信過剰に陥ったりしているわけではない。それどころか、これが危険な作戦で、自分が遺体袋で帰国する可能性も大いにある、と各自が心得ている。それでも、新しい情報を耳にしても、誰もが計画に自信を持っていた。目標は、奇襲作戦を守り、悪党たちに気づかれる前に攻撃すること。そうすれば、人質を無事に救出し、シールズ急襲部隊を敵の脅威から守るチャンスを最大にできる。

ブリーフィングを終えて、各隊員が計画全体と自分の役割、そして、うまくいかない場合に何をすべきかを理解した。そのあと完全武装のまま、急いで作戦のリハーサルをした。その結果、見事に遂行できる自信が持てた。計画段階で、できる限りあらゆるリスクに対処し、その脅威を抑制したつもりだが、すべてのリスクを抑えられるわけではない。この任務はもともと危険なのだ。人質を無事救出できるかどうかも、まだわからない。

車両に荷物を積み込み、作戦を開始した。車でゲートを出て、闇の中へ走り出した。

標的の建物から少し離れたところに車両を並べると、急襲部隊が降りて整列し、パトロールの態勢をつくった。私は無線で、狙撃手掩護部隊からの最新情報を聞いた。「標的《ターゲット》に動きはない」と彼らは報告した。「すべてが静かに見える」。もちろん、だからといって、本当に静かなわけではない。彼らには何の動きも見えない、というだけだ。

夜の暗闇の中、急襲部隊は車を降り、すばやく、しかし静かに標的の建物に近づいていった。急襲部隊の指揮官として、私は尖兵の誘導をダブルチェックし、自分たちが正しい場所にいることを確認した。絶えず頭を左右に動かし、常に周りを見回して、標的の建物と急襲部隊に目を光らせている。

這うようにゆっくりと標的に近づくにつれて、緊張感が高まっていくのがわかる。建物に着くと、ＥＯＤ技術者が先導し、ＩＥＤの危険がないか調べた。シールズの突破チームが入口のドアまで移動し、ドアに大きな爆薬を仕掛けた。

ドーン！

「戦闘開始だ」と、胸の中でつぶやく。

救うのはイラク人の人質なので、イラク兵に先導させる計画だった。ところが、協力部隊にありがちだが、彼らは恐怖に震え、尻込みしてしまった。粉々に砕けてねじれた金属のドアを踏み越えて、煙が充満する部屋に入ることができない。ここからは10億分の１秒たりとも無駄にできない。不測の事態に備えていたシールズ戦闘アドバイザーたちがイラク兵たちをがっしりとつかまえ、無遠慮にドアの向こうへ放り込み、家に侵入させた。おかげで、遅れが生じずにすんだ。

キャンプ・マーク・リーにおける、シールズ・チーム3・タスクユニット「ブルーザー」チャーリー小隊の任務計画スペース。武器テーブルには、装塡したライフル弾倉、機関銃弾、手榴弾、信号弾、40ミリグレネード、84ミリロケット弾などの弾薬が、すぐ使える状態で準備されている。壁の写真は、戦死したシールズの仲間たち――マイケル・モンスーア（左）、マーク・リー（中央）、ライアン・ジョブ（右）――を偲んでのもの。ライアンは、のちに戦闘によるけがの修復手術後に死亡した。（写真：著者提供）

イラク兵のすぐ後ろにはシールズ急襲部隊がいたので、イラク兵がまたしても次の部屋に入れなくなると、シールズが主導権を奪い、速やかに掃討活動を行った。1分も経たないうちに、全室の安全を確保し、捕らえた全員を支配下に置いた。

「標的《ターゲット》の安全確保」と私は叫んだ。一発の弾丸も発射されていない。さて、誰を捕まえたのか、把握しなくてはならない。

拘束した人間の中に、戸惑った表情のイラク人のティーンエイジャーがいた。彼を脇へ連れ出し、通訳を介していくつか質問をし、誘拐された人質だと確認した。シールズ急襲部隊のマーク・リーは、どんな状況にもユーモアをはさみ込むチャンスを逃さない男だった。マークは大胆にもイラク人の若者のところへつかつか歩み寄ると、1990年の映画『ネイビー・シールズ』でマイケル・ビーンが演じたジェームズ・カラン大尉そっくりに言った。

「われわれはシールズ・チーム。あなたを救出するためにここへ来た。感謝する必要はない。われわれは存在しないからだ。あなたはわれわれを見なかった。何も、起こらなかったのだ」

みんながどっと笑った。イラク人の若者は英語を一言もしゃべれなかったけれど、やはり感謝していて、誘拐犯から解放され、ホッとした表情を浮かべていた。

計画は、完璧に遂行された。悪党たちがシールズに気づいたのは、ドアが爆破されたときだ。彼らが予想だにしない形で、完全な奇襲攻撃をしたのだ。私は、標的の建物の屋上に向かい、無線を調整して、外で阻止部隊と共にいるジョッコに連絡した。

「ジョッコ、こちらはリーフ。標的《ターゲット》の安全確保」。そして、「人質を救出した」と通話略号《プロワード》［訳注：無線通信を簡略化するための略号］で伝えた。

こうして、人質を無事に救出することができた。私たちはそれを、イラク兵たちの手柄にした。イラクの協力部隊がイラク人の人質を無事救出したニュースが持つ、戦略的な影響は計り知れない。残忍な武装勢力から地元住民を解放している、駆け出しのイラク治安部隊にとって、これは大きな勝利だった。

何よりありがたいのは、仲間が一人も傷つかなかったことだ。庭にＩＥＤはなかったし、家の中に機関銃陣地も見当たらなかったが、誘拐犯がそうした武器を持っていてもおかしくなかった。今回はツイていたのだ。だが、そのツキをもたらしたのは私たち自身だ。奇襲作戦を守り、計画を見事に成功させた。それは、ブルーザーが培った、計画立案能力の証しでもあった。この地域で丸1年生活し、戦ってきた優秀な陸軍少佐と兵士たちに謙虚に頼ったことが、今回の成功に大きく寄与してくれた。

1年後、サンディエゴに戻った私は、シールズの基礎訓練統括部隊《コマンド》で、リーダーシップの教官として働いた。そこで、まさにこのときのシナリオを「リーダーの意思決定演習」に活用した。小隊指揮官や小隊長に昇進したての者たちでいっぱいのクラスに、このシナリオを提供したのだ。そう、イラク人の若者が誘拐され、その居場所が判明し、人質救出任務が計画され、準備が整った、というシナリオだ。

「任務開始の直前に、情報分析官から連絡があった」と、彼らに伝えた。「庭にはＩＥＤが埋め込まれ、家の中には機関銃陣地が備えられている。さあ、どうする?」

教室の生徒たちの戦闘経験の程度はさまざまだ。

「行くのをやめます」と、ある士官が言った。「リスクを冒すに値しない」。何人かが賛同した。

ある小隊長が言った。「任務を計画し直します」。また何人かが賛同した。

私はしばらく黙って、その選択肢をよく考えさせた。

「一つ質問させてほしい」。そうクラスに言った。「拘束・殺害を目的とした直接行動による急襲作戦で、庭にＩＥＤが仕掛けられていない、家の中に機関銃陣地がない、と確信できるケースはあるだろうか?」

みんなが首を横に振った。答えは明らかだった。そんなケースはない。標的の場所で、そうした危険が待ち受けていない、と想定することは許されない。危険が待っていると想定しなくてはならないし、あらゆる作戦で、危険に備えた計画を立てなくてはならないし、そうした脅威のリスクをできる限り抑制しなくてはならない。

逆の想定をしているとしたら、リーダーシップは破綻している。それが、任務の計画というものだ。何事も思い込みは禁物だし、不測の事態に備えなくてはならないし、作戦を遂行する部隊のリスクを最小に抑えつつ、任務成功のチャンスを最大にしなくてはならない。

ブルーザーが、新しい重大情報を前にしても、人質救出作戦に着手できたのは、すでに危険を考慮した計画を立てていたからだ。標的の建物やその周囲にＩＥＤが仕掛けられているリスクを回避する、具体的な措置がすでに講じられていた。奇襲作戦を守れるよう綿密に計画を練っていたので、たとえ犯人たちが機関銃陣地に戦闘員を配置していても、こちらの到着に気づく頃には手遅れだったろう。そういうわけで、作戦の計画を見直す必要はなかった。準備は万全だったのだ。優れた計画立案とその忠実な遂行が――ほんの少しの幸運も相まって――成功をもたらした。

シールズがどのように戦闘任務の計画を立てるかを理解すれば、さまざまな領域で活用できるテクニックが身につくだろう。**どんなビジネスや業界のどんなチームにとっても、計画立案のプロセスを標準化しておくことは、極めて重要なのだ。**

原則

「どんな任務なのだろう？」

計画の立案は、任務の分析から始まる。リーダーは、チームのために指示を明確にしなくてはならない。自分が任務を理解してはじめて、その知識を主要なリーダーや任務の遂行を担当する前線部隊に伝えられる。

指示内容が大まかであいまいな任務は焦点が定まらず、うまく遂行されず、終わりの見えない展開に陥るだろう。それを防ぐには、任務は入念に練られたシンプルなものでなくてはならない。それによって、任務は明確になり、その任務が支えている大きな戦略的ビジョンの達成に的を絞ったものになるだろう。

任務は、作戦の全体的な目標と望ましい結果、もしくは「最終状態」を説明するものでなくてはならない。任務の遂行を担当する前線部隊は、任務の背後にあるさらに重要な目標を理解していなくてはならないのだ。たとえシンプルな言葉であっても、「指揮官の意図」は、ブリーフィングの最も重要な部分だ。計画の実行に関わる全員が「指揮官の意図」を理解していれば、現場での判断や行動一つ一つの指針になるだろう。

手持ちのマンパワーやリソースや支援資源を使って、どのように任務を達成するのが最善なのか、さまざまな行動方針を検討しなくてはならない。行動方針が決まったら、綿密な計画立案のための、詳細な情報収集が必要になる。あらゆる資源を活用し、最も正確な最新情報を提供できる人たちの専門知識に頼ることが欠かせない。

リーダーは計画立案のプロセスを、できる限り部下の主要なリーダーに任せなくてはならない。大きなチーム内の各チーム・リーダーや前線で戦術を担当するリーダーたちは、全体的な計画や任務における自分たちの課題に責任を負わなくてはならない。（新人を含む）チーム全員の参加が、問題への大胆で画期的な解決策を生み出すのに欠かせない。計画のほんの一部であっても、前線部隊に責任感を持たせれば、チームは意欲を高め、計画の背後にある理由を理解し、任務の正当性を信頼できる。つまり、現場ではるかに効果的に計画を遂行できるようになるのだ。

幹部は、チームメンバーによる計画立案のプロセス全体を監督するが、細部にとらわれないよう、気をつけなくてはならない。計画の細かい部分にとらわれない高い視点を保つことで、戦略目標を達成しやすくなる。そうすることで幹部は、「距離を置き、戦術の天才になる」ことができる。そう、細部に没頭する者たちが見過ごしがちな計画の弱点や穴に気づけるのだ。そして遂行の前に、その穴をふさぐことができる。

詳細な計画が作成されると、チーム全員とすべての参加者と支援分隊にブリーフィングをしなくてはならない。リーダーは入念に情報の優先順位をつけ、参加者が情報過多に陥らないよう、なるべくシンプルで明確で簡潔な形で伝える必要がある。計画立案のプロセスやブリーフィングは、新米メンバーを含む全員が議論に加わり、質問し、説明を求めることができる公開討論会でなくてはならない。前線部隊が計画をよく理解できず、質問するのをためらうような状況では、チームは計画をうまく実行できない。だから、リーダーは部隊に質問を投げかけ、会話を促し、計画をしっかりと理解させなくてはならない。

ブリーフィングが成功すれば、作戦に参加する全員が戦略的任務を理解し、「指揮官の意図」、チームの具体的な任務、その任務の中での自分自身の役割について、理解できているだろう。不測の事態――どんな試練が起こり得るかやそれに対処する方法――についても、理解できているはずだ。**ブリーフィングが成功したかどうかを調べるのは簡単だ。チームと支援分隊が、計画を理解しているか、チェックすればいいのだ。**

計画は、すでに明らかになっているリスクを、できる限り抑制するものでなくてはならない。シールズは大きなリスクを取ることで有名だが、実はリスクを入念に計算している。優れた計画とは、リスクを最小に抑えつつ、任務成功のチャンスを最大にするものでなくてはならない。中には簡単に抑えられないリスクもあるから、リーダーは抑えられるリスクに注力しなくてはならない。

詳細な有事計画がリスク管理に役立つのは、任務を直接実行する（あるいは支援する）全員が、問題が生じたり、うまくいかなかったりした場合に、やるべきことをすでに理解しているからだ。とはいえ、戦場にしろビジネスの世界にしろ、リーダーはある程度のリスクを快く受け入れなくてはならない。

米国独立戦争の英雄であり、「米海軍の父」と呼ばれる、ジョン・ポール・ジョーンズは言った。**「リスクを負わない者は、勝利を収められない」**[27]と。

最高のチームは常に自分たちの戦術を分析し、有効性を検証しているから、今後の任務のためにやり方を修正し、学んだ教訓を活かせる。ビジネスのチームはよく「分析する時間がない」と口にする。

だが、時間をつくらなくてはならない。とくに優秀なシールズの部隊は、毎回戦闘活動のあとに、いわゆる「作戦後の結果報告《デブリーフィング》」を実施していた。戦闘でどれほど疲労していても、

27 米海軍兵学校ウェブサイトの「広報課」ページにある、ジョン・ポール・ジョーンズの有名な言葉より引用（www.usna.edu/PAO/faq-pages/JPJones.php.）。

次の任務の計画でどれほど忙しくても、デブリーフィングの時間を取るのは、隊員の命と今後の任務の成功がかかっているからだ。作戦後のデブリーフィングでは、計画立案から遂行に至るまで、作戦の全段階を簡潔なフォーマットで分析する。終了したばかりの戦闘任務について、次のように質問するのだ。

「何がうまくいったか？」「何がうまくいかなかったか？」「戦術をどのように修正すれば、もっと効果的に動け、敵に対する優位性を高められるか？」

こうした自己分析によって、シールズの部隊は、何がうまくいき、何がうまくいかなかったのかを再評価し、強化・改善するので、常に向上していける。どんなビジネスのどんなチームでも、成功したいなら、これと同じことをしなくてはならない。そうした改善点を今後の計画に活かせば、同じ間違いを繰り返すことはない。

企業にはそれぞれ独自の計画立案プロセスがあるだろうが、それを標準化しておかなくてはならない。そうすれば、社内のほかの部署や社外の支援資源（サービス請負業者や子会社など）も、同じフォーマットや用語を理解できるし、活用できる。

その立案プロセスは、繰り返し使えるもので、検討する必要のある重要事項が漏れなく入ったチェックリストを備え、ユーザーを導いてくれるものでなくてはならない。そうして立案された計画は、遂行を担当する前線部隊が明確に理解できるように、ブリーフィングされなくてはならない。

こうした計画立案プロセスを実行すれば、最高の成績があげられ、チームは任務を達成して勝利を収める最大のチャンスを手にできるだろう。

リーダーの計画立案のチェックリストには、次の事項が含まれているべきだ。

- 任務を分析する。
  ――上層部の任務、「指揮官の意図」、最終状態（目標）を理解する。

  ――特定の任務についての、自分自身の「指揮官の意図」と最終状態を明確にし、言葉にする。
- 使える人材、資源、リソース、時間を明らかにする。
- 計画立案のプロセスを分散化させる。
  ――チーム内の主要なリーダーに、検討中の行動方針を分析する権限を与える。
- 具体的な行動方針を決める。
  ――なるべくシンプルな行動方針を選ぶ。

  ――最善の行動方針に全力で取り組む。
- 主要なリーダーに、決定された行動方針に沿った計画を立てる権限を与える。
- 作戦の各段階で起こり得る不測の事態に備え、有事の計画を立てる。
- 抑制できるリスクは、できる限り抑制する。
- 計画の一部とそのブリーフィングは、若手の主要なリーダーに任せる。

――距離を置き、戦術の天才になる。

●計画を常に新たな情報に照らし、今の状況に即しているかを検討する。

●すべての参加者と支援資源に、計画をブリーフィングする。

――「指揮官の意図」を強調する。

――チームに質問し、議論や対話をすることで、きちんと理解させる。

●計画を実行したあとに、「作戦後のデブリーフィング」を行う。

――学んだ教訓を分析し、今後の計画立案に活かす。

ビジネスへの応用

「計画立案のプロセスを、確立しなくちゃいけない」と、ある企業の新興市場担当副社長が言った。

「うちが成功したのは、ベテラン社員を新しい地域へ送り込んできたからです。彼らが市場を理解して、計画を実行に移してくれたおかげで、うまくいってるんです。でも、会社が成長するにつれて――新しい市場に参入することが増えるにつれて――計画立案のプロセスを標準化する必要が出てきました。経験の浅い社員でも真似できる、繰り返し使えるチェックリストが必要です」

新興市場担当副社長は素晴らしいリーダーで、会社全体の成功を牽引してきた人物だ。シールズの優れた戦闘リーダーのように積極果敢で、「究極の責任感」を実行することで課題を解決し、任務を達成してきた。会社の官僚主義には我慢ならない様子だが、モチベーションの高さで成功を収め、チームにも最高の業績基準を課している。

副社長のリーダーシップと個人的な努力が、会社の急速な成長・拡大に直接貢献してきた。会社は新たに何百もの小売店を立ち上げ、何億ドルもの収益をあげている。彼のチームはとても優秀で、長らく競合他社がほぼ独占してきた地域に、強固な地盤を確立しつつある。思い切った手を打っては、莫大な利益をあげている。

先ほど新興市場チームに、エシュロン・フロントからシールズのリーダーシップの概念を説明したところ、その後の議論の中で、副社長が計画立案の話を始めた。

「私は常にチームのみんなに、計画立案について、くどくど話をしています」。そう言って、主要なリーダーの一人である、地域担当部長に聞いた。「計画立案について、私がしつこく話すのを、もう何度聞いたかな？」

「しょっちゅうですね」と地域担当部長は答えた。上司を尊敬している様子はうかがえるが、その身振りからは、計画立案プロセスを確立する重要性を、副社長ほど理解しているとは思えない。彼女は明らかにこう思っている。

「私たちはうまくやれてる。何でわざわざ面倒なペーパーワークを引き受けて、計画立案のプロセスを書き出して、部下のリーダーたちに教えなくちゃならないの？」

だが、その考えは間違っている。そして上司――新興市場担当副社長――は、素晴らしい戦略的ビジョンを持っている。「会社が長期的に成功するには、計画立案が重要だ」と理解しているのだ。

「私も、シールズ将校としてまだキャリアが浅かった頃は、任務の計画立案なんて必要ないし面倒だ、と考えてました」と私。「でも、間違いでした。効果的で繰り返し使える計画立案プロセスを確立することは、どんなチームの成功にも欠かせないんです」

そして、長年の試行錯誤と山のようなミスと、失敗の繰り返しを経て、適切な計画立案とブリーフィングを学んだことを伝えた。話はシールズ訓練の初期の頃へとさかのぼっていった。

「ＰＬＯは、隊員のためのもの」。これは、私がシールズ・チームに加わった当初、シールズの小隊やタスクユニットでたびたび繰り返されていた言葉だ。つまり、戦闘任務のブリーフィングは、作戦を実行するシールズ隊員のために計画・実施されるべきだ、という意味である。

ＰＬＯは「platoon leader's order（小隊リーダーの命令）」の略で、ベトナム戦争の頃からシールズで使われてきた言葉だ。ほかの米軍はそれを「ＯＰＯＲＤ（作戦命令）」と呼んでいた。９・11以降は、アフガニスタン紛争やイラク戦争で、米陸軍、海兵隊、空軍と緊密に連係した統合作戦が行われ、シールズもＯＰＯＲＤという言葉を取り入れた。だが、呼び名はどうあれ、同じことを指している。そう、任務のブリーフィングのことだ。

ブリーフィングでは、戦闘作戦において、誰が、何を、いつ、どこで、なぜ、どのように行うのかが、具体的に詳しく説明される。OPORDは、シールズ隊員と作戦に参加する支援資源のために準備・提供されていた。これにより、シールズ分隊と作戦に参加するほかの米軍（や外国の味方部隊）の全員が、全体的な計画や計画における自分の役割、うまくいかないときにやるべきこと、最悪のシナリオが起こったときに助けを求める方法などを理解できるのだ。

優れた計画は任務達成の鍵であり、その計画を部隊にブリーフィングすることで、計画は効果的に実行される。きちんと実行されなければ、最高の計画を練ったところで、何の価値もない。

ただし、訓練中のシールズ新人将校にとって問題だったのは、「PLOは、隊員のためのもの」という概念が、まったく事実に反していたことだ。私が経験したシミュレーション訓練では、PLOやOPORDのブリーフィングは常に、パワーポイントの腕前を駆使して、部屋にいる教官や上官に好印象を与えるためのものに見えた。1年半以上に及ぶ「シールズ・パイプライン」の訓練中は、ブリーフィングには必ず、シールズ教官か上官が評価するために座っていたからだ。

教官たちは毎回、計画、とくにブリーフィングの細かいところに目を向けて、こき下ろしていた。批判は主にプレゼンテーションのスライドに集中するが、そこには明確なメッセージが込められていた。もっと——たくさんのスライドが、たくさんのグラフが、予定表が、図が、段階図が、画像が、あれもこれもが——必要だ、と。批判は謙虚な気持ちにさせてくれるが、打ちのめされるのも事実だった。

シールズ小隊の若手将校だった私の仕事は、計画全体を監督し、ＯＰＯＲＤのブリーフィングにまとめること。シールズ隊長や小隊内の多くのリーダーと一緒に立てた戦術計画を、見やすい形で表現することだった。だから、すべての情報をパワーポイントのプレゼンテーションにまとめ、リーダーたちと共に、その任務を遂行する小隊と部隊の隊員たちに説明した。そして、若手の隊員たちが装備を準備し、隊長たちと兵曹たちが戦術を話し合い、誰が任務のどの部分を担当するのかを決めると、将校たちがパワーポイントを修正し、その情報をすべてブリーフィングにまとめてくれた。

軍事任務の計画立案は、骨が折れるように思われた。どんな戦闘作戦においても、不確定な部分——変動要素——がとても多いからだ。しかも、与えられたＯＰＯＲＤのブリーフィングのフォーマットは、96時間で計画立案するためのもの。つまり、一つの戦闘任務につき、準備の時間が少なくとも４日間ある、という前提でつくられていた。

またこのフォーマットは、70枚以上のパワーポイントのスライドで構成されていた。ところが、訓練演習の計画立案の時間はわずか数時間なので、長くて詳細なフォーマットのせいで、毎回ほとんど時間がなかった。私たちはたいてい、スライドの作成に無駄な労力を費やし、計画の重要な部分をないがしろにしていた。

シールズ将校として初めて派遣されたのは、イラクのバグダッドだった。イラク戦争は当時、多くの米軍部隊を激しい戦闘へと追い込んでいた。だが私は、望んだほど多くの戦闘を経験できなかった。私たちはほとんどの時間を、イラク暫定政権の幹部の警備に費やしていた。そして私は、戦術作戦センターのデスクに座って、電話をかけたり、無線でチームを監視したり、パワーポイントのスライドを作成したりして、日々を過ごしていた。

シールズ将校なのに、パワーポイント浸けの毎日。中にはユニフォームにふざけて、こんなワッペンをつける者まで出てきた。「パワポ・レンジャー部隊　３０００時間」。悲惨な状況を笑う、シールズ特有のユーモアだ。

幸い、副隊長が若手リーダーを戦闘に送り込む大切さを理解していたので、私は、シールズの小さな分隊を指揮する任務を与えられた。サーマッラーの街で、歴史的に有名な大隊「ビッグ・レッド・ワン」――米陸軍第1歩兵師団――を支援する、一連の狙撃任務だった。分隊はしっかりと貢献し、米陸軍兵士への攻撃を減らすことができた。ただし、3週間経っても、確実に殺害できた敵の戦闘員は1名のみ。おそらく殺害に至ったと思われる人数も、2名ほどだった。陸軍部隊と連係していたものの、詳細な計画立案もブリーフィングも一度も行わなかった。それどころか、計画の立案に関しては、いくぶん悪習を学んでしまった。

その後、シールズ・チーム3のタスクユニット「ブルーザー」に加わって、チャーリー小隊の指揮官になった私は、ジョッコのもとで働きだした。ジョッコは私（やチャーリー小隊の主要リーダーたち）に、軍隊の小さな部隊が使っている標準的な計画立案プロセスを活用することを求めた。それに対して「究極の責任感」を持つことも。

６カ月にわたる特訓で、ブルーザーは、さまざまな環境でのあらゆる作戦を経験し、チームとして協力し合うことを学んだ。訓練の各ブロックの最終段階は、野外実動演習（ＦＴＸ）で締めくくられる。これは本格的な訓練任務で、計画を練り、その計画を部隊にブリーフィングしてから遂行することを求められた。そして、訓練での成績が、そのあとどこへ派遣されるかの決定に影響を及ぼした。

チームの３つのタスクユニットのすべてが、イラクに派遣されたわけではない。チームは、あるタスクユニットをほぼ戦闘のないフィリピンへ配備しなくてはならなかった。ほかのタスクユニットと同じで、ブルーザーも「戦いたい」と考えていた。自分たちのスキルを貢献できる場所で活かしたい、と。ただし、これは競争なのだ。訓練で秀でていた者たちが、司令部に選ばれて、イラクへ派遣される。

訓練が最終ブロックに入る頃には、誰がどこへ派遣されるかの決定も迫っていた。シールズ・チームの司令官と最先任上級兵曹長《マスターチーフ》から、「ブルーザーを訪れ、最終ＦＴＸのブリーフィングを見たい」という連絡があった。選ばれるためには、ここで大ホームランを打たなくてはならない、と全員が承知していた。

「プレッシャーを感じる必要はないぞ」。ジョッコは、私たち小隊指揮官に皮肉っぽい笑顔で言った。「イラク戦争に派遣される絶好のチャンスをものにできるかどうかは、ひとえに、君たち２人が最高のブリーフィングができるかどうかにかかってる」

必死になって、小隊の主要リーダーたちにＦＴＸ任務の計画をさせ、自分たちはブリーフィング資料の作成に取りかかった。ところが、つなぎ合わせてみると、このブリーフィングは明らかに、多くの分野に欠陥があった。パワーポイントのスライドに力を入れてはいるが、複雑すぎるし、遂行のさまざまな部分があいまいだ。そのうち時間もなくなってきた。

「このままでは失敗してしまう」と、もう一人の小隊指揮官がジョッコと私に言った。正直なところ、私もあまり自信がなかった。

「いいか」とジョッコが言った。「今から、君たちにしてもらいたいことを言う。このバカバカしいパワーポイントのことは忘れろ。この計画を、実際に小隊にいる全員に明確にしてもらいたい。私は、司令官やマスターチーフのことなど気にしてない。隊員に説明するんだ。任務を遂行する、部隊にな」

「優れたブリーフィングかどうかを判断する真のテストは、幹部が好印象を持つかどうかじゃないぞ」とジョッコは言った。「任務を遂行する部隊が、実際に理解しているかどうかだ。それ以外のことは、全部どうだっていい。あんなややこしいご託を並べて、機関銃手たちがやるべきことや、この作戦の全体像を理解できるか？」

「いいえ」と私は言った。

「できるわけがない！」。ジョッコはさらに言った。「むしろ、みんなを混乱させるだろう。ブリーフィングは、一番経験が浅い、理解力が低い隊員でも作戦を完璧に理解できるものでなくてはならない。それがブリーフィングの目的だ。だから、私がしてほしいこともそれなんだ。司令官から叱責されようが、心配するな。私が引き受ける」

このアドバイスをもとに、ＯＰＯＲＤのプレゼンテーションを手直しした。パワーポイントのスライドの数を減らしてシンプルにし、計画の一番大事な部分に重点を置き、その分、部隊がわからないところを質問できる形にした。壁に、現場に携行するのと同じ地図を吊し、みんなの頭に入りやすいように、地図を使って話すことにした。そしてホワイトボードにスケッチを描き、人員リストを書き込む。

また、部隊が計画・主導した部分のブリーフィングは本人たちに任せ、たびたび質問を投げかけることで、中身を明確にし、みんなが完全に理解できるようにした。１００枚のスライドを準備して、壮大なパワーポイントを作成するのに没頭していたら、そんな準備は絶対にできなかっただろう。

何より大きかったのは、ジョッコがこう説いてくれたことだ。**リーダーは、こまごまとしたことに気を取られてはいけない、大局から目を離してはならない**、と。

「ブリーフィングの一番重要な部分は、『指揮官の意図』を説明することだ」とジョッコは言った。作戦に参加している全員が、任務の目的と最終状態を理解すれば、さらに指示がなくても、論理的に判断して行動できる。これは私たちにとってまったく新しいマインドセットだったが、何とか腑に落とした。

ジョッコは私たち2人に、「『指揮官の意図』と全体の計画に専念しろ」と言って、細かい部分の整理や計画は、小隊の若手リーダーに任せるようアドバイスした。「リーダーなのに、部下と一緒に草むらにしゃがみ込んで細かい計画を立てていたら、部下と同じ目線になってしまう。それでは、価値を提供できない」とジョッコは言う。

「だが、細かい部分を部下に計画させれば、彼らはそこに責任を持つだろう。そうすれば、リーダーは一歩下がって、別の視点ですべてを見渡せるから、とてつもない価値を提供できる。かなり離れた場所から、高いところから計画を見ると、さらに多くのことが見えてくる。そうすれば、間違いや正すべき箇所にも気づくから、戦術の天才に見えるだろう。理由はひとえに、広い視野を持っているからだ」

これは、常々ジョッコが私たちにしていることだ、と気がついた。

時間との闘いだったが、司令官とマスターチーフが到着する少し前には、小隊は計画の立案と話し合いを終えていた。ジョッコが予想した通り、私たち指揮官は隊員たちが見ていない事柄に気づいた。そして、いくつか微修正し、穴を埋めた。ジョッコと一緒に最後にもう一度計画をおさらいし、プレゼンテーションのリハーサルをして、いくつか情報を正し、最終調整をした。ここですでに、私たちは自信を持っていた。自分が完璧に理解し、小隊メンバーも理解してくれている、とわかっていることをブリーフィングするのだから。ついに準備が整ったのだ。

司令官とマスターチーフは、到着すると、部屋の後ろのほうに着席した。そして、小隊へのOPORDのブリーフィングが始まった。私ともう一人の小隊指揮官が任務の概要を説明すると、次に、主要なリーダーたちが立ち上がり、詳細についてのブリーフィングを始めた。全員を椅子から立ち上がらせ、地図の周りに集め、これから行く場所を確認した。全員が理解できるよう、わかりやすい言葉を使い、任務の各段階を説明していく。重要なポイントでは話を止めて質問を投げかけ、部隊が情報を理解できているかを確認した。

時には小隊メンバーに、計画の一部を自分の言葉で説明し直すよう求め、みんなが明確に理解し、一人でも任務を遂行できるかどうか確かめた。あいまいな点があるときは、隊員たちが説明を求めてくれたので、全員が理解し、自分の役割に責任感を持っていることもわかった。ブリーフィングが終了すると、今回は――驚いたことに――司令官とマスターチーフが、「内容も伝え方も素晴らしかった」と評価してくれた。

司令官は「特訓で聞いた任務のブリーフィングの中で、今回が一番わかりやすかった」とコメントした。任務の計画立案能力を高め、さらに磨きをかけるには、まだまだやるべきことはあったが、計画立案とブリーフィングの本質を理解できたことで、何とか危機を脱することができた。

その後間もなく、「タスクユニット「ブルーザー」が、イラク派遣部隊に選ばれた」という連絡を受けた。みんなが首を長くして待っていた知らせだ。これによって部隊は、数カ月後にラマディの街へ派遣され、シールズ・チーム史上最も過酷な長期にわたる市街戦へと導かれていった。そして、あの試練に満ちた環境で、詳細な任務計画の立案とブリーフィングが、成功に大きく貢献したのだった。

ブルーザーは、何百もの戦闘作戦を計画し、ブリーフィングを行い、正確に遂行した。米陸軍や海兵隊と共に、大隊や旅団規模の何十という戦闘活動の任務計画とＯＰＯＲＤブリーフィングに参加した。中には、千名もの米軍兵士と海兵隊員、約100台の戦車や装甲車両が参加した任務もあった。

私たちは、計画立案のプロセスを自分のものにした。戦闘活動が終了するたびに、小隊の全員を集め、「作戦後のデブリーフィング」を行い、詳細を話し合った。簡潔で的確なフォーマットを使って、うまくいったこと、いかなかったこと、標準業務手順書をどのように改善すべきか、どうすればよりよく戦えるかを分析した。そうして常に学び、さらに能力を高めていったのだ。

この振り返りのおかげで、最高レベルの成績をあげ、成功を収めることができた。あの危険な環境で、優位性を保ち、巧みにリスクを抑え、より多くの隊員を無事に帰還させることができた。

任務の計画立案は、戦場での成功を左右する。適切なプロセスを踏むことが重要だ。確かな計画立案の手順が物を言うのだ。それがなければ、決して成功を収められなかっただろう。

シールズのリーダーとして、適切な計画立案をどのように学んだのかを長々と語ることで、新興市場担当副社長と地域担当部長が、こうしたシステムからいかにメリットを得られるかを説明した。

「私たちと同じように、御社も計画立案の手順を活用できそうですね」と、私は2人に言った。「標準的なプロセスを開発すべきです。チーム内や社内のすべてのグループで、交換したり活用し合ったりできる用語や計画立案の方法を備えたものをね」

「そう、それが必要なんですよ」と副社長が言った。「うちも、計画立案のための標準業務手順書をつくる必要がありますね。繰り返し使えるプロセスが必要なんです。うちのチームに教えていただけますか?」

「もちろんです」と私は言った。

それから数週間の間に、新興市場担当副社長と地域担当部長と幹部社員に手引書を送った。手引書は、シールズで使用していた任務の計画立案プロセスを要約し、ビジネス向けに少し手を加えたものだ。何度か電話会議を行って、私たちのプロセスとその理由を説明した。

副社長と幹部チームは、この計画立案プロセスを業界の課題に合わせて修正した。そして、幹部が計画立案の枠組みをしっかり理解してから、主要なリーダーと新興市場チームにプレゼンテーションをすることになった。

私は現地へ飛んで、手引書に書かれた計画立案プロセスの基礎知識を詳しくプレゼンテーションした。それからチームに、計画立案の演習を与えた。彼らが日常的に対処しているような、現実的な未来の業務を題材にして。地域担当部長と私が指導し、チームが計画をまとめ始めた。

1時間ほどで計画の基本をブリーフィングにまとめると、彼らは私たちにプレゼンテーションをした。シールズの小隊やタスクユニットがOPORDのブリーフィングを行うように。プレゼンテーションの間、地域担当部長と私は、その計画を分析した。そして終了後に、本人たちに計画の長所と短所を尋ね、あいまいな部分や明確にすべき箇所について話をした。また、ごまかされ、放置されている部分も取り上げて、なぜそれらが重要なのかを説明した。それから、「こうした考え方を頭に置いて、地域担当部長の指導のもとで、計画を修正してください」と指示した。

1カ月後、チームの進捗状況を知ろうと地域担当部長に電話をかけると、最新の詳細な計画のコピーを送ってくれた。

「この計画、いいですね」と私は言った。「当初の計画から、ずいぶん改善しましたね」

「そうなんです」と彼女もうなずいた。

「実は、この計画を実行してみたら、とてもうまくいきました。計画を練ったことで、チームが不測の事態を予測して、対処することができたんです。以前なら、そんな状況に陥ったら、仕事がダメになったり、収益にかなり響いたりしていたでしょう。でも今は、計画立案のプロセスが整って、準備ができていましたし、チームも対処の仕方を知ってました。だから、収益が伸び続けたんですよ」

「素晴らしい」と私。

「全員が私の『指揮官の意図』を理解してくれているので、チームが前線で判断できるんです」と地域担当部長。「いちいち上司に尋ねずに、任務をサポートしてくれます。計画立案の力がついたおかげで、任務をうまく実行して、勝利を収められるようになったんです」

第10章

上司にも部下にも、リーダーシップを発揮せよ

キャンプ・マーク・リー（イラク・ラマディ）——部下を導く

〈リーフ・バビン〉

夜空が突然、ロックコンサートのレーザーショーさながらにキラキラと輝いた。ラマディ中心部にある、川向こうの米軍警戒陣地が攻撃されたのだ。間髪入れず、米軍の衛兵たちが重機関銃で一斉に応戦し、曳光弾のまばゆい朱色の光線を敵陣にお見舞いするのが見えた。一瞬ののちに、ダダダダッと機関銃を連射する音にドカン！　という断続的な爆発音が混じり、遠くにいる私たちの耳にも届いた。

兵役経験者ならわかることだが、曳光弾はたいてい、ベルト給弾式機関銃に5発に1発の割合で組み込まれている。つまり、ここからは見えないおびただしい数の熱い鉛が、暗闇の中を飛び交っているということ。

遠くの銃撃戦は、しばらく続いた。ジョッコと2人で見守っていると、遠い戦場の上空に、炎のように燃え立つ光線が現れた。本体こそ見えないが、米軍攻撃機（おそらくは海兵隊のF／A－18ホーネット）のエンジンだろう。翼から発射されたミサイルの閃光が、猛スピードで夜空を横切って爆発し、わっとまばゆい光を放った。米軍に犠牲者を出さず、敵を殺害していればいいのだが。なかなか見応えのあるショーだったが、ここはラマディだ。こんなことは日常茶飯事なのだ。

遠くの銃撃戦が夜空を照らすまでは、空気が澄み渡る静かな夜だった。焼けつくようなイラクの夏もここ最近はなりを潜め、涼しくしのぎやすい秋に変わりつつある。ジョッコと私は、埃っぽい屋上に腰を下ろしていた。

大きな3階建てのコンクリート造りのこの建物は、私たちの本拠地であるキャンプ・マーク・リーの戦術作戦センターとして役立っている。わがタスクユニットはラマディに来てほぼ半年になるが、間もなく帰国する予定だ。あの晩は差し迫った戦闘活動もなく、ジョッコと2人で珍しく、ユーフラテス川の暗く穏やかな水面《みなも》と遠い対岸に広がるラマディの灯りを眺めながら、あれこれ思い返していた。ブルーザーが参加した戦闘や、ここで起こったすべてのことを。

ブルーザーは何百という戦闘活動を行い、先ほど目にしたような敵の猛攻に、何度も何度も耐えてきた。何十回も銃撃戦を行い、何千発もの弾丸を撃ち込まれては何千発も撃ち返し、米軍の戦車や戦闘機にたびたび支援を要請してきた。シールズ部隊は、敵に相当なダメージをもたらし、勝利という名の成功を手にして、自分たちが貢献してきたことを知っている。だが、恐ろしいほどの喪失にも耐えてきた。

2カ月前、街の中心部をかけて戦った大規模な戦闘の最中に、私たちはマーク・リーを失った。マークはイラク戦争で戦死した、最初のシールズ隊員になってしまった。私たちはマークに敬意を表し、キャンプに彼の名前をつけた。マークの死は衝撃的で、チームに埋まることのない穴を残した。

そしてマークを失ったその日、チャーリー小隊の大切な仲間がもう一人――ライアン・ジョブが――、敵の狙撃手に顔を撃たれた。彼は片方の目を失い、顔に大きなダメージを負ったが、私たちは「残された目の視力は戻る」という医者の診断結果が出るのを期待していた。だが3週間後、ドイツの病院で彼が回復したとき、その望みは絶たれた。ライアンの視力は二度と戻らない、と判明したのだ。

この知らせには、胸がつぶれそうになった。そして、イラクでの派遣期間が終わりに近づいたある日、ブルーザー・デルタ小隊のマイケル・モンスーアが、帰国前の最後の戦闘に参加した。敵の手榴弾がデルタ小隊の陣地に投げ込まれると、マイケルは手榴弾の上にさっと覆い被さり、自らが盾となってチームメイトを守った。戦死したシールズ隊員はいずれも、みんなから愛されるチームメイトで、友人で、兄弟だった。私たちは永遠に、彼らの死を悼み続ける。

あの晩、屋上でジョッコと、ラマディで参加したすべての活動について話し合ったが、2人とも理解していた。ブルーザーは、米陸軍レディファースト旅団戦闘団（第1機甲師団）の戦略で重要な役目を果たした。

戦略とはもちろん、ラマディ中心地域の支配権を武装勢力から奪い取ること。何カ月にも及ぶ努力と数え切れないほどの銃撃戦を経て、米軍とイラク陸軍の協力部隊は、かつては何の存在感も示せなかった地域で、今やしっかりと認められている。長く街を支配していた野蛮な武装勢力から、今では住民を安全に守れている。その事実と、レディファースト旅団戦闘団首脳部が示した展望のおかげで、地元の部族長たちがイラクのアルカイダに反旗を翻し、米軍と手を結ぶ地ならしができた。それはのちに、「アンバルの目覚め」につながっていく。

ブルーザーは、レディファースト旅団戦闘団の成功に貢献できたことを誇りに思っている。敵の戦闘員を何百人も殺害し、敵の安全な隠れ場の多くをつぶし、その行動の自由を徹底的に破壊した。今ではレディファースト旅団戦闘団の戦闘前哨が、街のほとんどの地域で目を光らせ、敵はラマディの多くの場所を隅々まで支配することはできなくなった。それでも、たった今屋上から遠目に見た銃撃戦が、改めて教えてくれた。敵はまだ力を持ち、死に物狂いで街の支配権を取り戻す決意を固めている、と。

「私たちは今後もここで、影響力を保ち続けることができるのだろうか？」と、ふと思った。

それから間もなく、後任を務めるシールズのタスクユニットに活動を引き継いだ。ブルーザーの最後のメンバーが、米空軍の大型輸送機C－17で帰国の途に就けば、ラマディでの軍務期間は終わる。

米国に戻れば、かなりの変化が待っている。ラマディの通りでの血なまぐさい激戦を終え、カリフォルニア州サンディエゴで、平和で穏やかな暮らしに戻るのだ。私たちの多くは、この帰国に心を揺さぶられていた。タスクユニット「ブルーザー」――と米陸軍と海兵隊の戦友たち――がここで流した血と汗と涙のすべてを思うと、胸が引き裂かれそうだった。

イラク戦争で戦死した初のシールズ隊員となった仲間たち。リーダーとして、これほどの重荷に耐える心の準備はできていなかった。部下たち全員を家族のもとへ連れて帰ってやれない重荷を、私は一生背負っていかなくてはならない。私が代わってやれたら、どんなによかっただろう。ライアンが撃たれ、マークが殺されたとき、彼らは私が依頼した通りのことをしてくれていた。私が仕切っていたのだから、私の責任だった。もう一人の小隊指揮官も、マイケル・モンスーアの死に同じ思いを抱いていた。ジョッコも彼ら一人一人に対して、同じ重荷を背負っているのがわかる。

米国の評論家がメディアで、イラク戦争につぎ込まれた「命と財産」について語るのを聞くたびに、腹が立って仕方なかった。彼らにとって死傷者数は統計データで、紙に書かれた数字にすぎない。私たちにとってはチームメイトで、友達で、兄弟だった。一番つらい思いをしているのは家族だ。大切な人を失った寂しさと悲しみに打ちひしがれている。そして、仲間の中には重傷を負い、元通りの身体にならない者もいる。彼らの人生も、その家族や友人たちの人生も、以前と同じようにはいかない。この戦争で部隊が経験した犠牲は、ほとんどの米国人の理解をはるかに超えている。

愛するシールズのコミュニティの中でも、戦場から遠く離れた後方梯隊《ていたい》の見物席から、私たちの活動を批判する声が聞こえてきた。彼らは明らかに、私たちがしたことも、なぜそうしたのかも理解していなかった。活動が及ぼした影響も変化も、目にしていないのだ。

私は腹を立てながら、こうした声、とくに戦闘経験がない上官からの批判に、プロとしてどう対処すべきなのか葛藤していた。口元にパンチをお見舞いしたいのはやまやまだったが、それよりも、「私たちが何を成し遂げ、なぜそうしたのかを理解してもらいたい」という思いのほうが強かった。

私は知っていたからだ。ラマディでブルーザーが成し遂げたこと、米陸軍レディファースト旅団戦闘団が手にした驚くべき勝利を心から理解すれば、どんな人でも、部隊の勇敢さとひたむきさだけでなく、戦略的な成功にも敬意を払ってくれることを。戦略的な成功とはもちろん、ラマディを含むアンバル州を大惨事の瀬戸際で守ったこと。それは米軍にとって、史上まれに見る過酷な戦場での歴史的な勝利だった。多くの人が米軍の勝利を疑っていたが、彼らが間違っていたことが証明されたのだ。

シールズのコミュニティの中からも、「リスクを取りすぎだ」「狙撃手の作戦は『モグラたたきゲーム』にすぎない」などという声が聞こえてきた。従来型の「特殊作戦」の枠組みに慣れている彼らには、私たちの臨機応変な対応も、そうした対応がはらむリスクも理解できないのだろう。そもそも彼らは、武装勢力の対反乱作戦（ＣＯＩＮ）とはどのようなものかも、私たちが成し遂げた平和と安全への目を見張るようなどんでん返しも、理解していないのだ。

ワシントンの政治家や軍の最高幹部の中には、「悪党を殺しても、敵をまた増やすだけだ」と感じている人たちもいた。だが、彼らは何もわかっていない。私たちの決死の軍事行動は、イラク住民の安全を守るために、なくてはならないものだった。敵の戦闘員を一人殺害するたびに、無事に帰還できる米軍兵士や海兵隊員の数が増える。生き延びて翌日もまた戦えるイラク兵や警官の数も増える。そして、ラマディで暮らす民間人の恐怖を、ほんの少しでも和《やわ》らげてあげられる。敵は次第に、情け容赦なく罪なき市民を拷問したり、レイプしたり、殺害したりできなくなった。地元の住民は、武装勢力が怖くなくなってはじめて、彼らを倒す米軍やイラク軍と進んで手を結ぶようになった。

２００６年10月後半、ブルーザーが米国に帰国するとすぐ、ジョッコは海軍作戦部長――最高位の海軍提督。米軍統合参謀本部の一員で、大統領への直接のアドバイザー――にプレゼンテーションをするよう求められた。ジョッコはラマディの地図を取り出し、私たちが最初に到着したとき、敵に完全に支配されていた地域――アルカイダの戦場――を示す透明シートを作成した。そこは私がラマディ入りしたときに、すでに半年間滞在していたシールズ小隊指揮官が指さして、こう助言してくれた場所だ。

「ここへは足を踏み入れちゃいけない。全員殺されるし、［米軍の］誰も君たちのもとへたどり着いて、救出できないからな」

このラマディの地図を使って、ジョッコはパワーポイントのスライドを作成した。それを見ると、レディファースト戦闘チームの「奪取、掃討、確保、構築」戦略が、何カ月にもわたる取り組みを通して、どれほど体系的に敵が支配する地域に恒久的なプレゼンスを確立し、敵の戦闘員を排除していったかがわかる。このチームと共に、米軍とイラク軍は、ラマディの人々に「今や、われわれこそが最強なのだ」とはっきり示した。その結果、地元の人々は私たちと手を結び、自分たちにさんざん怖い思いをさせた武装勢力に背を向けた。スライドは、敵地に戦闘前哨を建設して地域を取り戻す、重要な軍事行動のほとんどにおいて、ブルーザーがいかに重要な役割を果たしたかを物語っていた。

ジョッコがスライドを見せてくれたとき、私の中で、初めてすべてがつながった。私はこうした任務の計画立案に直接携わり、現場でチームの指揮を執り、戦場でほかの分隊との調整を行って、任務が終了するたびに詳しい報告書を作成していたけれど、すべてをつなげて見たことも、任務の戦略的影響を考えたこともなかった。しかし今、ジョッコのブリーフィングが、「ラマディの戦い」で達成されたすべてのことを、わかりやすい言葉で伝えている。

これには、ハッと目が覚める思いがした。私はチャーリー小隊の指揮官で、ブルーザーでもジョッコに次ぐ2番目の地位にいた。それなのに、こまごまとした戦術的な活動に没頭するあまり、十分に認識も理解もしていなかった――誰もが無謀な夢だと思っていた、目を見張るほどの成果をもたらした戦略的任務に、自分たちの活動がどれほど直接貢献していたのかを。

「しまった」と、私はジョッコに言った。「今まで一度も、こんなふうに一まとめにして考えたことがありませんでした」

この1本のスライドが即座に明らかにしてくれたのは、自分たちがなぜああした活動をしていたのかだ。それを知っても、素晴らしい仲間たちを失った苦しみが薄れるわけではないが、なぜあれほどのリスクを冒したのか、その結果、何が達成されたのかを広い視野から見ることができた。

小隊指揮官だった私は、計画立案や、陸軍と海兵隊の大隊や中隊との調整に関しては、隊員たちよりもはるかに本質を理解していた。それでも、活動の戦略的影響を私が十分に理解も認識もしていないのに、前線部隊――リーダー以外の若い隊員たち――が理解できただろうか？

答えはノーだ。計画立案プロセスにほぼ関わっていない若い射手が、武器や装備の手入れをし、車両のメンテナンスをし、突破要員のために爆破薬を用意する中で、任務のブリーフィングを聞きにきたところで、こう思うだけだったろう。「次は何をするのかな？」。なぜその作戦を行うのか、自分たちの次の戦術的任務が「ラマディを安定させ、安全にする」という大きなビジョンにどう貢献しているのか、まったく背景知識がなかったのだから。

高台からの指揮統制。ジョッコ（右）とシールズ上級下士官アドバイザー（左）が、米陸軍中隊長（第101空挺師団・1/506大隊・チャーリー中隊。無線のコールサインは「ガンファイター」）と共に、戦場を見渡している。チャーリー中隊の百戦錬磨の兵士たちは、毎日のように敵に戦いを仕掛けていた。（写真：著者提供）

今さらながらに気づいたのは、リーダーとして、それを部隊に説明できていなかったこと。確かに、あとで振り返ってはじめて気づく、戦略的な視点や理解もあるとは思う。それでもリーダーとして、もっといい仕事ができたはずだと思うのだ。作戦の戦略的影響を自分自身がもっとよく理解して、部隊に伝えることができたはずだと。

スライドとプレゼンテーションに対する私の反応を見て、ジョッコもハッとしていた。自分たちの活動がもたらす戦略的影響となぜそうするのかを、もっと詳しく説明すべきだった、と。ジョッコは気がついた。リーダーの目には、部隊が大局を把握しているように見えても、隊員たちはたいてい、自分が取り組んでいる戦術的任務と、組織全体の目標とをうまく結びつけられないものなのだ。

ブルーザーのラマディでの日々を振り返って、気がついた。チャーリー小隊の隊員の中で、とくにひどい戦闘神経症［訳注：戦闘経験を原因とした心の病］に苦しみ、激しい戦闘状態が何カ月も続くうちに次第にネガティブになり、「こんなリスクを冒す必要があるんでしょうか？」ととりわけ首をかしげていた者たちはいずれも、作戦の計画立案にほとんど関わっていなかった。

逆に、集中力とポジティブな姿勢を保ち、活動の正当性を信じ、任務を続けることに意欲的で、「半年間の派遣期間を過ぎても留まりたい」と考えていた隊員たちはいずれも、作戦の計画立案にいくぶん責任を負っていた。

彼らが左右できたのが、計画のほんの一部分――標的に出入りする道や玄関を突破する場面、支援機との調整やイラク兵の急襲部隊の管理――だけだったとしても、彼らは任務も、リスク緩和策も、作戦の実行理由の裏にある「指揮官の意図」も、ほかの隊員たちよりよく理解していた。責任をほとんど、あるいはまったく担わなかったシールズ隊員たちは、ある意味、暗闇の中にいたのだ。その結果、なぜそんなリスクを冒すのか、ラマディ解放を目指す軍事作戦において、自分たちがどんな影響力を持つのか、理解に苦しんでいたのだ。

当時を振り返って、私が学んだ最大の教訓の一つは、もっと上手に部下を導くことができたはずだ、ということ。部隊に――とくに任務に対してネガティブになり、全力で取り組めなくなっている隊員たちに――計画に対する責任感を、もっと持たせるべきだった。まず私自身が、活動が戦略的任務にどのように貢献しているのかを理解する時間を取るべきだった。そして、ジョッコをはじめ、上司に質問すべきだった。それを定期的に戦略概要にまとめて、チャーリー小隊の隊員たちに伝えるべきだった。そうすれば、自分たちが何を達成したのかも、任務が「ラマディを安定させ、住民を安全に守る」という戦略目標をどれほど支えているのかも、理解できただろう。気温47度を超えるイラクの猛暑の中で、重い装備をまとい、日々敵軍と銃撃戦を繰り広げるのは肉体的にきつい。

隊員たちには、なぜそれが必要なのかを教えてくれる背景知識が、もっともっと必要だった。ジョッコが作成したスライドを見て、私はようやく今、自分たちがラマディで何をしたのかを理解した。さらに重要なことに、部下を導くとはどういうことかも理解できた。つらい教訓ではあるが、決して忘れることはないだろう。

原則――部下を導く

優れたリーダーは、チームに戦略目標を達成させるために、課題やプロジェクトや作戦の計画立案と遂行に、夢中で取り組んでいる。こうしたリーダーは、大局をしっかりと見据え、なぜその課題を達成する必要があるかを理解している。

ただし、その情報は、何もしなくても部下のリーダーや前線部隊に伝わるわけではない。チームの若手メンバー――個々の戦術に取り組む者――たちは、当然ながら、目の前の仕事に集中している。戦術的任務を達成するためには、そうでなくてはならない。彼らが幹部と同じだけの知識や見識を備えている必要はないし、幹部も、戦術を担当するメンバーの仕事を事細かに把握している必要はない。それでも、互いに相手の役割を理解していることが大切だ。そして、何より重要なのは、幹部が、任務を遂行する若手リーダーと部隊に、彼らの役割がいかに組織全体の成功に貢献しているのかをしっかり説明することだ。

これは教わらなくてもわかることではないし、リーダーが思っているほど一般の隊員（社員）にとって自明なことでもない。リーダーは日常的にチームのメンバーとコミュニケーションを取り、彼らが任務全体における自分の役割を理解できるようサポートしなくてはならない。そうすれば、前線のリーダーや部隊（一般社員）も、毎日していること――日常業務――と、それが会社の戦略目標に及ぼす影響とを結びつけられる。

そこが腑に落ちれば、チームメンバーも、めまぐるしくダイナミックに変化する環境で、取り組みの優先順位をつけやすくなる。これが、部下を導くということ。そのためには、定期的にオフィスを出て、直属の部下とじかに会って話をし、仕事中の前線部隊を観察して、彼らが抱える課題を理解した上で、「指揮官の意図」へと導く必要がある。そうすればチームは、今なぜその仕事をしているのかを理解し、（第8章で詳しく取り上げた）**「指揮権を分散させよ」**の法則もスムーズに活用できるようになる。

リーダーとして「究極の責任感」を実行しているのに、チームがやるべきことをやってくれないなら、まず自分自身に目を向けなくてはならない。「戦略的ビジョンを見ていない」と部下を責めるのではなく、部下が理解できるように、シンプルで、明確で、簡潔な言葉で、うまく伝える方法を見つけなくてはならない。それが、「部下を導く」ということなのだ。

キャンプ・マーク・リー（イラク・ラマディ）——上司を導く

「冗談ですよね！」。TOCの中にある、ジョッコのオフィスに飛び込んで叫んだ。怒り心頭だった。「あの人たち、マジで言ってます？」

TOCは、ユーフラテス川のほとりの大きな3階建ての建物の中にあった。2003年に米軍がイラクへ侵攻する前は、サダム・フセインの軍の最高幹部が、何名か暮らしていた場所だ。かつては派手な造りの建物だったが、今ではボロボロに傷んで、くたびれ果てている。

ここはシールズ・キャンプの要で、少し先の戦火にまみれた街外れには、大規模な米軍前進作戦基地、キャンプ・ラマディがある。何千年にもわたってこの地に足を踏み入れた侵略軍は、まさにこの川のほとりで野営をしてきた。バビロニア、アッシリア、ペルシャ、ギリシャ、アラブ、オスマントルコ、英国。今は、ネイビー・シールズやタスクユニット「ブルーザー」の支援要員をはじめとした米軍が、当面ここに滞在している。

頭に血が上った私は、苛立ちをジョッコにぶつけた。「信じられない。バカみたいな質問を山ほど浴びせておきながら、どうやって作戦の計画を立てろって言うんですか？」

先ほどジョッコから、一通のメールが転送されてきた。シールズ・チームの司令官が率いる、上級司令部のスタッフからのメールだ。それは、あと数時間でチャーリー小隊が遂行する予定の軍事作戦を、わかりやすく説明するよう求めていた。

私はブルーザーに2名いる小隊指揮官の一人で、ジョッコの直属の部下だった。ジョッコは司令官の直属の部下だが、今回メールを送ってきたスタッフを通して、司令官と連絡を取ることも多い。ブルーザーはラマディに配置されているが、司令官とスタッフは50キロほど東に位置するファルージャにいた。

ファルージャは２００４年に米海兵隊の大規模な攻撃で一掃され、2年後のこのときもかなり安定していた。絶えず暴力にさらされているラマディとは、環境がまるで違うのだ。それでも作戦計画には、司令官ともう一段階上の承認が必要だった。それに、司令官とスタッフは、ラマディでの任務遂行に必要な多くのリソースや支援を提供していた。

「どうした？」。激怒している私を見て、ジョッコが言った。「メールのことか？」。頻繁な質問や調査には、ジョッコも苛立っていた。

「ええ、メールのことです」と私。「細かいことをいちいち……あの人たちはわかってない！」。たびたび出てくる「あの人たち」とは、この場合、チャーリー小隊やブルーザーといった身内以外の人たちのことだ。

ジョッコが笑った。「君がイライラしてるのはわかってる……私だってイライラ――」話を遮って、まくし立てた。「マジでどうかしてますよ。こっちは、がむしゃらにやってます。イラクで一番過酷な戦場で、命がけで敵をたたきのめしてる。それなのに、バカバカしい質問に答えなくちゃいけませんか？　ＱＲＦを手配してるかどうかなんて……」

米軍兵士や海兵隊員で構成されるＱＲＦ（緊急即応部隊）は、シールズが苦境に陥り、敵の攻撃で身動きが取れなくなったときに、装甲車両と20～30名の部隊と大量の火力で支援してくれる。ブルーザー隊員の多くは以前にもイラクに派遣されたことがあり、激しい戦闘の経験者もいる。以前の派遣では、ＱＲＦを出動させた話はほぼ聞かなかったが、ここラマディでは日常茶飯事だ。いつどんな作戦においても、圧倒的な人数の敵に襲われて、拠点を制圧されかねない。ここに派遣されてわずか数カ月の間に、私たち（チャーリー小隊とデルタ小隊）は、もう数え切れないほどＱＲＦを出動させている。

ジョッコが先ほど転送してきた上級司令部からのメールは、間近に迫った作戦を承認するにあたって、司令官が知りたいことをあれやこれやと尋ねていた。その一つが、「適切なＱＲＦの調整を行ったか？」というもの。

バカにしているのではないか、と思った。「あの人たち、本気で思ってるんでしょうか？　どんな作戦にしろ、本格的なＱＲＦの調整もせずに、待機もさせずに、ここで活動できるなんて」と私は言った。「ただの護送ですら、ＱＲＦを手配してますよ。ここはラマディです。ＱＲＦなしで外へ出るなんて、自殺行為でしょう」

ジョッコが微笑んだ。ここ数週間、ジョッコも似たような苛立ちを私に吐き出していた。いくぶん、吐き出しすぎるくらいに。ひそかに2人で、本部からの質問に爆笑することもあった。先日チャーリー小隊がある作戦を計画したときなど、「迫撃砲は、君たちにとって危険ではないのか」と尋ねてきた。

すでにお話したが、迫撃砲とは、最大9キロほどの爆薬が、厚さ1・3センチの鋼鉄に詰め込まれた状態で空から降ってきて、恐ろしい衝撃と共に爆発し、破片を四方八方にまき散らして多大な被害をもたらすものだ。敵の戦闘員が、驚くほど正確に撃ち込んでくることも少なくない。あらゆる作戦において、いや、基地に座っているだけでも、迫撃砲は危険だ。だから、守ってくれそうな壁の厚い建物を選び、敵に次の動きを読まれないよう、お決まりの動きはしないように努めている。それでも迫撃砲は、自分たちで何とかできるリスクではないから、計画立案においては、何とかできるリスクに力を注ぐほかないのだ。

ジョッコも一部の質問に私に負けないくらいイライラし、私に話していたけれど、その後、気がついた。上司に苛立つのは筋違いだ、と。司令官もスタッフも、私たちをいじめて作戦の邪魔をしようと躍起になるような悪い人間ではない。みんな全力で仕事をし、任務達成に必要なものを与えようとしてくれている。だが、一緒に戦場にいるわけではないので、こちらが日々どんな脅威に対処し、あらゆるリスクを抑えるためにどれほど努力しているのかを、よく理解できていないのだ。どんなに努力しても、戦闘である以上、リスクはゼロにはならないから、ラマディでは毎日のように米兵が殺傷されていた。

高台の戦闘潜水員《フロッグマン》：ラマディ東部のマラアブ地区で、武装勢力との激しい銃撃戦（いわゆる「ビッグな喧嘩」）の間、屋上に陣取るタスクユニット「ブルーザー」のシールズ隊員たち。左端はマーク・リー。（写真：トッド・ピットマン提供）

「次々と送られてくる質問に答えるなんて、時間の無駄ですよ」と私は言った。「作戦の計画や準備にかけるはずの労力を奪われるのは、危険です！」

その通りだ、とジョッコも承知している。だが彼は私に、目の前のチーム――チャーリー小隊――の課題だけでなく、大局に目を向けさせ、理解させる必要があった。だから私を落ち着かせ、司令官の目で作戦を見るよう導いてくれた。そう、司令官が率いる特殊作戦部隊のスタッフの視点で見られるように。「司令官は、すべての任務を承認しなくちゃいけない。つまり、作戦を遂行したいなら、彼を安心させる必要があるんだ。そうすれば承認してくれるから、こちらも任務を遂行できる」とジョッコは言った。

「でも、情報を与えれば与えるほど、あの人たち、質問してくるじゃないですか」と、私は反論した。「毎回、作戦開始の5分前に、車両の最新の座席表を求めてくるんですよ。土壇場で変更が出るかもしれないのに。一緒に任務に就くイラク兵の名前も全員分求めてきますけど、私だって開始直前までわからないんですよ」

ジョッコは、ただうなずいていた。不満を吐き出させたほうがいい、と知っているからだ。ジョッコは、リーダーとしての私の実力をわかってくれている。前年に、過酷な戦闘に備えられるよう訓練と指導を行い、その後、チャーリー小隊指揮官として私を戦場に送り込んだのは彼なのだ。ただし情報を、自分の小隊とタスクユニットだけでなく、上司に伝えることの重要性を私に教え込まなくてはいけない、とも考えていた。どのように上司を導くべきなのか、なぜそれが重要なのかを、理解させる必要がある、と。

戦闘任務を承認してもらうために収集しなくてはならない情報も、提出しなくてはならない書類も、膨大な量だった。これは戦争映画やテレビドラマでは見かけない場面だし、私も戦場での勝利を夢見た少年時代、こんな作業を求められるなんて夢にも思わなかった。だが、これが現実なのだ。

「ブルーザーの戦闘活動が、ラマディの戦場に影響を及ぼしているのは確かだ。私たちは重要な働きをしている」とジョッコは言った。私も賛同してうなずいた。

ジョッコは、さらに言った。

「しかし、こうした活動には漏れなく、司令官の承認が必要だ。司令官には、私たちがしていることに安心感を覚えてもらわなくちゃいけない。もう一つ上の承認も得るのにも、司令官の後押しが必要だしな。つまり、何もせずに一日中文句を言っていることもできるが、必要な情報を上に上げて、司令官を安心させ、承認してもらうこともできるんだ」

ジョッコの言う通りだった。司令官とスタッフは、ラマディで一緒に過ごしているわけではないから、理解も認識も不十分なのだ。こちらがどれほどリスクの緩和に努め、ＱＲＦで支援してくれる米陸軍や海兵隊の大隊や中隊とどれほど素晴らしい関係を築いているか、わかっていないのだ。

「おれたちの思いを察してくれ、なんて期待しちゃいけないぞ」とジョッコは言った。「彼らは、私たちが渡したものや、書いた報告書、かけた電話からしか情報を得られないんだ。だから、向こうが大きな疑問を持ってるとしたら、明らかに、こちらが十分な仕事をしていない、ということ」

「だとしても、あの人たちがここへ来るべきでしょう」と私は言った。

「そうだな」とジョッコ。「だが、こちらからそう伝えたり、護衛車両の予定を組んだりしたか？　私はしていないな」

これは一般的な考え方の逆を行っている。通常、前線部隊は、幹部から質問や調査をされたくなくて、なるべく遠くにいてほしいと考える。身だしなみのルールや、キャンプがきちんと片付いているかなど、細かく口出しされたくないからだ。

「ここに、現場にいるのは私たちだ。状況認識を上に伝える必要があるだろう」とジョッコは言った。「本部が質問したいとしたら、必要な情報を正しく伝えていない私たちに非がある。こちらが彼らを導かなくちゃいけない」

「あの人たちが責任者じゃないですか。こちらがどうやって導くんですか?」と私。

次のひらめきが降りてきたのは、ジョッコが上司に対する苛立ちを分析していたときだったという。

「リーダーシップは、部下に対してだけでなく、上司に対しても発揮すべきだ。自分の世界のすべてに、責任を持たなくてはいけない。それが『究極の責任感』なんだ」

その考え方に納得して、私もうなずいた。共に訓練に参加したあの年、ジョッコは私を正しく導いてくれていた。目指すべき戦闘リーダーになれるよう、さまざまなことを教えてくれた。ただし、これはまったく新しい姿勢であり、それまでに見たり教わったりしてきたマインドセットとはまるで異なるものだった。**他人を責め、上司の質問に文句を言うのではなく、自分が問題の責任を負い、導かなくてはならないのだ。**導く対象には、自分より立場が上のリーダーたちも含まれている。

「自分自身に目を向け、自分が改善できることは何か、考える必要があるんだ」とジョッコはさらに言った。「私たちが何をし、なぜその判断を下しているのかを上司に理解してもらえるように、もっと詳しい報告書を書かなくちゃいけない。電話でもっとオープンに話さなくてはいけないし、上司が疑問を抱いたら、必要な情報をすぐに伝える必要がある。そうすれば、ここで何が起こっているか、理解してもらえるだろう」

私もようやく理解した。司令官もスタッフも、質問攻めで負担をかけようとしているどころか、必要な情報を入手しようと努力してくれていた。計画を承認し、その情報をさらに上に伝え、上層部の承認を得るために。そうすれば、私たちは任務を遂行し、敵を追うことができる。私は、自分のネガティブな姿勢を見直す必要があった。そうした態度は悪影響を及ぼすし、ゆくゆくは任務遂行の妨げにしかならなかっただろう。

私は心からジョッコの話を受け入れ、「その通りですね」と言った。「質問や調査に文句を言うのは勝手だけど、そんなことをしていたって、作戦の承認にはつながりませんね。必要な情報を伝えて、司令官に安心してもらえたら、任務をはるかにスムーズに承認してもらえるでしょう。そうすれば悪党どもにダメージを与えて、勝利を収められます」

「その通りだ」とジョッコがうなずいた。

その日から、上司を導くキャンペーンを展開した。詳細な任務計画の書類や、作戦後の報告書を提出し始めたのだ。

小隊内のチーム・リーダーたちにも、理解を促した。そして、司令官と最上級下士官をはじめ、上級司令部のスタッフをラマディに招いて、戦闘活動への同行を提案した。最上級下士官は、いくつもの任務に同行してくれた。こちらが情報を伝えれば伝えるほど、司令官もスタッフも、何を達成しようとしているのかを理解してくれた。

計画立案に丁寧に取り組んでいること、リスク緩和に力を注いでいることを、よくわかってくれた。司令官は戦闘活動に安心し、スタッフも私たちを信頼してくれるようになった。その結果、提出した任務計画はすべて承認されるようになり、チャーリー小隊をはじめタスクユニット「ブルーザー」は、戦場で計り知れないほどの影響力を行使することができた。

原則 —— 上司を導く

上司がタイミングよく判断したり、あなたやチームに必要な支援を提供したりしてくれなくても、上司を責めてはいけない。まず、自分自身を責めることだ。上司が判断を下し、支援を割り振るのに必要な情報をもっとうまく伝えるために、自分に何ができるのかを分析しよう。

上司を導くためには、直属の上司（もしくは、軍隊で言うなら、上級司令部）と賢く関わる必要がある。そうすれば、チームが任務を達成し、ゆくゆく勝利を収めるのに必要な判断や支援を得られるだろう。そのためには、リーダーが状況認識を上司に伝えなくてはならない。

上司を導くのには、部下を導くよりもずっと多くの気配りやスキルが求められる。上司を導くときは、地位がくれる権限に頼ることはできない。部下のリーダーは、影響力と経験と知識とコミュニケーションを駆使して、高いプロ意識を保たなくてはならない。

必要なものを上司に理解してもらう努力をしながら、あなたも気づかなくてはならない。上司は、大局を見据えながら限られた資源を配分し、判断しなくてはならないのだ。あなたやチームは、その時点での優先事項ではないかもしれないし、最高幹部が別の目標を選んだ可能性もある。それを理解して受け入れる、謙虚さを持とう。

すべてのリーダーにとって、極めて重要な仕事の一つは、上司をサポートすること。そう、直属の上司を。どんな指揮系統においても、リーダーは部隊に対して、常に共同戦線を張らなくてはならない。上司や上層部に対する不満や異論を公にすれば、あらゆるレベルのリーダーの権威が傷つくだろう。それは、どんな組織の成績にも壊滅的な影響を及ぼす。

リーダーとして、なぜその判断が下されたのか、なぜ要求が通らないのか、なぜ支援が別の部署に割り振られたのかを理解できないなら、上司に質問しなくてはならない。自分が理解できれば、チームに伝えられるだろう。

あらゆるレベルのリーダーが、決められたことに毎回賛同できるわけではない。それでも最終的に、ある行動方針をめぐる議論が終わって、上司が判断を下せば――たとえ、自分が反対していた判断だとしても――自分が決めたかのように計画を実行しなくてはならない。

上司を導くときは、慎重に、敬意を持って行うこと。ただし、覚えておいてほしい。上司のリーダーが必要な支援をくれなくても、相手を責めてはいけない。その代わり、自分にできることを検討し直そう。どうすればもっとわかりやすく説明し、情報を伝え、影響を及ぼ

し、説得し、勝つために必要なものを与えてもらえるだろう、と。

上司にも部下にもリーダーシップを発揮するときは、次の重要事項を心に留めておこう。

- 自分の世界にいる全員を――部下も上司も――導く責任を負うこと。
- 自分がしてほしいことや、してもらう必要があることを相手がしてくれないときは、まず鏡を見よう。そして、状況を改善するために、自分に何ができるのかを考えること。
- リーダーに「何をすればいいですか？」と尋ねるのではなく、「こうするつもりです」と伝えること。

ビジネスへの応用

「会社はここで何が起こってるか、全然わかってない」と、フィールド・マネージャーが言った。

「昔現場で何を経験したかは知らないけど、あの人たちはすっかり忘れてるんですよ。こちらが何に対処してるかまるでわかってなくて、的外れな質問や予測をしてくるから、私もチームも仕事が終わらないんです」

またしても、悪名高い**あの人たち**だ。

私は、クライアント企業の現場幹部チーム――会社の任務を実行する前線部隊――を訪れていた。この会社は正念場を迎えており、投資計画も戦略計画会議もリソースもすべて、現場のこのチームの支援に注がれている。前線部隊がいかに任務を実行するかが、最終的に会社全体の成否を決めるだろう。

このフィールド・マネージャーのチームは、会社の本部から何百キロも離れた場所にいる。マネージャーは、明らかにイライラしていた。やるべき仕事があるのに、遠くから質問や調査をされることに腹を立てている。チームが課題に取り組むたびに、膨大な書類を提出しなくてはならないからだ。そのせいで必要以上に仕事が増えて、チームが任務に集中できず、うまく稼働しなくなっている、と感じているのだ。

私は耳を傾け、数分間にわたって不平不満を吐き出させた。

「私も、同じ経験をしたことがあります」と私は言った。「イラクにいたときは、上層部にひどくイライラしたものです。私たちの計画を事細かに調べては、バカバカしい質問をして、任務の前にも後にも、書類を山ほど提出させるんですよ」

「ネイビー・シールズが戦場で、そんなことをさせられてたんですか？」と、フィールド・マネージャーは驚いて言った。「思ってもみませんでした」

「そうでしょう？」と私。

「戦闘任務の前には必ず、少なくとも上司ともう一つ上の上司から、承認してもらわなくちゃいけなかったんです。しかも上司は遠くにいて、こちらが何と戦ってるのかよくわかってないんです。だから、承認のためだけに、パワーポイントのスライドを大量につくって、ワードで何枚も文書を書いて、作戦を詳しく伝えなくちゃいけない。やっと承認されて作戦が始まったと思ったら、今度は戻ったときにさらに多くの書類を求められました。写真と何枚もの詳しい作戦概要をつけた、パワーポイントの資料をね。戦闘任務で悪党を殺したら——ラマディではほぼ毎回のことですが——宣誓陳述書を書いて、殺害した戦闘員一人一人について、何が起こったのか、いかに交戦規定にかなった行動だったのか、正確に説明しなくちゃいけない。その上、まとめなくてはならない諜報の書類もあるんです」

「みなさんがそんなことをさせられてたなんて、夢にも思いませんでした」と、フィールド・マネージャーは言った。

「御社がどんなに大きくて、どんなに官僚主義に見えても、米軍の巨大な官僚主義に比べたらマシでしょう」と私は言った。「それに、想像してみてください。毎日命がけの私たちのほうが、ずっと感情的になるし、イライラも募ると思いませんか？　私も、今のあなたと同じような問題で、よく怒りを爆発させてました」

「でも、選択肢は2つあるんですよ」と私。「イライラしながら、あきらめて何もしないか、今の制約の中で一番スムーズに働ける方法を考えるか。私たちは、後者を選びました」

「一つ質問させてください」と、私はさらに言った。「本部の経営陣は、みなさんに失敗してほしいんでしょうか？」

フィールド・マネージャーは、戸惑った顔をした。明らかに、想定外の質問だったようだ。

「どうしたら部下の仕事をさらにややこしくできるか、どうすれば質問や調査や書類で、チームをオロオロさせられるか、どうすればみなさんの任務を台無しにできるか、画策してるんでしょうか？」

もちろん、そんなことはない。ここの経営陣と仕事をしてきた私は、よく知っている。彼らは聡明でやる気にあふれたやり手の経営者で、前線部隊に任務を達成させたいばかりか、競合他社をしのぎ、業界に新たな基準を打ち立ててもらいたい、とさえ願っている。

「いいえ。失敗させたいなんて思ってないはずです」と、フィールド・マネージャーは認めた。

「ですよね」と私。「それなのに、経営陣が質問し、計画を批判し、書類を求めてくるとしたら、何か重要な情報を求めている、ということです。ジョッコがタスクユニットの指揮官だった頃、ラマディでまったく同じ話をしてくれました。それで、私のマインドセットががらりと変わって、はるかにスムーズに動けるようになったんです」

「なぜ考えが変わったんですか？」

「気づいたんですよ。上司が計画に疑問を持ち、さらに詳しい情報や書類を求めてくるのは、上司のせいじゃないと」と私は言い、こう続けた。

「私のせいだったんですよ。チームが正しい判断をし、抑えられるリスクは極力抑えてる、と私はわかっていました。ラマディで米軍が戦略的勝利を収めるためには、自分たちの戦闘活動が欠かせないことも。だから、私のしていることを上司が快く思えなかったのは、ひとえに、私がわかるように伝えてなかったからなんです」

フィールド・マネージャーが、さっと私を見た。話が腑に落ちてきたようだ。

「つまり、あの人たちが疑問を持ってるってことは、必要な情報を与えてない私のせいだと？」

これは彼の考え方とも、リーダーシップに関してこれまで学んできたこととも、まったく逆の姿勢だった。「『われわれ』対『あの人たち』」というメンタリティは、軍隊であれ一般企業であれ、指揮系統のあらゆるレベルで一般的に見られる。だが、そのメンタリティを打ち破ることが、上司を正しく導き、チームの成績を大幅に改善する鍵になるのだ。

「いいですか、本部の経営陣は、みなさんに成功してほしいんですよ」と私は言った。「それは動かしようのない事実です。現場で対処している問題を報告して、上司に理解を求めるかどうかは、あなた次第です。『何で上から、こんな計画や書類が降りてくるんだ？』と思ったら、ただイライラしてあきらめるのではなく、上司に質問して、『なぜか』を明確にすべきです。そうすれば、理解できるでしょう。建設的なフィードバックを返して、自分たちの計画や要求がいかに部下の活動に影響を及ぼしているか、わかってもらうんです。それが『究極の責任感』です」

「そんなふうに考えたことはなかったですね」とフィールド・マネージャーは言った。

「これが、上司を導くということです」と私。

フィールド・マネージャーも、ようやく気がついた。上司に状況認識や情報やメッセージを、もっとしっかり伝えるべきだ、と。

「現場が対処してる試練を上司がわかってくれない、と感じるなら、幹部を現場に招いて、チームが仕事をしてる様子を見てもらったらどうでしょう？」

その後の数カ月間、フィールド・マネージャーは本部の経営陣に、今までとは違う対応をした。幹部がどんな情報を求めているのか積極的に知ろうと努め、その情報をしつこいくらいに上司に返した。

また、経営陣を前線部隊のいる現場へ招いた。おかげで経営陣とフィールド・マネージャーの実動チームとの間には、仲間意識が芽生えた。実際に顔を合わせて交流したことで、経営陣はフィールド・マネージャーの課題をいくぶん理解してくれた。そしてフィールド・マネージャーも、リーダーたちと共に過ごすうちに、「私の成功を望んでくれる賢い人たちだ」と実感するようになった。この取り組みは、現場チームと経営陣の壁を取り除くのに一役買った。フィールド・マネージャーは、上司を導く用意を整えたのだ。

第11章

不透明な状況でも、決断力を持て

〈リーフ・バビン〉

狙撃手掩護部隊（イラク・ラマディ）――そいつを殺せ

「建物127の2階の窓に、スコープ付き武器を持つ男がいる」と、クリスが言った。

これは、やや珍しいことだ。クリス・カイル[28]は、チャーリー小隊の尖兵で狙撃手長。つまり、小隊きってのベテラン狙撃手で、シールズ・チームでも指折りの射手だ。前回のイラク派兵でも、「レジェンド」とふざけてあだ名されていたが、ラマディでは、狙撃手作戦の牽引役として、敵の戦闘員を次々と殺害していた。そう、米軍史上最も活躍した狙撃手たちをも、確実にしのぐペースで。

クリス・カイルを偉大な狙撃手にしたのは、誰よりも優れた射手だからではない。彼の成功の極意は、自分のスキルに対する「究極の責任感」を実行したことにある。狙撃手掩護陣地の候補地探しや計画立案に深く関わった彼は、自分自身を適切なタイミングで適切な場所に配置し、自分のスキルを最大限に活かした。

狙撃用照準眼鏡《スナイパー・スコープ》の十字線を1〜2時間も見つめれば、ほかの隊員なら飽きて集中力を失うはずだが、クリスは自制心を保ち、警戒を怠らなかった。確かにクリスはツイていたけれど、そのツキをもたらしていたのは、たいてい彼自身だった。

クリスもほかのシールズ射手たちも、相手が「武器を持って敵対行為を行う悪党だ」というPID──身元確認──が取れ、「敵意がある」という合理的な確信が持てた場合は、戦う許可を得ている。私の承認を得る必要はないのだ。だから、彼らが承認を求めるときは、敵意があるという合理的な確信が持てないときだ。

「PIDできるか?」と私は聞いた。

「一瞬、スコープ付き武器を持つ男の影が見えただけです」とクリスが言う。「そのあと窓から一歩下がって、カーテンの後ろに消えました」

28　クリス・カイルは、『ニューヨーク・タイムズ』紙のベストセラーリストに載った、『ネイビー・シールズ最強の狙撃手』(原書房) の著者であり、映画『アメリカン・スナイパー』の原作者である。

「了解」と私。「どの建物だ？　もう一度言ってくれ」。そう言って、区域の建物一つ一つに番号を振った戦闘地図をチェックした。

米陸軍旅団任務部隊の作戦に参加する全員――ここには、米軍と海兵隊の5～6の大隊に所属する、数千名の兵士と海兵隊員が含まれている――が、同じ戦闘地図を見て活動していた。これはとても重要なことだ。とはいえ、地図上の番号や道路の名称と、現場で目の前にあるものとを合致させるのは、相当難しい。現場には道路標識もなければ、番地もない。ここはラマディなのだ。都会に不規則に広がるゴミまみれの通りや路地には、爆弾で巨大な穴があき、弾丸で穴だらけになった塀には、スプレーで聖戦士《ジハーディスト》によるアラビア語の落書きがされている。部隊の通訳によると、そこにはこう書かれている。

「2つの天国のいずれかにたどり着くまで戦う――勝利か殉教か」。確実に後者にたどり着いてもらうために、私たちはここにいる。

徒歩の米兵とM1A2エイブラムス主力戦闘戦車とM2ブラッドレー戦闘車から成る巨大な陸軍に先駆けて、シールズ小隊は早朝の闇の中を徒歩でパトロールしながら現地入りしていた。狙撃手掩護陣地を設けた2階建ての建物は、米陸軍大隊が最新の戦闘前哨を建設する予定の場所から、通りを数百メートルほど下ったところにあった。またしても、敵地のど真ん中に侵入したのだ。その後、米軍兵士が戦車やブラッドレーを伴って徒歩で侵入した際には、ここからカバーした。

すでに日は昇り、何百名もの米兵が到着して、周辺の建物を一掃していた。クリスをはじめシールズ狙撃手たちは、攻撃をもくろむ敵の戦闘員をすでに数名殺害している。ラマディ中南部の、よくある一日の始まりだ。私は戦闘を終えるたびに、新たな戦闘前哨を担当する米陸軍中隊に状況報告をしていた。そう、任務部隊バンディットに配属された、第36歩兵連隊・第1大隊のチーム・ウォリアーに。

狙撃手たちが、射撃の大半を担当してくれていた。将校としての私の仕事は引き金を引くことではなく、指揮統制を行い、現場にいる味方部隊との調整を行うこと。

だが、2階の窓にスコープ付き武器を持つ男がいる、というクリスの報告には、若干の疑問が生じた。彼が見ている方向の少し先では、米軍兵士が建物から敵を一掃している最中だから、目にしているものの正体を間違いなく確認する必要がある。私はクリスの隣にしゃがみ込んで身を低くし、頭を吹っ飛ばされないよう注意していた。クリスは狙撃ライフルを構え、高性能スコープを通して、先ほど男の影を見た窓を注意深く観察している。

「まだ見えるか?」と私。まだそこに標的が見えるか、という意味だ。

「いいえ」。クリスが、ライフルのスコープから目を離さずに答えた。

彼が監視している建物の通りを見下ろすと、数百メートルほどは見渡せるものの、通りも路地も狭く入り組んでいる。1階建てや2階建ての建物が迷路のように重なり合い、渾然《こんぜん》一体となっているのだ。低い位置にぶら下がる電線や、ところどころに生えるヤシの木や、駐車中の車で視界が妨げられ、すべてを見渡すことはできない。

ここ数週間、敵の狙撃手はこの地域をめちゃくちゃにしている。若い海兵隊員が1名、陸軍兵士も1名殺害され、さらに多くが重傷を負った。この陣地から通りを数ブロック下ったあたりで、ライアン・ジョブが撃たれた。マーク・リーは、私たちが今占拠している建物をわずか数軒下ったところで殺害された。彼らを失ったことは衝撃的で、この戦いは私たちにとって、極めて私的なものだった。敵の戦闘員を一人残らず殺害しようと死力を尽くしているのは、チームメイトや陸軍と海兵隊の戦友たちを一人でも多く無事に帰国させるためだ。

仲間の狙撃手を殺害したかもしれない敵の狙撃手を殺すことは、復讐を果たすことであり、米国人の命を守ること。だが、このエリア中に味方部隊——米軍兵士——がいる以上、しっかり確認しなくてはならない。

私は無線——中隊の通信ネットワーク——で、チーム・ウォリアーの中隊長に呼びかけた。彼は尊敬を集めるリーダーで、素晴らしい兵士だ。私もここ数カ月、共に任務を果たすうちに、高く評価するようになった。

「ウォリアー、こちらはレッドブル[29]」。彼が無線に応えたので、私は言った。「建物127の2階に、スコープ付き武器を持つ男がいるのを見た。その建物に隊員がいないと確認できるか?」

すると、その地域の建物を担当する小隊指揮官に、中隊のネットワークで確認を取る声が聞こえた。小隊指揮官は即座に「いない」と答えた。

「いませんね」と中隊長は(無線で)私の問いに答えた。「その建物に隊員はいない」。彼の部隊の兵士たちがそのエリアを掃討したのは、1時間ほど前のことだ。

「攻撃してくれ」と中隊長は言った。彼の部下の小隊指揮官が、建物127に隊員はいない、と確認したのだから、クリスが見た男は武装勢力の狙撃手に違いない。そして、敵の狙撃手は深刻な脅威なので、中隊長は（私と同じように）、その男がウォリアーの隊員を殺害する前に、シールズ狙撃手に始末してもらいたいのだ。

だが、クリスは明らかに状況を疑問視している。もちろん、私も同じだ。この近辺には多くの味方部隊がいる。ウォリアーの兵士たちが、クリスが男を見たわずか1ブロック向こうにいるのだ。クリスは問題の窓をスナイパー・スコープを通してじっと見つめ、辛抱強く待っている。状況をきちんと把握しており、私の指示を必要としていない。

「今、また見えました」とクリスが言った。ほんの一瞬だったが、窓のカーテンの後ろから、誰かの黒い影がさっと外をのぞいたという。確認できたのは、男の影とスコープ付き武器のかすかな輪郭だけ。そのあと、まるで幽霊のように、男は暗い部屋の中に消えた。カーテンはしっかりと閉められ、部屋の中はまったく見えない。ＰＩＤはできなかった。

私はもう一度、無線でウォリアーの中隊長に呼びかけた。

「再びスコープ付き武器を持つ人物を目撃した。同じ場所でだ」

「了解」と中隊長は答え、「男を仕留めよ」と苛立った声で言った。明らかに、こう思っているのがわかる。

「シールズの連中は、一体何を待ってるんだ？　敵の狙撃手は隊員にとっての脅威だ。おれ

29　この戦場で、当時使用していた私たちのコールサイン。

たちが殺される前に、そいつを殺せよ！」
もちろん私たちも、ウォリアーの誰一人、殺されたりけがをしたりしてほしくない。そうした攻撃を防ぐために、私たちはここにいる。だから、従わなくては、というプレッシャーも感じた。あの男は悪党なのか、味方なのか？　何の確信もない。それでも、私が判断しなくてはならないのだ。

撃たなかったらどうなるのだろう？　と私は思いをめぐらせた。**ためらったせいで、ウォリアーの兵士たちが殺されたら？**　それはとんでもないことだ。耐え難いほどの重荷を抱えることになる。

だが、もし撃って、あの窓にいるのが仲間――米軍兵士――だと判明したら？　それこそ最悪の結末だ。そんなことになったら、一生良心が痛み続けるだろう。「従え」という猛烈な圧力を感じるが、一歩下がって大局を見なくてはならない。

そのとき、ふとテキサスで過ごした少年時代に父から教わった、「銃器の取り扱い」の基本ルールを思い出した。「標的とその背後にあるものを確認せよ」。これが迷いをさっと吹き飛ばしてくれた。いちかばちかで撃つことはできない。どれほどプレッシャーをかけられても、リスクを取ることはできない。

「ダメだ」と、ウォリアーの中隊長に返事をした。「このエリアには味方部隊が多すぎるし、ＰＩＤができない。兵士を何名か送って、あの建物の安全を再度確保することをお勧めする」

私は中隊長の部下ではないし、中隊長も私の部下ではない。彼が私に「撃て」と命じることも、私が彼に「建物の安全を確保せよ」と命じることもできない。だが、私たちは過去に一緒に任務を果たしたことがある。私はリーダーとしての彼を知り、尊敬している。そしておそらく彼も、私に同じ思いを抱いてくれている。だから、私の判断を信頼してくれるはずだ。

無線に耳を傾けると、ウォリアーの中隊長が再び小隊指揮官に呼びかけ、私が要請したことを議論している。声のトーンから、明らかに不満に思っていることが伝わってきた。私が頼んでいること──敵が占拠している建物の襲撃──は、隊員を大きな危険にさらすし、殺害される者が出るかもしれない。

「男を撃て」。中隊長は改めてそう言った。「そいつを殺せ」と、さらに力を込めて言う。

「ダメだ」と私は厳しく言った。「気が進まない」。どんなにプレッシャーをかけられても、撤回するつもりはなかった。

中隊長の忍耐も切れかけていた。部下が何十軒もの建物を掃討していく中、100名を超える兵士と複数の戦車とブラッドレーを管理するなど、膨大な仕事を抱えているのだ。敵地の奥深くに、この新しい戦闘前哨を建設する責任を負う彼は、ウォリアーの動きを大隊や支援してくれる複数の中隊と調整する必要もある。

そんな中、私たちが、スコープ付き武器を持つ、敵の狙撃手らしき悪党の情報を伝え、比較的安全な建物にいる彼の部隊に、真っ昼間に敵がはびこる通りを横切って、命を危険にさらせと求めている。撃つのは気が進まない、という理由で。

中隊長が苛立つのも無理はない。気持ちはよくわかる。だが、どこを探しても、クリスほど腕の立つ狙撃手はいないのだ。すでに一人で何十人もの敵を殺害しており、ＰＩＤが取れた悪党については、私が求めなくても躊躇なく引き金を引いている。その彼がここまで慎重になる以上、シールズ小隊指揮官として、私も厳しい判断を下す必要がある。情報に基づいて、最善の判断をしなくてはならない。今後事態が急転し、情報が変われば、まだ攻撃するチャンスはあるし、状況をもっと正確につかめれば、撃つことはできるだろう。

ジョッコは常に、「意思決定は、積極果敢に」とアドバイスしている。だが、果敢に決断するときに、理解していなくてはならないことがある。それは、影響は大きくても即座に覆したり修正したりできる決断もあるが、人間を撃つような、取り返しのつかない決断もある、ということ。今撃たずに待ってもあとで方向転換できるが、引き金を引いて正体不明の標的を撃つ決断は、最終決定にほかならない。

それを頭に置いて、私は踏ん張った。「攻撃できない」と、無線で中隊長に告げた。「あの建物を掃討することをお勧めする」

無線は、ほんの一瞬静かになった。中隊長が、苛立って黙り込んでいるのがわかる。そして渋々、小隊指揮官に「もう一度あの建物を掃討せよ」と命じた。無線の声から、小隊指揮官が激怒しているのが伝わってきた。だが彼は、危険に対処しなくてはならないことも承知している。分隊に、今いる場所を出て、建物１２７を再び掃討し、不審な「スコープ付き武器を持つ男」を捜索するよう命じた。

「君たちの動きをカバーする」と、私は中隊長に伝えた。

「うちの隊員が外にいる間に、少しでも動きを見せたら、そのクソ野郎を撃て」と中隊長が言った。

「了解」と私。男がわずかでも敵だとわかる動きをしたら、クリスが撃つはずだ。

窓辺で狙撃ライフルを構えたクリスの隣に立ち、私は無線のヘッドホンを着け、ウォリアーの兵士たちとの調整に備えた。

すると突然、ウォリアー中隊の10人の兵士たちがある建物からダッと飛び出し、通りに駆け出した。

その瞬間、すべてが明らかになった！

「掃討チームを停止させ、ＣＯＰへ戻れ」と、私はウォリアーの中隊長に無線で指示を出した。

一瞬で、自分たちのミスに気づいたからだ。クリスと私は、１ブロック先を見ていたのだ。戦闘地図にある建物１２７を見ているつもりが、ウォリアーの兵士たちが集まっている１ブロック先の建物を見ていた。こうしたミスは都市部では簡単に起こる（実際、米軍の指揮官たちが認めるよりずっと頻繁に起こっている）が、最悪の結果をもたらしかねない。クリスが窓辺で見た、スコープ付き武器を持つ男は、敵の狙撃手ではなかった。トリジコンＡＣＯＧスコープ付きの、米軍支給のM16自動小銃を抱えて窓辺に立つ、米軍兵士だった。

「よかった《サンク・ゴッド》」と、文字通り神に感謝した。私は、クリスの最初の判断に感謝していた。はっきり特定できない相手は撃たない、という素晴らしい判断だった。クリスはやるべきことをやり、私にアドバイスを求めた。経験の浅い隊員だったら、判断を焦って引き金を引いてい

チャーリー小隊の狙撃手掩護部隊。リーフ（右）が無線で敵の活動を報告し、味方部隊の動きを調整している間に、クリス・カイル（左）をはじめとしたシールズ狙撃手たちが、多国籍軍への攻撃をもくろむ敵の戦闘員と戦っている。（写真：著者提供）

たかもしれない。そして、しっかり踏ん張って、最終的に正しい決断をした自分自身にも感謝した。

それでも、危うく米兵を撃つところだったと思うと、震え上がってしまった。プレッシャーに屈して、クリスが大口径の弾を撃ち込んでいたら、ほぼ間違いなく殺害していただろう。現場を仕切るリーダーとして、誰が引き金を引いたにしろ、責任は私にある。そんな重荷を背負って生きていくのは、地獄だったに違いない。私にとっての戦争は、そこで終わっていたはずだ。トライデント（シールズの部隊記章）を返却し、引退するほかなかっただろう。チャーリー小隊とタスクユニット「ブルーザー」は、これまでに達成した素晴らしい任務も、多くの米軍兵士や海兵隊員を救った功績もすべて、帳消しにされていただろう。私が命令し、クリスが引き金を引いていたら、すべてが水の泡になっていた。

無線をウォリアーの中隊ネットワークに合わせ、何が起こったのかを中隊長に説明した。彼も、建物の誤認がどれほどたやすく起こるかをよく知っている。四六時中起こっていることだから。そして彼も、撃たなかったことに、大きな安堵のため息をついた。

「言う通りにしないでくれて、ありがとう」そう言った。

戦場の不透明で混沌とした状況で、「撃て」とプレッシャーをかけられても、私は果敢に決断しなくてはならなかった。今回の場合なら、「はっきり身元確認ができない以上、撃たせない」という決断を。これは、不透明な状況でリーダーが決断力を持つ大切さを示す、戦闘事例の一つだ。ラマディでは、こうした局面がいくつもあった。

人生と同じで戦闘においても、結果は見えないし、見通しも定かではない。成功する保証はどこにもないのだ。だが、**成功するためには、リーダーはプレッシャーのもとでも動じず、感情ではなく理屈に基づいて行動しなくてはならない。これが、勝利には欠かせない要素なのだ。**

原則

本も映画もテレビ番組も、戦闘リーダーが実際に戦わなくてはならない不透明さや混乱や未知の要素を、きちんと描けていない。戦闘リーダーが敵の行動や反応の全容をつかんで理解できている——などということはまずないし、一瞬の判断が次の瞬間にどんな結果をもたらすのかもわからない。

戦場で任務に没頭していると、攻撃に気づいた頃には、恐ろしい音や激しい衝撃と共に弾やコンクリート片や瓦礫が飛んでいて、けがをした仲間が苦痛の叫び声を上げているかもしれない。そんなときは、火急の問いが、頭の中を駆けめぐるだろう。

どこから撃ってるんだ？　敵は何人いる？　部下はけがをしてないか？　してるなら、どの程度のけがだ？　味方部隊はどこだ？　味方部隊が誤って撃っている可能性はないか？

答えは、すぐには出ないだろう。場合によっては、誰がどのように攻撃したのか、一生わからないこともある。いずれにせよ、リーダーは恐怖に身をすくめていてはならない。それでは、何もできないからだ。**不透明な状況でも、リーダーが果敢に決断することが大切だ。今ある情報だけを頼りに、最善の判断を下さなくてはならない。**

この気づきは、イラクとアフガニスタンで戦った日々を通して、（シールズを含む米軍全体の）私たち世代の戦闘リーダーが学んだ、最大の教訓の一つだ。

100パーセント正しい解決策などないし、全体像が見えることも決してない。リーダーはそうした状況にも動じず、速やかに判断し、刻々と変わる状況や新たな情報に基づいて臨機応変に判断する準備ができていなくてはならない。機密情報の収集やリサーチは重要だが、現実的な予測を伴うものでなくてはならないし、速やかな判断を妨げてはならない。それが、勝敗を分けることも珍しくないからだ。**100パーセント正しい確かな解決策を待っていたのでは、遅れが生じ、判断がつかず、任務を遂行できない事態に陥るだろう。**

リーダーは、過去の経験、敵の作戦に関する知識、起こりそうな結果、今使える機密情報などに基づいて、根拠ある推測ができるよう、日頃から備えていなくてはならない。

今話した「全体像が見えない」という傾向は、戦場だけに限った話ではない。たとえば、健康にまつわる判断から、大嵐が来そうな場所から避難するか否かの決断に至るまで、個人の人生のあらゆる場面に当てはまるだろう。

とくに、ビジネスにおけるリーダーシップや意思決定の場面ではそうだ。ビジネスリーダーは、生きるか死ぬかの状況に陥ることはないだろうが、間違いなく猛烈なプレッシャーを感じている。リスクにさらされる資本、流動的な市場、ライバルの裏をかこうと必死な競合他社を前に、プロとしてのキャリアも給料も決して安泰ではない。結果は見えないし、成功する保証はどこにもないけれど、ビジネスリーダーは、混沌とした状況にも動じず、不透明な状況の中でも、果敢に決断しなくてはならないのだ。

ビジネスへの応用

「あなたは、どちらを信じますか?」とジョッコが聞いた。そろそろ決断しなくてはならないのに、トップが答えを持っていない。会社は手ひどい損失を被る恐れがあるが、結果が見えないので、どうすればいいのかわからないのだ。

ジョッコと私は、飛ぶ鳥を落とす勢いのソフトウェア企業のCEOと、その子会社のエンジニアリング企業のCEOと共に、会議室に座っていた。創業からまだ5年も経たないが、ソフトウェア企業は急成長し、収益を飛躍的に伸ばしていた。

子会社のほうも、経営陣の大半が若くて才能豊かで、成功への野心にあふれている。ジョッコと私が招かれたのは、チームを導き、果敢に市場を広げ、ライバルをしのぐためのツールを彼らに与えるためだ。

有能なCEOが率いるエンジニアリング企業は、すでに親会社のために素晴らしい成果をあげていた。いくつもの企業と有利な契約を結び、優れた品質とサービスで瞬く間に高い評価を確立した。

親会社のCEOのジムと子会社のCEOのダーラは、優秀なチームと自分たちが開発したプロセスに胸を張っている。2人はそれぞれ、以前いた会社から才能ある人材を引き抜いて、現在のチームに投入した。ダーラの下には5人の将来有望な上級エンジニアがいて、それぞれが5～6人のチームを運営している。ダーラとエンジニアリング企業にとっては、素晴らしい1年になった。

だが、どんな組織も同じだが、課題もある。競合他社の採用活動に、常に脅かされているのだ。優秀な人材を引き抜こうとするライバル社の攻勢が、会社の長期的成功に大きな影を落としていた。他社の一番の狙いは、5人の上級エンジニアだ。優秀な上級エンジニアを引き抜けば、そのエンジニアのチーム——とくに優秀なメンバー——も一緒に引き抜けるかもしれないからだ。

上級エンジニアたちは、かなり競争心が強い。会社が大きくなるにつれて、互いに協力して支え合うどころか、何かと競い合い、われ先に昇進したいと考える者も出てきた。

とくに、エドアルドとナイジェルの2人は、いがみ合い、ひどく張り合っていた。絶えずささいなことで言い争って、ぶつかり合うのだ。自分のプロジェクトが遅れたり、予算をオーバーしたりすると、必ず相手を責めた。相手の仕事をこき下ろしては、批判をCEOのダーラの耳に入れ、互いに相手をおとしめようとしていた。

何カ月にもわたって、ダーラは2人の喧嘩を鎮め、敵意を和らげようと必死に努力してきた。電話会議をしたり、ひざをつき合わせて話をしたり。仲直りさせようと、何度か2人を食事に連れ出したりもした。だが、どれもこれも効果はなさそうだった。今や関係はさらに悪化し、チームのみんなにもかなりの悪影響を及ぼしている。

ジョッコと私は、親会社と子会社の幹部に交じってオフサイト会議〔訳注：職場を離れた場所で行う会議〕に参加し、リーダーシップとチームワークについてのプレゼンテーションを行った。その会議の間も、2人の上級エンジニアの対立は、かなり緊迫していた。

ダーラのもとにエドアルドから、「もうナイジェルとは働けません。彼をクビにしてください」というメールが届いた。なんと「ナイジェルが他社のヘッドハンターと会って、離職を検討している」という噂まで書き添えて。間もなく、ナイジェルからもメールが届いた。

そこには「エドアルドがチームの一部を連れて、他社へ移る話を議論しているようです」と書かれていた。そして、負けじとこう主張していた。「もうエドアルドとは働けません。彼をクビにすべきです」

ダーラは、オフサイト会議の休憩中に、2通のメールを親会社のCEOであるジムに見せた。ジムとダーラは私たちに、2人の上級エンジニアをめぐるジレンマについて、「どう思いますか?」と尋ねた。

ダーラはイライラし、「今後どうなるんだろう?」と気をもんでいる。大勢のエンジニアが退社して、今取り組んでいるプロジェクトに必要な専門知識が失われることが心配なのだ。締め切りを守れず、品質やサービスが低下してしまったら、会社の今後の契約にも響いてくるだろう。

そこでジョッコが、「あなたは、どちらを信じますか?」と尋ねたのだ。ジムは黙って耳を傾け、ダーラの答えを待っている。

「どちらを信じればいいのか、いえ、どちらかを信じていいのかさえ、わかりません」と、ダーラがようやく答えた。「でも、事態はあっという間に悪化しかねません。どちらか一人とその優秀な部下を何人か失えば、会社はダメージを食らいます。2人とも――そして、2つのチームの優秀なメンバーも――失ってしまえば、深刻な打撃を受けるでしょう」

「必ずしも強い立場で交渉できるわけじゃないんですよ」とジムがつけ足した。

「契約書には、離職や部下の引き抜きを防ぐような文言はないんですか?」とジョッコが聞いた。

「ありません」とジムが言う。「今業界は景気がいいので、競合他社への転職を禁じる契約書になんて、誰もサインしてくれませんよ。誰だって閉じ込められたくはないですから」

「彼らのチームは、そんなに優秀なんですか?」と私は聞いた。

「ええ。驚くほどに。こんな騒ぎを起こしはしますけどね」とダーラ。

「チームはエドアルドとナイジェルに、どれくらい忠実ですか?」とジョッコが聞いた。

「何とも言えません」とダーラが言う。「ただ、私が見たところ、どちらのグループにも、熱狂的なファンはいませんね」

休憩時間が終わり、オフサイト会議が再開された。戦略の議論が行われたが、ダーラは気もそぞろだった。チームの騒ぎに明らかにイライラしていて、危なっかしい今の状況に、どうすればいいのかわからない様子だ。

次の休憩時間に入ると、またジムとダーラとジョッコと私が会議室に集まって、選択肢を話し合った。

「なりゆきに任せるしかないと思うんです」とダーラが言った。決断しないことを決断したのだ。

「なぜそんなことをおっしゃるんですか?」と私は聞いた。シールズ・チームでは、リーダーに「混乱の中でも、果敢に決断せよ」と教えている。私自身もジョッコから、**「リーダーの初期設定は、積極果敢であることだ」と教わった。後手に回るのではなく、先手を打たな**

くてはならないと。

これは、どんなチームの成功にも欠かせない。決断を状況に左右されるのではなく、自分が状況を左右しなくてはならないのだ。とはいえ、多くのリーダーにとって、このマインドセットは生まれつき備わったものではない。多くの人は「様子見」のアプローチを取っている。だが、私が経験から学んだのは、どんな場合も、全体像が見えることは決してない、ということ。常に何らかのリスクは存在するし、100パーセント正しい解決策もない。

「でも、何が起こってるのか、本当によくわからないんですよ」とダーラが言った。

「エドアルドとナイジェルが、2人ともウソをついてるかもしれないし、どちらも本当のことを言ってる可能性もあります。確かめようがないんです。しかも私には、決断できるほどの情報がない。だから、なりゆきに任せるしかないと思うんですよ」

「今後、どうなっていく可能性が、一番高いと思いますか？」と私は聞いた。

「今の段階では読めませんね。でも、2人は一緒に仕事をしたくないんですよ」とダーラ。

「私が2人とも辞めさせないつもりだと知れば、どちらかが辞めるでしょう。辞めると決めたら、競合他社からすぐにオファーがあるはずですから。そして、チームの優秀なエンジニアを何人か連れていくでしょうね」

「ほかに選択肢はありませんか？」とジョッコが尋ねた。

「まあ、どちらか一人を解雇することはできます。でも、どちらを？」とダーラ。「クビにすべきじゃないほうをクビにしてしまったら？　私は判断できるほど、状況をわかってないんです」

「わかっておられるように見えますが？」とジョッコが言った。今後の展開を予測できる程度にわかっているのだから、判断できる程度にわかっているのではないだろうか。「もう一つ選択肢があります」とジョッコが言った。

「どんな選択肢ですか？」。信じられない、という面持ちでダーラが聞いた。

「2人とも解雇するんですよ」とジョッコ。ダーラとジムが、戸惑ったように顔を見合わせた。

「リーフと私がタスクユニット「ブルーザー」にいた頃、シールズの別のタスクユニットが大きな問題を抱えてました。タスクユニットの指揮官と小隊指揮官の一人がうまくいってなかったんです。2人ともタスクユニットにとって欠かせない、リーダーの立場にありました。だが、2人は馬が合わず、憎み合ってました。どちらも相手の悪口を、シールズ・チームの司令官や上級司令部のスタッフの耳に入れていた。そうしたら、とうとう司令官——企業で言うならCEO——が、『もうたくさんだ』と言って、『週末の間に、互いに協力し合える方法を考えてこい』と指示しました。ところが月曜の朝、2人ともが主張したんです。協力なんてできない、相手をクビにしてほしい、と。すると、驚いたことに、司令官は2人とも解雇しました」

話を腑に落とすのに、少し時間が必要だった。ダーラが驚いてしまったからだ。この選択肢を、考えたことがなかったのだろう。

「どちらも失いたくないのに、両方ともクビにできるわけないでしょう！」

「では一つ、質問させてください」と私。「2人のうちどちらかは、一流のリーダーですか?」

「いいえ、必ずしも……」とダーラは認めた。

ジョッコが言った。「2人とも、協力し合える方法を探そうとしないし、他社の面接を受けている可能性もある。しかも今や、互いに相手を陥れようとしている。どれもこれも、御社の業績に悪影響を及ぼしています。私は必ずしもこんなリーダーを部下に持ちたいとは思いませんね」

「でも、そんなことをしたら、彼らのチームはどうなるでしょう?」とダーラが言った。目先の影響を心配しているのだ。専門知識や技術が失われたら会社はどうなるのだろう? チームはどんな反応を示すのだろう? と。

「チーム内に熱狂的なファンはいない、とおっしゃいましたよね」とジョッコ。「仮に1人か2人、義理堅い人物がいたとしても、そんなリーダーに忠誠を誓うような人たちに、本当に会社にいてほしいですか? 質問させてください。彼らの代わりが務まるような、ポテンシャルの高い前線部隊の人はいませんか? そろそろ戦地昇進の時期が来ているのかもしれませんよ。さまざまなプロジェクトについての深い知識を持つのは前線部隊であって、エドアルドやナイジェルではないかもしれません」

「確かにそうかもしれませんね」とダーラが言った。

「いや、その通りだよ」と、ずっと静かに聞いていたジムも言った。

「あなたは、どんな人だと思われたいですか?」と私はダーラに尋ねた。「彼らの要求、いや、脅しに物が言えない人間だと思われたいですか? 煮え切らない、優柔不断な人物だと?」

「いいえ」と、ダーラがきっぱりと言った。

「リーダーとして、あなたは、決断力があって、苦渋の選択もいとわない人間だと思われたい、いや、思われる必要があるのではありませんか? 結果はまだ見えないかもしれませんが、判断を下すのに十分な理解と情報をお持ちだと思いますよ」と私。

「今が決断のときです」とジョッコが言った。「最前線にいる人たちは、こうした動きを理解しています。何が起こってるか、わかってますよ。だから、この決断に敬意を払ってくれるでしょうし、あなたや会社に対する忠誠心もさらに高まるでしょう」

「確かにそうですね」とダーラも認めた。

「もう一つ言わせてください」と、私はさらに言った。「この2人はガンですね。彼らのひどい態度がチーム内で転移して、ほかのメンバーにも広がるでしょう。早く切除すればするほど、ダメージは小さくすみますし、ネガティブな態度も広がらずにすみます。そして何より、彼らが引き抜く人数も少なくすむでしょう」

「ジム、どう思う?」とダーラが聞いた。

「もっともな話だと思うよ」とジムは答え、こう言った。「ジョッコとリーフは、『積極果敢に、敵を圧倒する戦略を取れ』と、繰り返しアドバイスをくれている。『不透明な状況でも、決断力を持て』とね。今はそれを実行する、完璧なタイミングじゃないかな。実行してくれ」

ダーラは1時間ほどオフサイト会議を抜けて、計画を立てた。そして、主任開発者に電話で考えを伝え、議論した。彼はダーラの考えに賛同し、早速2つのチームから1名ずつ、昇進への備えも意欲もある候補者を提案してくれた。2人の候補者同士は過去に一緒に仕事をしたことがあり、すでによい関係にあった。主任開発者は、候補者を呼び出して意向を確認すると、ダーラにすぐ報告してくれた。

「2人とも昇進の準備ができていますし、喜んでますよ」

しかも2人とも、今進行中の重要なプロジェクトについての深い知識があるという。

ダーラは計画の詳細をジムに報告すると、それを果敢に実行した。会社の人事部に、エドアルドとナイジェル宛ての手紙の文案を作成させると、人事部がそれぞれに解雇通知を手渡した。警備員が2人をビルの外へ送り出すと、情報技術部が、彼らの電子メールと電話、社内イントラネットへのアクセスを停止した。

ナイジェルとエドアルドにとっては、ここでゲーム・セット。ダーラと新しいリーダーたちにとっては、ここからゲームが始まるのだ。

第12章

規律＝自由――リーダーシップの二元性

〈ジョッコ・ウィリンク〉

イラク・バグダッド――規律の変容

「標的《ターゲット》の安全確保」の声が、シールズ小隊の分隊内の無線に響いた。標的の建物の玄関を大きな爆薬で内破させ、シールズ急襲部隊がすべての部屋を体系的に掃討し、脅威を取り除いて、建物全体を完全に掌握したことを確認したのだ。そろそろ誰を殺害・捕獲したのかを判断し、機密情報を収集しなくてはならない。

初めてイラクに派遣されたとき、私はシールズの小隊指揮官だった。作戦の大半はいわゆる直接行動による「捕獲・殺害」任務、もしくは、標的を定めた急襲。こうした作戦の場合、ほぼ例外なく、決行は夜だった。

任務はたいてい同じような、ある意味、予測のつく形で展開された。上級司令部からの、もしくは過去の軍事行動で収集した機密情報をもとに、テロリストの居場所を特定する。それから、シールズ小隊が標的の建物——家や職場や隠れ家——の攻撃計画を立て、実行する。テロリストを捕獲し、機密情報を収集するためだ。

標的の建物に侵入すると、シールズ隊員たちは速やかに全室の安全を確保し、中で発見された人々を支配した。それから、徴兵年齢の男には戦場での簡単な尋問を行い、テロリストや武装勢力の戦闘員と思しき人物を特定し、拘束し、さらなる尋問や監禁のために拘置施設に引き渡す。標的の建物を出る前には、機密情報や、捕獲された人物にイラク法廷で有罪判決が下るような証拠を求めて、建物の中を捜索する。証拠とは、爆弾の材料や武器、もしくは、ほかの戦闘員につながる物や、拘束した容疑者を立件する助けになる物証である。

私たちは、街をパトロールする、ドアを突破する、建物の安全を確保する、悪党を捕獲・殺害する——といった広範囲にわたる訓練を積んでいた。だが、警察ではないので、機密情報を求めて建物を捜索する、適切に証拠集めをする、といった訓練は、ほとんどしていなかった。

だが、それほど難しいことだろうか？　わが小隊も、最初の数回の軍事行動においては、高度な訓練を積み、武装した騒々しい若者グループが、するであろうことをした。そう、その場を荒らし回ったのだ。テロリストが武器や証拠を隠す達人揃いであることはわかっていたので、シールズも、そこら中の物を破壊して隠された物を発見する、という特殊技能を発揮した。家具をひっくり返し、デスクやドレッサーの引き出しの中身を床にぶちまけ、カーテンや壁の絵画を引き剥がした。中に隠しスペースがありそうな物は、テレビでも戸棚でもラジオでも、片っ端からたたき壊した。

たいてい証拠は、まさかと思うような場所で見つかった。だが、捜索過程でこれほど散らかしてしまうと、実際に何が捜索されたのかを確認するために、もう一度調べ直さなくてはならない。つまり、カーペットの下に落とし戸はないか、床下に禁制品が隠されていないかを調べるには、床にぶちまけた物をすべて動かさなくてはならないのだ。証拠や機密情報が見つかる場合も多々あったが、時には、重要な機密情報や証拠が見落とされたり、現場に残されたりすることもあった。収集の責任者が決まっていなかったからだ。

捜索のプロセスにはかなりの時間がかかり、たいてい終了までに45分ほどかかった。これほど長く標的の建物に留まるのは危険だ。騒々しい音を立てて入口を突破し、急襲チームが建物を掃討して、地域の全員に存在を知らしめたあとだけに、武装勢力から反撃される可能性も高い。

こうした任務を数多く遂行したあとに、（イラク人裁判官と米国人アドバイザーから成る）イラクの新たな裁判制度が、収集した証拠に対してさらに厳しい要件を課し始めた。たとえば、証拠保全の過程を文書で記録すること、証拠品一つ一つに必要な書類を添付すること、その証拠がどこから――どの建物のどの部屋から――出てきたのかを正確に文書で説明すること、などである。そうすれば、新たな裁判制度においては、信頼性の高い証拠として採用された。

突如として、シールズ小隊の原始的で奔放な捜索方法――荒らし回る手法――が問題視されるようになったのだ。そこで私は、小隊副指揮官（ＡＯＩＣ）に「イラク法廷の新たな要件を満たす、効率的な証拠捜索の手順を作成せよ」と命じた。若くて熱心で積極的なＡＯＩＣは、任務の遂行や指揮に闘志を燃やしており、この任務を真剣に受け止めて、夢中で取り組んでくれた。

２日後、ＡＯＩＣが計画を提示してきた。その計画は一見複雑そうで、「シンプルに」の法則に反しているように見えた。だが、詳しく説明を聞くと、一部の隊員には複数の仕事が割り当てられるものの、基本的には急襲部隊の各隊員にシンプルな仕事が一つ、割り振られる仕組みだ、とわかった。かなりシンプルな計画で、証拠捜索の効果を上げる体系的な方法だったのだ。

まず、捜索チームが指名され、各メンバーに仕事が割り振られる。たとえば、ある隊員は家の間取りや部屋のレイアウトをスケッチし、別の隊員は各部屋に番号を貼る。もう一人は証拠が発見されると、その場で動画や写真を撮る。各部屋には、「ルーム・オーナー」に指名された隊員が１名いて、部屋のすべてに責任を負う。捜索は、床から順に体系的に行われるので、床にぶちまけた物の下を捜索する必要はなくなる。

ルーム・オーナーは、禁制品や発見された証拠らしき物をすべて集めて、携帯しているビニール袋に入れる。そして、誰がどの部屋でその証拠を発見したのかが全員にわかるよう、袋にラベルを貼る。各部屋の捜索が終わると、ルーム・オーナーは貼りつけた部屋番号にバツ印をつけ、部屋の捜索が終了したことが全員にわかるようにする。最後にルーム・オーナーは、収集物が入った袋をキャンプまで持ち帰り、証拠保全過程の手順に従って整理した状態で、機密情報活用チームに自ら手渡さなくてはならない。

キャンプに戻ると、スケッチを描いた隊員と各部屋に番号を貼った隊員は、床にテープで家の間取りを描き、部屋番号をつける。そのあと急襲部隊がきちんと列に並んで、証拠品の入った袋を適切な場所に置いていく。そういうわけで、機密情報活用チームが情報の分析を始める頃には、どの建物のどの部屋で証拠品が発見されたのかが、すでに明らかになっている。また、万が一疑問が生じても、その機密情報を誰が収集したかも把握できている。

この計画は、最初は複雑に感じられたが、役割ごとに分類してみると、実はかなりシンプルだった。それに、それぞれの作業を完了するのに10分ほどかかったとしても、すべてが同時進行なので、この規律ある手順を踏んだほうが、奔放に荒らし回るやり方よりもはるかに効率的に、スピーディに作業を終えられる。

ＡＯＩＣが立案した素晴らしい計画は、証拠収集作業を大いに改善してくれそうだった。早速その計画を、シールズ小隊にブリーフィングすることになった。私はＡＯＩＣに、新たなプロセスを説明する、パワーポイントのスライドを作成させた。それは各自の役割や責任、新しいやり方の流れを説明する、比較的シンプルなものだった。小隊を集めて、計画をざっと説明した。

　人は変化に抵抗するものなので、すぐさま反対意見が出た。「時間がかかりすぎますよ」と、あるシールズ隊員が不満を漏らした。

「何で今のやり方を変えるんですか？『壊れてもいない物を修理するな』って言うじゃないですか！」と別の隊員も加勢した。

「こんなことをして、標的の中でみすみす撃たれるなんて嫌ですよ！」と、年長の隊員が叫んだ。「死人が出ますよ」。この隊員によると、こんな計画を実施したら身の破滅だという。

　実のところ、小隊の全員が新しい計画に猛反対していた。

　そういうわけで、なぜかを説明しなくてはならなかった。「聞いてくれ。ここにいる者の中で、すでに捜索ずみの部屋を捜索した経験がある者はいるか？」。小隊のほぼ全員が「ある」と認めた。

「では、標的の散らかった寝室を見て、『捜索したのかな、まだなのかな』と首をひねった経験がある者はいるか？」

　ここでも、ほぼ全員が「ある」と答えた。私はさらに言った。「前回の標的の、2階のバスルームを捜索したのは誰だ？」。全員が私をぼんやりと見つめる。答えを知っているので、私は言った。「誰もいない」。キャンプに戻ってから、バスルームを捜索しなかったことに気づいたのだ。そう、見落としだ。

「つまり、最高の仕事をしているとは言えない。証拠の基準は厳しくなってきてる。私たちも、やり方を改善しなくちゃならないんだ。この方法はいわば、使い勝手のいい標準業務手順書だ。規律を持って訓練すれば、これまでよりはるかに効果的な捜索手順を踏めるだろう。だから、このやり方にトライすることにした。何度か試運転して、うまくいくか見てみよう」

不満も出ていたが、小隊は渋々従った。装備を身に着け、基地内の廃墟へと向かう。任務の前に、予行練習を行うのだ。現場へ着くと計画をもう一度おさらいし、通し訓練――本格的なリハーサル――を実施した。

1回目は30分もかかったが、それでも、以前の45分よりマシだ。そこでまた別の建物に移り、もう一度リハーサルをした。みんな自分の仕事を理解し、流れも前より把握できている。2回目は、20分ほどでできた。また別の建物に移ると、今度は10分で完了した。

みんながようやく作戦を信頼してくれた。規律ある捜索方法を採用したことで、効果も効率もぐんと高まったのだ。重要な証拠や機密情報を見落としにくくなった上に、スピードも上がり、標的での滞在時間を短縮できたので、敵に反撃されるリスクも減った。

その夜、バグダッド都心の戦闘任務で、初めて新しい方法を実行した。極めてスムーズに標的の建物を掃討し、安全を確保し、捜索を行うことができたので、すべてが20分もかからずに終わった。それから拠点に戻り、収集したすべての証拠を、部屋ごとにきちんと配置した。それ以降は、さらに効率を上げるべく、手順を修正していった。

たとえば、捕虜の首にかけるジッパー付きの袋をつくって、所持品や発見された証拠を身に着けさせることにした。規律ある確かな捜索手順がベースにあるので、チームは簡単に微修正を加えて、効果や効率を高められた。

新たな方法は、スピードだけでなく、証拠収集の質も大いに改善してくれた。以前の荒らし回る手法は時間がかかり、証拠の保管もずさんなために追跡がままならず、一晩に複数の標的を攻撃できなかった。だが、新たな規律ある方法のおかげで、急襲・捜索活動がすばやく終わり、収集した証拠を分類・整理した上で、一晩に2つ、時には3つの標的を攻撃できるようになった。作戦や演習を行う自由が、規律ある手順によって大幅に増した。「規律＝自由」なのだ。

毎朝、規律がスタートするのは、最初の目覚まし時計が鳴るときだ。「最初の目覚まし時計」と言ったのは、私の場合、3つ用意しているからだ。シールズ訓練でとくに恐れられ、尊敬されていた教官から教わった通り、一つは電気式、もう一つは電池式、残りの一つはねじ巻き式にしている。こうすれば、起きられなかった言い訳はできない。何しろ、すべてはその決定的瞬間にかかっているのだから。

目覚まし時計が鳴った瞬間が、最初のテストだ。それが一日の調子を決める。このテストは複雑なものではない。目覚ましが鳴ったときに、さっとベッドから出るのか、心地よく横になって二度寝するのか？　規律を持ってベッドから出られれば、勝ち――合格――だ。その瞬間、メンタルの弱さからベッドに留まれば、不合格。**小さなことに思えるが、その弱さが、さらに重要な決断にも影響を及ぼすのだ。自分をしっかり律することができれば、人生**

のさらに重要な局面でも、同じことができる。

シールズの訓練で学んだことがある。配布された教材を勉強する、検査に備えて部屋やユニフォームを整える、筋肉痛のメンテナンスをする、といった余分な時間がほしいなら、つくるしかない。決められたスケジュールには、入っていないのだから。私はシールズ・チームに所属してからも、その習慣を続けた。装備の手入れをしたり、武器をきれいにしたり、戦術や新たなテクノロジーを学んだり……といった**時間がほしいなら、つくる必要があるのだ。時間をつくる唯一の方法は、早起きすること。それには、規律が必要だった。**

早起きが、シールズ・チームで真っ先に気づかせてくれたのだ。「そこそこの隊員ととびきり優秀な隊員の差は、規律にある」と。年長の、ベテラン隊員たちを見ていて、わかったのだ。

誰よりも早く仕事を始めるのは、最高の「戦闘員」とされる人たちだ。最高のスキルを持ち、装備を完璧に整える最高の射手であり、誰よりも尊敬されている人たち。そのすべてを支えているのが規律だった。ここで言う規律とは、人に本来備わっている自制心、つまりは、個人の意志のことだ。任務を共にした最高のシールズ隊員たちは、例外なく、誰よりも自制心があった。みんな早起きで、毎日身体を鍛えていた。戦術やテクノロジーを学び、スキルを磨いていた。彼らの中には、街に出て酒を飲み、深夜まで戻ってこない者もいたが、それでも翌朝にはまた早起きして、あらゆる面での規律を守っていた。

シールズが戦闘活動を開始すると、規律が何よりも優先される。シールズ隊員たちは、20～45キロの重い装備を身に着けなくてはならないし、焼けつくような暑さにも、身を切るよ

敵地をパトロールする、ブルーザー隊員たち。ラマディの都市型の戦闘環境が、途方もない試練をもたらしていた。どのゴミもIEDの可能性があり、どの窓もドアもバルコニーも屋上も、敵の射撃陣地の可能性があった。（写真：著者提供）

うな寒さにも耐えなくてはならない。パトロールに出て休憩時間になっても、どっかり腰を下ろして、くつろぐわけにはいかない。戦術的に――ゆっくりと静かに――動かなくてはならないのだ。飲み食いしたくても、すべてを放り出して、荷物をあさるわけにはいかない。シールズ隊員は、安全な態勢が取れるまで、待たなくてはいけないのだ。

寝不足で疲れ果てているときに休むチャンスがあっても、敵の奇襲に遭わないよう警戒し、気を引き締めていなくてはならない。楽なことなど何一つない。「楽な道を選べ」という誘惑は、絶えずそこら中に転がっているけれど。そちらになびくのは、朝ベッドに留まって二度寝するくらいたやすいことだが、どんなリーダーやチームにとっても、最後に成功と勝利を手にするためには、規律が何より物を言うのだ。

規律は管理や禁欲を求めるが、実のところ、結果的に自由をくれる。早起きする自制心を持てば、自由時間が増える、というご褒美がもらえる。現場でヘルメットと防弾チョッキを着用し続ける自制心を持てば、次第に慣れ、着けたまま自由に動けるようになる。運動して身体を鍛え、強くなるための規律を持てば持つほど、装備はますます軽くなり、着けたままでも楽に動き回れるようになる。

私はリーダーの立場になると、ますます自己鍛錬に努めるようになった。そして、すぐに気がついた。規律は個人にとってはもちろん、チームにとっても何よりも重要な資質なのだ。チームが規律ある標準業務手順書（SOP）を活用すればするほど、（第8章で述べた）「権限を分散させよ」の法則を活用する自由も増え、さらにすばやく、抜け目なく、効率的に任務を遂行できるようになる。自制心のある個人が優れた成績をあげるように、しっかりとした規律ある手順やプロセスを持つ部隊は、優れた成績をあげ、勝利を収める。

私は「規律ある標準業務手順」という考え方を、ブルーザーに持ち込んだ。それまでも、シールズ小隊やタスクユニットが従う既存のSOP――あらかじめ決められた作戦で敵の攻撃に対処する「緊急対応訓練」や、どの小隊でもほぼ変わらない標準的なパトロール方法など――は数多くあったが、ブルーザーでは、それをさらに追求した。

車両に荷物を積み込む方法を統一し、標的の建物の中で集まる方法を統一し、建物から「脱出する」（もしくは退出する）方法も統一した。部隊の全員が揃っているかを確かめる際の、人数の数え方を統一し、無線で連絡を取る手順さえも統一した。最も重要な情報が、混乱なくすばやく明確に部隊全員に伝わるように。自分たちの行動のすべてに、規律ある方法を採用したのだ。

だが、かつても今も、**私たちが従う厳しい規律には、二元性がある。厳しくしばられて即応できなくなるどころか、規律のおかげでより柔軟に対応できるようになり、効率的に動けるようになったのだ。規律のおかげで、クリエイティブになれた。**作戦の途中で計画を変更したいときも、計画全体をつくり変える必要はなかった。規律ある手順の枠組みの中で、自由に動けたからだ。

やるべきことは、計画をつなぎ合わせ、計画のどんな小さな変更も説明することだけ。班や分隊や小隊を組み合わせたいときも、簡単にできた。みんなが同じ基本手順に従って活動していたからだ。最後に、最も重要なことを言うなら、物事がうまくいかず、戦場の霧が立ちこめだしたときも、規律ある手順を頼りに、戦場の過酷な試練を切り抜けられた。

たいていの場合、規律を増やすと結果的に自由も増えるが、チームによっては、規律を課されたことが足かせとなって、リーダーやチームが自由に判断したり考えたりする能力を削がれるケースもあった。任務を遂行する前線リーダーや部隊に適応能力がなければ、規律はチームの成績に悪影響を及ぼすだろう。だから、規律と自由のバランスを取り、そのバランスを慎重に保たなくてはならない。そこに二元性が見出せる。

規律――厳しい秩序、管理、支配――は、完全な自由――制限なく行動し、話し、考える力――の対極にあるように思われるが、実のところ、規律は自由につながる道なのだ。

原則

すべてのリーダーは、微妙なバランスを保たなくてはならない。そこがリーダーシップの難しいところだ。規律と自由が、バランスを取らなくてはならない相反する力であるように、**リーダーは、極端なもの同士の一見正反対なさまざまな資質――二元性――のバランスを取らなくてはならない。**それに気づいただけでも、リーダーは最強のツールを手にしたことになる。それを頭に入れておけば、リーダーは相反する力のバランスを楽に取れるようになり、極めて効果的にリーダーシップを発揮できる。

リーダーは導くと同時に、従う準備もできていなくてはならない。時にはチームのほかのメンバー――おそらく部下の誰か――のほうが、ある状況では、計画立案や意思決定や指導にふさわしい立場にいるかもしれない。ある分野については、若いメンバーの知識や経験が勝《まさ》っているかもしれないし、部下が任務達成のよりよい方法を思いつく場合もあるだろう。

優れたリーダーなら、それを歓迎し、自分のエゴや利益を脇に置いて、チームの戦略目標達成のチャンスを最大にしなくてはならない。真のリーダーは、自分以外の者が積極的にリ

ーダーシップを発揮することにおびえたりはしない。自分に自信のないリーダーは、ほかの誰かが自分より輝くことを恐れる。チームが成功すれば、評価されるのは指揮を執った人間だが、リーダーはそうした評価を求めるべきではない。リーダーは、状況が求めるなら、ほかの誰かに従えるだけの自信を備えていなくてはならない。

リーダーは押しが強くなくてはならないが、威圧的であってはいけない。シールズは過酷な試練に意欲的に立ち向かい、極めて困難な任務を達成することで知られているから、私のことを「押しが強すぎる」と批判するむきもあるだろう。

しかし私は、部下の誰もが懸念やアイデアや抱えている思い、いや、反論さえも気軽に伝えられるよう、心を砕いていた。「おかしい」と感じたり、「もっといいやり方があるのに」と思ったりしたときは、階級にかかわらず、「じかに質問や反対意見をくれ」と伝えていた。部下の話に耳を傾け、新たな選択肢を議論し、一緒に結論を導いたものだ。

アイデアの一部をもらったり、「なるほど」と思ったときは、丸ごと受け入れたりすることもよくあった。「筋が通ってない」と感じたときは、なぜなのかを話し合い、話が終わる頃には、チームとして何を目指しているのか、互いに理解を深めていた。とはいえ、部下はみんな心得ていた。任務達成のための激務や過酷な軍事行動に文句を言いたいときは、そんな思いを吹き飛ばすしかないのだ、と。

リーダーは冷静でなくてはならないが、ロボットのようであってはいけない。感情を表に出すのは当たり前だし、必要なことだ。チームは、リーダーが自分たちや自分たちの幸せを

ジョッコと「ガンファイター」（伝説の米陸軍・第101空挺師団・1/506大隊）の中隊長。敵地での大規模な掃討活動の最中に、シールズとイラク兵と米陸軍部隊の動きを調整し、衝突を回避している。（写真：著者提供）

気にかけてくれている、と理解していなくてはならない。それでいてリーダーは、自分の感情の手綱を握れなくてはならない。

それすらできずに、どうやってほかのことの手綱を握るのだろう？　怒りを爆発させるリーダーは、尊敬されない。だが、怒りや悲しみや苛立ちをまったく見せないリーダーも、感情のないロボットだと思われるだろう。人は、ロボットには従わない。

リーダーはもちろん、自信を持っていなくてはならないが、思い上がっていてはいけない。

自信は周りにも伝染する、リーダーにとってもチームにとっても素晴らしい資質だ。ただし、度を超えると、自信過剰が自己満足や傲慢さにつながり、最終的にチームをダメにしてしまう。

リーダーは勇敢でなくてはならないが、無謀であってはいけない。リスクを快く受け入れ、勇敢に行動しなくてはならないが、絶対に向こう見ずであってはならない。抑えられるリスクは常にできる限り抑え、チームを犠牲にしたり、貴重なリソースを無駄にしたりせずに任務を達成するのは、リーダーの仕事である。

リーダーは競争心を持たなくてはならないが、潔い敗者であることも大切だ。競争を促し、最高レベルの成績をあげるよう自分自身とチームを駆り立てなくてはならないが、チーム全体の任務の成功よりも、個人的な成功を追求してはならない。リーダーはプロ意識を持って行動し、ほかの人たちの貢献を評価しなくてはならない。

リーダーは細部に気を配らなくてはならないが、こだわりすぎてもいけない。優れたリーダーは、戦略的な成功を犠牲にして、戦術的なささいな問題にとらわれたりはしない。最重要課題については、チームの進捗を監督し、確認しなくてはならないが、こまごまとしたことにとらわれて、大局を見失ってはいけない。

リーダーは強くなくてはならないが、同時に、心身共に辛抱強くなくてはいけない。最高レベルの仕事をする能力を保ち、それを長期にわたって維持しなくていけないのだ。リーダーは限界を認識し、自分とチームのペースを知り、長く確かな成績を保てなくてはならない。

リーダーは謙虚でなくてはならないが、受け身であってはいけない。物静かでなくてはならないが、黙っていてはいけない。謙虚さを備え、エゴを抑えて人の話を聞く能力がなくてはならない。ミスや失敗を認め、その責任を負い、同じ間違いを繰り返さない方法を見つけなくてはならない。ただし、リーダーは肝心なときに、率直に物が言えなくてはならない。チームのために立ち上がり、全体的な任務の成功に悪影響を及ぼすような決定や命令や指示には、礼儀正しく反対しなくてはならない。

リーダーは部下と親しまなくてはならないが、親しくなりすぎてもいけない。最高のリーダーは、チームメンバーのやる気を理解し、人となり——人生や家族——を知らなくてはならない。だが、親しくなりすぎて、あるメンバーがほかのメンバーや任務よりも大切になる事態は、絶対に避けなくてはならない。誰が責任者なのかをチームが忘れてしまうほど、親しくなってもいけない。

リーダーは「究極の責任感」を実行しなくてはならない。同時に、「権限を分散させよ」の法則を活用し、部下のリーダーたちに指揮権を手渡さなくてはならない。

最後に、**リーダーはむきになって自分の力を証明する必要はないが、すべてにおいて評価されなくてはならない。**階級や地位によって、チームはリーダーが責任者だと理解している。優れたリーダーは、地位にほくそ笑んだり悦に入ったりはしない。自分の権威を示したり権限を強めたりするために細かいことまで仕切るのは、経験が浅くて自信のない、不出来なリーダーの特徴だ。リーダーが事実上の責任者だ、とチームは知っているのだから、自分の力をむきになって証明する必要はない。

ただし、別の視点で言えば、**リーダーは、すべてにおいて評価されなくてはならない。**チーム全員が、「リーダーは適切な判断を下し、冷静さを保ち、肝心なときに正しい決断をしてくれる」という信頼を寄せていなくてはならないのだ。チームを大切にし、メンバーの長期的な利益と幸せに心を砕いていることを行動で示し、尊敬を勝ち取り、自らの価値を証明しなくてはならない。リーダーは毎日、すべてにおいて評価されなくてはならないのだ。

今話した以外にも、慎重にバランスを取らなくてはならないリーダーシップの二元性は、数え切れないほどある。リーダーが苦労するとき、問題の根本原因はたいてい、リーダーがある方向に傾きすぎて、道を誤っていることにある。リーダーシップの二元性を認識し、ズレに気づけば、軌道修正できるだろう。

リーダーシップの二元性

優れたリーダーは――

- 自信を持っていなくてはならないが、思い上がっていてはいけない。
- 勇敢でなくてはならないが、無謀であってはいけない。
- 競争心を持たなくてはならないが、潔い敗者であることも大切だ。

● 細部に気を配らなくてはならないが、こだわりすぎてもいけない。
● 強くなくてはならないが、辛抱強さも必要だ。
● 導く者であり、従う者でなくてはならない。
● 謙虚でなくてはならないが、受け身であってはいけない。
● 押しが強くなくてはならないが、威圧的であってはいけない。
● 物静かでなくてはならないが、黙っていてはいけない。
● 冷静でなくてはならないが、ロボットのようであってはいけない。論理的でなくてはならないが、感情をまったく見せないのもよくない。
● 部隊と親しまなくてはならないが、あるメンバーがほかのメンバーやチームの利益より大切になるほど、親しくなりすぎてはいけない。また、誰が責任者かを部下が忘れてしまうほど、親しくなってもいけない。
● 「権限を分散させよ」の法則を活用しながら、「究極の責任感」を実行できなくてはいけない。

優れたリーダーはむきになって自分の力を証明する必要はないが、すべてにおいて評価されなくてはならない。

ビジネスへの応用

　最高財務責任者（CFO）がついに、会議の合間に一人でいる私をつかまえて、はっきりと言った。「電気部門全体が赤字なんです」と。CFOには、会社のCEOであるアンディが、電気部門を継続させていることが信じられない。もしかしたら今後ある時点で、状況が好転し、利益を出すようになるかもしれないが、おそらく5年以上先だろう。建設業界の5年は長い。市場状況や天候、競争、契約や人件費によって、見通しはがらりと変わりかねない。「電気部門に利益を出させるには、わが社が電気工事に市場価格の3～4割増しの料金を払うしかありません。そうすれば、部門は間違いなくもうかりますが、会社は大損してしまいます」

「なぜアンディは、電気部門をなくさずに続けてるんですか？」と、好奇心に駆られて聞いた。「CEOは賢い方です。何が起こっているか、わかってるはずでしょう」

　CFOはうつむいたあと、周りをささっと見回すと、「マイクですよ」と重々しい声で言った。

「マイク？　電気部門のCEOですか？」

「ええ。アンディの昔なじみなんです」とCFOは言った。「しかも大親友で、どんなときもずっと一緒にやってきたんですよ」

「なるほど」。何が言いたいのかを察して、私は言った。アンディは親友の面倒を見ているのだ。

「電気部門を継続すると、どうなりますか?」

「その場合、資金の流出が続きます。それだけなら、会社がつぶれることはないでしょう」とCFO。「ただし、これほど現金がない状態で、予想外の出費があれば、かなり危ない状態に陥ります。リスクが悪いとは言いませんが、これにはただ納得いかないんです」

翌日、私はアンディと座っていた。この会社と仕事をして1年ほどになるが、主に中間管理職とやり取りしてきた。ただし、最近行った2日間のワークショップは、経営幹部を対象にしていた。アンディはほかのリーダーたちに役立つようにと私を投入したが、彼自身にもアドバイスが要りそうだ。

議論のチャンスを待ちながら、アンディと一緒に、全部門の幹部チームの強みと弱みを確認していった。そしてとうとう、マイクの話になった。

「マイクはすごいやつなんですよ」とアンディが言った。「彼とは長いつき合いですが、ビジネスの表も裏も、本当によくわかってる」

「それは素晴らしい」と私。「彼の部門は、相当利益を出してるんでしょうね」

「えっと……電気部門には将来性があると思って、参入したかったんですよ」と、明らかに不安げにアンディが言った。「マイクほどの経験があれば、きっとうまくいくと思って……」

「で、利益をあげてるんですよね?」

「いえ、まだなんです。でも、必ずあげてくれるでしょう」

「いつ頃になりそうですか？」

アンディは、一瞬黙った。「正直なところ、3〜5年はかかりそうです」

「えっ。このビジネスにしたら、長くないですか？」

「ええ。長すぎるかもしれません。マイクの部門を継続させるのに、毎月お金がかかってるんですよ」とアンディは認めた。「なのに今のところ、社外の契約を一つも取ってこないんだ」

「部門をつぶそうと思ったことはないんですか？」と、率直に聞いてみた。

「あります……でも……いや、数年後にはきっと利益が出ますから」と、彼はゆっくりと答えた。

「一つ質問させてください」と私。「もし、何か不測の事態に見舞われたら、どうなるでしょうね？ 思いもしない出費が出たら？ 大きな事件や事故が起きたら？ 大きな契約がご破算になってしまったら？ うまくいかないことが起こっても、今のような資金の流出に耐えられますか？」

「無理でしょうね」とアンディは答えた。

「それが会社にとって、最善の戦略ですか？」

「いや、そんなに簡単な話じゃないんです。マイクとは長いつき合いなんですよ。昔からの。いつもよくしてくれるんです。彼の部門をいきなりつぶすことはできません」

やっぱり。こんな義理堅さが間違っていることは、アンディも承知している。ただ、本人にそれを受け入れさせ、現実をありのまま見つめさせる必要があった。

アンディは「リーダーシップの二元性」に関する講義を最後まで聞いていたので、私は自分のセリフを拝借して言った。「つまり、ある部下が任務よりも大切、なんですね？」。単刀直入に、そう尋ねた。

「そんなことは言ってません」と、アンディは言い張った。

「リーダーとして、社員と親しむことは大切です」と私。「ただし、講義で説明したように、バランスが大事なんです。あるメンバーが任務やチームの利益よりも大切になるほど親しくなってはいけません。率直に言って、私には、会社の財務の安定や成功よりもマイクのほうが大切だ、と言ってるように聞こえます」

アンディは、自分がある方向に傾きすぎているのを明らかに自覚している。**リーダーシップの二元性の例に漏れず、ある人物の最大の強みは、バランスの取り方を知らなければ、最大の弱みになってしまう。あるリーダーの最大の強みは積極性かもしれないが、度を超えれば無謀になる。あるリーダーの最大の長所は自信があることかもしれないが、行きすぎれば、人の話を聞かなくなる**だろう。

今回の場合なら、アンディはとても義理堅いリーダーだ。社員をよく知り、部下のリーダーや社員の面倒をよく見ている。その一方で、マイクへの義理堅さが会社全体の財務の安定を脅かしていた。義理堅さがバランスを欠いているのだ。社内のリーダーたちは、会社の貸借対照表《バランスシート》だけでなく、何が起こっているかを見ているから、ＣＥＯとしてのアンディのリーダーシップも揺らぎつつある。

ようやく、アンディが折れた。「わかってる、わかってるんです。電気部門をつぶして、不採算部門から撤退すべきですよね。でも、こういう状況だと難しいんですよ」

「もちろんそうですね。リーダーであることは、決して簡単なことじゃありません」と私は言った。

「第二次世界大戦中の、海軍の水兵たちを想像してみてください。船がひどく破損して、水がどっと入って沈みそうになると、浸水した区画のハッチを閉めなくちゃいけなかったんです。たとえ仲間の水兵たちが取り残されていても、船を救うためにね。それは、耐え難いほどつらい決断ですが、決断しないと、ほかの全員を危険にさらすことになる。船を救い、乗船してるみんなを救うために、苦渋の決断をするのには、規律が必要でした。この話には、あなたとマイクの状況に役立つ教訓がありますね。このハッチを閉めるには、電気部門をつぶすには、規律が必要です。会社の――ほかの全社員の――安全を守るために」

アンディは、メッセージを理解してくれた。2日後、私に電話をくれて「不採算部門から撤退して、マイクの部門をつぶすことに決めました」と言った。正しい行動だとわかっているので、もう迷いはなかった。アンディが驚いたのは、マイクが「よくわかってる。こうなると思っていたよ」と言ってくれたこと。2人の友情が壊れることはなかったのだ。アンディが社内に、マイクの経験や専門知識を活かせる場所を見つけたので、マイクの評価も高まった。この撤退による経費節減で、会社は、利益をあげている別の部門に投資する自由を手に入れたのだった。

あとがき

「リーダーとは天性のものなのか、後天的につくられるものなのか」という昔ながらの問いには、答えがある。言わずもがなだが、生まれながらにリーダーの資質――カリスマ性、雄弁さ、機転、決断力、ほかの人ならためらう場面でリスクを取る意欲、プレッシャーのかかる混沌とした状況でも平常心を保つ力――を持つ人間もいれば、そうした資質を生まれ持っていない人間もいる。

だが、**学ぶ意欲があり、成長のために建設的で正当な批判を求める謙虚な姿勢を持ち、規律ある練習や訓練を積むなら、たとえ天賦の才能に恵まれなくても優秀なリーダーになれる。たとえ世界の誰より才能に恵まれていても、謙虚にミスの責任を取り、「知らないこともある」と認め、指導を求め、学び、成長し続ける姿勢がなければ、リーダーとしては大成しない。**

「究極の責任感」のマインドセットを持てば、どんな人でも優秀なリーダーに成長できるだろう。本書で説明した資質は訓練で伸ばせるし、伸ばさなくてはならない。最高レベルの成績をあげる、優秀なリーダーやチームを育てたいなら。訓練は、リーダーシップの基盤をつくり、コミュニケーション能力や指導力への自信を育むために欠かせない要素だ。

リーダーが、チームを成功に導く戦略や戦術や方向性を生み出す人間だとは限らない。だが、「究極の責任感」を示すリーダーは、チーム内の主要なリーダーに権限を与え、勝つ方法を考えさせる。

史上最も大胆で最も成功した計画の中には、上層部ではなく最前線のリーダーが立案したものもある。幹部はただそれを受け入れ、推進していく勇気を持っていた。

「究極の責任感」とはマインドセット、つまり、姿勢である。リーダーが「究極の責任感」を示し、チームや組織内に「究極の責任感」の文化を育てれば、あとのことは自《おの》ずとうまくいくだろう。リーダーは程なく、こまごまとした判断に関わる必要がなくなり、チームが戦術的な戦いに臨む間、自分は戦略的任務に集中できるようになる。

すべてのリーダーの目標は、「自分がいなくてもよい状態をつくること」であるべきだ。つまり、リーダーは、若手のリーダーが成長して大きな責任を背負う準備ができるよう、訓練と指導に邁進しなくてはならない。正しく教え導けば、若手リーダーはいずれ幹部の代わりを務めるようになり、幹部はさらに大きな役割を担えるようになる。

この本で取り上げたことの多くは、過去にも話題に上ったことがある。私たちは、リーダーシップの原則の新たな枠組《パラダイム》みを考案したわけではないのだ。私たちが学んだり学び直したりした多くのことは、何百年も、ものによっては何千年も前から存在している。ただし、こうした原則を頭で理解するのはたやすいが、人生に応用するのは難しいかもしれない。リーダーシップは、シンプルだが簡単ではないのだ。

それに、リーダーシップは、芸術と科学の融合だ。どんな場面にも通用する、正しい答えも決まった公式もない。どんな状況でも、黒でも白でもないグレーゾーンが広がっているものだ。リーダーが出会うどんな試練においても、解決策の選択肢は無数にあるだろう。間違った選択をすれば、さらに問題がふくらむが、問題を解決し、チームを軌道に戻してくれる選択もある。

リーダーとしての判断はそもそも難しく、訓練が必要なのだ。すべての判断がよい結果を生むとは限らない。どんなリーダーでも間違いを犯すことはある。どんなに有能で経験豊富なリーダーも、そこから逃れることはできない。だから、**どんなリーダーにとっても、失敗に謙虚に対処することが鍵になるのだ。**

部下は、上司が完璧であることを求めてはいない。上司が間違いを犯しても、それをきちんと認めれば、尊敬の念が薄れるどころか、さらに尊敬されるだろう。リーダーが謙虚に間違いを認め、責任を取り、何より、そこから学ぶ人間だとわかるからだ。

あらゆる状況で人を適切に導く方法を、具体的に教えてくれる本はない。だがこの本は、難しい判断の相談役を務め、つらいジレンマに苦しむリーダーに、指針として使える枠組みを提供している。状況の細かい部分や登場人物は違っても、リーダーシップの原則は変わらないので、リーダーが課題を克服するのに、直接的・間接的に役立つだろう。

リーダーとして成功する保証はどこにもないが、一つ確かなことがある。それは、人間のあらゆる試みの中で、人を導くことほど困難だがやりがいがあって、喜びを感じさせてくれ

る仕事はない、ということ。だから、そんなささやかなご褒美を遠くに見据え、指揮官の重荷を受け入れて、戦場へ向かおう。それがどんな分野であっても、「『究極の責任感』を持つ」という確かな決意を胸に、リーダーシップを発揮し、勝利を収めてほしい。

付録——「ジョッコ・ポッドキャスト」——リーダーシップにまつわるQ&A

本書の刊行から間もなく、ジョッコ・ウィリンクは「ジョッコ・ポッドキャスト」の配信を始めた。これは、アップルiTunesでビジネス・ポッドキャストの第1位に選ばれたこともある人気番組で、２０１６年には、わずか12番組しか選ばれない「２０１６年ベスト・ポッドキャスト」の一つに選出された。

詳しい書評やゲストとの会話——豊富な戦闘経験を持つ兵役経験者や、ユニークな視点や課題や試練をシェアしてくれる軍人以外の人たちが登場する——を通して、ジョッコと共同ホスト兼プロデューサーのエコー・チャールズが、戦争やリーダーシップ、ビジネス、柔術、戦闘、健康、そして人生について議論する番組だ。リーフ・バビンは「ジョッコ・ポッドキャスト」に、ゲストとして何度も登場している。

要するに、「ジョッコ・ポッドキャスト」は、戦争、対立、集団や個人の試練といったレンズを通して見えてくる、人間の本質について語っている。番組は人間の暗いエピソードを扱いながらも、常に、暗黒の時代にさえ見出し、生み出すことのできる、世の中の素晴らしいところを探そうと努めている。

ジョッコはポッドキャストで、メールやＳＮＳや公の場での交流を通してリスナーから寄せられた質問に、よく答えている。エコー・チャールズがリスナーからの質問を読み上げるのだが、話題は、体力、個人的な成功、規律、欠点の克服、そしてもちろんリーダーシップ、と多岐にわたっている。

リーダーシップに関する質問への答えの多くは、リーダーシップにまつわる基本的な情報を含んでいるので、参考資料として一部を掲載することにした。この本に書かれた原則をリーダーが実行する際に、役に立つだろう。

下記のQ&Aは、ポッドキャストの会話をもとにしているので、いくぶん会話の雰囲気が残っているが、内容を理解しやすいように編集されている。では、「ジョッコ・ポッドキャスト」のリスナーから寄せられた、リーダーシップに関する質問をいくつかご紹介しよう。エコー・チャールズが質問を読み、ジョッコとリーフがそれに答えている。

「ジョッコ・ポッドキャスト1」より

エコー・チャールズ　特殊作戦部隊など、精鋭部隊のリーダーになった将校に、どんなアドバイスをしますか?

ジョッコ・ウィリンク　これは、初めてリーダーの地位に昇進した人たちから、実によく聞かれる質問だよ。たとえば、リーダーになった軍人や、ビジネスの世界で初めてリーダーの役割を任された人たちからね。私なら、特殊部隊の人たちにも、ビジネスの世界の人たちにも、同じことを言うだろう。ビジネスであれ戦闘であれ、リーダーシップの原則は同じだ、と。

つまり、あなたが新顔なら何をする？　どうやってリーダーの役目を担う？　という話さ。**まず一つ目に、謙虚になることだ。**私は年がら年中こう言ってるから、壊れたレコードみたいに聞こえるかもしれないな。でも、みんなも知ってるし、見たことがあるだろう？　あっさりリーダーに昇格して、「さあ、全部おれのやり方でやるぞ」なんて思い上がってる男を。「おれに従えないなら、出ていけ」とばかりに。そんな態度を取った途端に、チームは、まず間違いなくそいつを軽蔑する。

では、どうすればそうならずにすむだろう？

仕事場へ行って、謙虚にふるまうことだ。みんなに敬意を払うことだ。自分がどんな地位にいようが、人より山ほど稼いでいようが、関係ない。どんな人にも敬意を持って接すること。自分が相手に敬意を払えば、相手も敬意を払ってくれる。

それから、人の話に耳を傾けること。部下がそばへ来て話し始めたら、腰を下ろしてこう伝えることが大事なんだ。

「じゃあ、話の内容をメモさせてくれ」

相手にとって、これは大きな意味を持つ。ところが、人は忘れてしまいがちだ。上司が誰かを追っ払ったり、「今、お前のために時間なんか取れるか」なんて言ったりするのを見るのが、どんなに最悪なことか。

人の話に耳を傾けなくてはいけないんだ。話を聞けば、相手とのつながりが生まれる。それが、リーダーであるあなたの目指すところだ。そう、関係づくりだよ。それがビジネスだし、それが戦闘のリーダーシップだ。それが人生なんだ。

そうやって、人を導いていくんだよ。相手との関係を築いていく。リーフと私は、毎日のようにこの話をしてる。もちろん、相手のほうが階級が下なら、命令できるし、その人も時には従ってくれるだろう。だが、本当についてきてくれるのは、怒鳴って命令した相手じゃない。本物の関係を築いた相手だ。その人たちは、あなたのためなら何だってしてくれるだろう。

私のもとで働いていた部下たちは、私のためなら何だってしてくれただろう。私も、彼らのためなら何だってしただろう。そう、何だってね。タスクユニットの隊員たちは最高のメンバーだったから、私は彼らのためなら何だってしたと思う。何だって与えただろうし、彼らも私のために同じことをしてくれたはずだ。

なぜか? 私が命じたからじゃない。そんなもので人は動かない。関係づくりをしなくちゃいけないんだ。

では、どうやって関係をつくるんだろう? **関係は、相手に敬意を払うことで育むものだ。謙虚にふるまうことで。耳を傾けることで。相手に真実を話すことで。誠実に、真実を伝えることで。**

人にウソをついてはいけない。「ウソ」って言葉は強すぎるかな。人が毎日のようにウソをつき合ってる、とは思わないから。ただしリーダーは時々、ごまかし半分の言葉を使って、物事をあいまいにする。でも、そんなことをしちゃいけない。みんなに見抜かれるから。何が真実かはわからなくても、本当のことを知らされてないことは、絶対にわかる。

だから私は、部下には常に正直に伝えていた。

「いいか、今こんなことが起こってる。こんな問題を抱えてるんだ」「われわれは、こんなふうにしくじってる。ここを改善する必要があるんだ」「私は今、上級司令部からのこんなプレッシャーに耐えてる。プレッシャーをかけられている理由はこれだ」とね。

うわべだけ取り繕ったりはしないし、現実と違って見えるようにお膳立てしたりもしない。上司から正当だと思えないことを「やれ」と言われたら、部下に「おい、こんなの信じられないけど、とにかくやろうぜ」なんて言ったりはしない。絶対に。正当だと思えないなら、なぜやるのか、答えを出さなくてはいけないんだ。上司に「なぜこれをやるのか、わかりません。戦いに勝つのにどう役立つのか、見えないんです。説明していただけませんか？　そうすれば、部下に説明できます」と。そう言えば、上司も説明してくれるだろう。

みんなで勝利を収めようとしているんだから、上司は説明できるはずだ。上司も、私も、私の部下も、戦争に勝とうとしているんだから、上司も勝利に役立たないような、おかしなことをやれ、とは言わないはずだ。だから、任務の正当性を信頼するべきなんだが、信じられないなら、上司に尋ねるべきだ。

それに、こういった行動を取れば、関係づくりもできる。オープンな会話をすれば。責任感を示したときと同じようにね。**責任感は、関係づくりに役立つ。問題があって、解決しなくちゃならないなら、責任を負わなくてはいけない。そして、状況が改善されたら、そのご褒美や功績はチームに譲るべきだ。**それも、関係づくりに役立ってくれる。

これが、ビジネスの世界や戦場の新しいリーダーに伝えたいことだ。

それから、一生懸命働くこと。これを最初に言うべきだったな。**一生懸命働く——これは基本中の基本だ。**

それから、バランスも取らなくてはいけない。リーダーとして、今話したすべてのことにバランスを取らなくちゃいけないんだ。たとえば、ウソをつかず正直なのはいいが、気配りもできなくてはダメだ。正直なら嫌なやつでもいい、というわけじゃないんだ。一緒に仕事をしてる部下が大失敗したからといって、「ひどい仕事ぶりだな。ガッカリだよ」などと言ってはいけない。絶対に。

まずやるべきなのは、自分が責任を背負って、こう伝えることだ。「明らかに私の指導が足りなかった」。それから、何がうまくいかなかったのかを話し合おう。つまり、言いたいのは、世の中には、率直で正直だが気配りできないせいで、みんなに嫌われているリーダーがいる、ということだ。人をうまく導いたり、心の柔術を使ったり、考えたりしてないんだ。状況全体を見て判断していない。リーダーは西洋碁《チェッカー》じゃなくてチェスの名手みたいに、戦略的に考えなくちゃいけない。リーダーは、みんなに影響を与えなくてはいけないんだ。

だから、正直であることと、率直で気配りできない嫌なやつとを、ごっちゃにしてはいけない。柔術をやらなくちゃいけないんだ。柔術をやらない人のために説明すると、柔術はとても繊細な競技で、絶えずきちんと段取りをして、状況のお膳立てをしなくてはいけない。ボクシングとは違うんだ。ボクシングは、たいてい消耗戦だ。相手にパンチを食らわせ、相手もパンチを食らわせてくる。柔術の場合は、丁寧に作戦を立てて動き、相手よりいいポジションを取る必要があるんだ。思いがけない方法で対処したり、思わぬ方向からアプローチしたりね。それが、リーダーシップのコツなんだ。

リストを見ながら、「いいか、お前たちが任務で犯した失敗はこれとこれだ。ひどい仕事ぶりだなあ。何とかしろよ」なんて言うことなら誰でもできるが、そんなリーダーは尊敬されない。ウソがなくて正直で率直でも、これでは目標を達成できないだろう。

リーダーがやるべき競技はほかにあるんだ。それは、エゴに、性格に対処する競技だ。人によって性格はさまざまだろ？　リーダーは、木工職人みたいにならなくちゃいけない。どのタイプの木材にどの道具を使うべきなのか、学ばなくてはいけないんだ。それが、リーダーになるということだ。

リーダーシップが「この7つのことをやれ」などと言うだけの簡単なものなら、リーダーシップの本も書かないし、リーダーシップ・コンサルティング企業もやらないよ。人に指図するだけで、誰もが素晴らしいリーダーになれるなら。リーダーシップにはコツがあって、実践するのはとても難しい。

シンプルだが簡単ではない。でも、シンプルな手順はあるんだ。正直であること。誠実さを示すこと。責任を取ること。シンプルな手順だけど、驚くほどさりげないことだから難しいんだ。だからこそ、やりがいも大きい。

この質問と同じことを、いろんな形で何度も何度も聞かれてきたよ。「あまり経験のない分野で、人をどう導けばいいでしょう?」「自分より年上の人たちを、どう導けばいいですか?」「自分より年下の人たちを、どう導けばいいですか?」「新たな業界に足を踏み入れて、どうやって指揮を執ればいいでしょう?」「女性の私が、たくさんの男性をどう導けばいいですか?」「男性のぼくが、たくさんの女性をどう導けばいいですか?」「解雇された人の役目を引き継いだあとは、どんなふうに指揮を執ればいいですか?」「同僚の中で自分が昇進した場合、みんなをどのように導けばいいでしょう?」

どの質問に対する答えも常に同じで、かなりシンプルだ。謙虚でいること。人の話を聞くこと。上司にも部下にも敬意を払うこと。情報をもらうのはいいが、決断力を持つこと。正直に、でも気配りを忘れないこと。バランスを保つこと。チームの上司と部下、両方の物の見方を理解すること。問題や失敗の責任を取ること。チームを信頼すること。最後にもう一つ、関係づくりをすること。チームと、プロとして揺るぎないよい関係を築くことだ。

「ジョッコ・ポッドキャスト19」より

エコー・チャールズ　部長に昇進しましたが、「実はデキないのに、みんなを欺《あざむ》いてる」という気持ちをどう克服すればいいですか？　リーダーになったばかりで、あまり知識がありません。そのうちバレるのではないか、と感じています。どうすれば、チームの優れたリーダーになれるでしょう？

ジョッコ・ウィリンク　ようこそ、リーダーシップの世界へ。要するに、あなたは恐れてるんだね。周りの人たちに、「知らないことがある」とバレてしまうのが怖いんだ。あなたに知っておいてほしいのは、そう感じていても構わないことだ。知らないことがあっても構わないんだ。初めてリーダーの立場になって、その世界で知らないことがあるのは、ごく当たり前のことさ。新しい仕事の何もかもを知っている必要はない。すべてを知ってる必要はないんだ。

やるべきことは、職場へ行って、いい質問をすること。人の話に耳を傾けること。行って、「この手順でやったことがないんだ」とか「この機器を使って仕事をしたことがないから、使い方を教えてくれませんか？　しっかり理解しておきたいから。ちゃんと理解できた、と確認しておきたいんです」と言えばいい。人は、いい質問をして学びたいと思ってる、あなたに敬意を払ってくれるだろう。

もちろん、何も知らなくていい、と言ってるわけじゃない。新たにリーダーの立場に就くなら、自分の役割について勉強したり、本を読んだり、学んだりして、一般的な理解を得ておく必要がある。マニュアルや規則や手順を勉強しよう。だからといって、常識を無視して、職場の決まりに黙って従えと言ってるわけじゃない。そうじゃないんだ。ただ、新しくリーダーの地位に就くなら、大急ぎで習得すべき知識ベースというものがある。だから、まずは頑張って学んで、それから常識を働かせよう。

次のような質問をもらったときも、同じように答えてる。

「こういう状況では、どのように指揮を執りますか?」「新しい人たちをどうやって導きますか?」「自分より役職が上の人たちを、どう導きますか?」

私は毎回、同じ答えを返してる。**謙虚であること。人の話を聞くこと。時間を守ること。一生懸命働くこと。敬意を持って人と接すること。よく考えて判断すること。人と話をして、正しい判断をすること。部下に権限を与えて、指揮を執らせること。細かく管理《マイクロマネジメント》せずに、何を期待されているのか、明確なアドバイスをすること。**

これはひとえに、リーダーシップの話なんだ。リーダーになったばかりなら、知らないことがあっても構わない。すべてを知ってることなんて期待されていない。だから、「自分には知らないことがある」と認められる人間だ、と示すことで、あなたの評判が落ちることはない。むしろ上がるだろう。

だから、職場へ行く。謙虚になる。質問する。なるべく速く学ぶ。それでいいんだ。

ご存知のように、1980年代やおそらく90年代の初め頃まで、髪が薄くなってハゲてきた男は、いわゆるバーコード頭にしてた。髪の毛を引っ張って薄くなった頭皮の上にかぶせれば、ハゲてないように見えるから。

つまり何が言いたいのかというと、リーダーなら、リーダーシップのバーコードをやってはいけない。今の男がしてることをすればいいんだ。そう、丸坊主に。「ああ、頭がちょっと薄くなってきたな。問題ない。スキンヘッドにしよう」とね。

リーダーも同じなんだ。ただこう言えばいい。「私が新しいリーダーだ。すべてを知ってるわけじゃない。ここが弱みなんだ。ちょっと手を貸してもらえないかな?」と。

大したことじゃないさ。**デキるふりをするな。隠すな。**リーダーシップのバーコードをやってはいけない。絶対に。仕事を引き継いで、こんなことを言う人間になってはいけない。「すべてをおれが仕切る。何もかも知ってるから。おれほどよくわかってる人間はいない」

そんな人は尊敬されない。謙虚でいること。そして、すべてを知っていなくちゃ、なんて考えないことだ。

リーフ・バビンが出演した「ジョッコ・ポッドキャスト34」より

エコー・チャールズ　「デリケートで難しい会話」の練習をする方法はありますか？　私は繊細で如才ないタイプではありません。

リーフ・バビン　さて、あなたが繊細で如才ないタイプじゃなくてうれしいです。私も違いますから。私はかなり率直な人間で、生まれつき押しの強いリーダータイプです。でも、ジョッコから学んだことがあるんです。ジョッコはよく柔術にたとえて、直接的なアプローチがいかにうまくいきづらいかを説明してくれます。

たとえば、柔術の白帯の人は、自分が知ってる３つの動きのどれかを繰り出そうとします。だから対戦相手に動きを読まれて、いとも簡単に封じられてしまう。

でも、ある動きをしようと準備しておきながら、突然違う動きを繰り出せば、技は決まりやすくなります。つまり、**間接的なアプローチのほうが、うまくいきやすいんです。リーダーシップにも同じことが言えます。「おれのやり方に従え」と口にするような直接的なアプローチは、うまくいきません。**

では、質問に戻りましょう。「デリケートで難しい会話の練習をする方法はありますか？」はい、もちろんあります。**その方法とは、リハーサルです。多くの人は、「リハーサルなんかやってられるか」と思うでしょうけど、リハーサルは戦場でのシールズの実績を支える、なくてはならないものです。**

世間の人は、私たちが毎回戦闘活動の前にどれだけリハーサルをしてるか、知らないでしょうね。作戦の準備をするときは、遂行する場所の地形の特徴をシミュレーションしようと岩を置いたり、標的の場所の構造通りに地面にテープを貼ったりします。部隊や分隊の全員が揃って、ヘリコプターや車両に荷物を積み下ろす練習もします。
そんなリハーサルをしてるから、夜の暗闇の中でも、めちゃくちゃに混乱した状況の中でも、みんな目的地に到着して、やるべきことがやれるんです。車から荷物を下ろすような簡単に思えることでも、きちんと練習しますよ。
たとえば、20人で大きな5トントラックの後部に座ってるとしましょう。シールズ隊員だけじゃなくて、イラク兵やその任務を支援するほかの部隊も一緒に。外に出るには、バカでかくて重い鋼鉄のドアを開けなくちゃいけません。それから、はしごを外に出して、全員が装備をすべて身に着けた状態で、はしごを下りなくちゃいけない。それにも若干、時間はかかります。

エコー・チャールズ　下手したらあっという間に、コメディ映画『三ばか大将』のワンシーンに早変わり！

リーフ・バビン　その通り。はしごから落ちて、けがをしかねません。トラックから落ちて、肩を脱臼した隊員たちもいましたね。いや、それよりも、こんなことにチームが3～4分もかかってたら——銃を四方八方に向けて、あらゆる脅威に備えてない時間が3～4分もあるとしたら——致命的です。だから、練習に練習を重ねなくちゃいけない。30秒未満でできるようにね。

そして、急襲部隊が2つなら、一方が道路の左側に整列して、もう一方は右側に整列して、攻撃の準備を整えなくちゃいけない。こんなことは基本中の基本に思えるけど、めまぐるしい状況では、こんな簡単なことすら複雑になりかねません。でも、時間を取って練習しておけば、現場に出て、夜の暗闇や混沌とした未知の地域で、悪党はどこにいるのかと不安に思いながらも、ずっといい働きができます。素晴らしい働きは、リハーサルから生まれるんです。

だから、「デリケートで難しい会話」についても、同じことが言えます。練習しなくちゃいけません。難しい会話をしなくちゃいけない相手がしそうな反応を心得てる人に座ってもらって、ロールプレイをするんです。いろんなシナリオを試してください。まずは簡単なシナリオから。簡単なやり取りから始めて、難しめのシナリオに進んで、そのまま最悪のシナリオまで練習してみましょう。

練習すればするほど、うまく対処できるようになります。このロールプレイは、ジョッコと私が、クライアント企業と相当やってきたことなんです。

たとえば、誰かに忠告しなくてはいけなくなったとしましょう。「あのね、君が失敗したんだから、責任を取ってもらいますよ」なんて言えたら楽でしょうが、たぶん相手はいいやつで、ただミスをしただけなんです。大失敗した彼が二度と同じ間違いをしないように、話をしなくちゃなりません。でも、否定的なことを言いすぎると、相手は自信をなくしてしまう。しかも、どんな反応が返ってくるかも、100パーセントは読めないから、難しい会話になりそうです。
こんなときは、リハーサルやロールプレイで備えることが大切なんです。練習すれば、うまく対応できるようになる。リハーサルは欠かせないんです。

ジョッコ・ウィリンク　その通りだ。ロールプレイのシナリオを、誰かと3〜4回繰り返せば、見違えるほどうまく話せるようになる。実のところ、練習するたびに、上手になるのがわかるだろう。

リーフ・バビン　そうですね。**リハーサル、リハーサル、リハーサルですよ。ビジネスの世界で、とくに他者を導くリーダーシップに悩んだら、ロールプレイが有効です。そう、準備と練習がね。そうすれば、リーダーとして、任務の効果も効率も最大にできるでしょう。**

「ジョッコ・ポッドキャスト47」より

エコー・チャールズ　弱い、無力な、いや無能なリーダーを持つ人たちに、何かアドバイスはありますか？　あなたなら、その状況にどう対処しますか？

ジョッコ・ウィリンク　そういう状況、つまり、**リーダーが弱かったり無能だったりするな**

ら、**答えは明白だ。あなたがリーダーシップを発揮すること。あなたが導けばいい。**そして、いつもこのポッドキャストを聴いてくれてるみなさんなら、もうおわかりだと思いたい。そう、**相手があなたを導いてくれないなら、あなたが相手を導くこと。リーダーの弱さを、あなたが補えばいいんだ。**

リーダーが計画を立てたがらない？　大丈夫。私が立てるから。

リーダーがブリーフィングをしたがらない？　構わない。私がやるから。

リーダーが若手グループの指導をしたがらない？　大丈夫。私がやる。

物事がうまくいかないとき、リーダーが責任を取りたがらない？　私は構わない。私が責めを負うから。

ただ、これについては、考えてしまうだろう。この問題がややこしいのは、心の中でこう考えるからだ。「私が責任を負えば、私が悪く見えるだろう。チームやさらに上の人――弱い上司の上司――の前で、恥をかくことになる」と。

でもそれを、リーダーの視点で考えてみてほしい。任務が失敗に終わって、上司が、何が起こったかを調べにやってきたとしよう。そして、この状況がどう展開していくのかに耳を傾けてみよう。任務の責任者である私が、こう言ったとしたら？「申し訳ありません。失敗してしまいました。でも、悪いのは私じゃありません。彼のせいなんです」。そう言って、ほかの人を指さしたら？

想像してみてほしい。そこで、私が指さした男がこう言ったとしたら？「はい、私の失敗です。こんなことが起こりました。私は、こんなミスをしました。そして、状況を改善するために、次回はこうするつもりです」と。

上司の上司は、どちらに敬意を払うだろう？　人のせいにした男か、責任を取った男か？　もちろん、責任を取った男のほうだ。彼が尊敬されるはずだ。そして上司は、部下のせいにした男を……クビにしようとするだろう！

だから、心に留めておいてほしい。責任をかぶると自分が悪く見えたりクビにされたりしないかと怖じけづく前に、幹部の目にどう映るか考えてみよう。ほとんどの場合、責任を取ったほうがいいだろう。

とはいえ、十把一絡《じっぱひとから》げに「どんなときも100パーセントそうすべきだ！」と言えるだろうか？　答えはノーだ。上司がミスをして、あなたが責任を負うべきじゃないケースもある。たとえば、機密情報が漏れて、機密文書をなくしたのが上司だとしたら、責任をかぶってはいけない。第1の理由は、真実を話していないから。事実に照らせば、あなたのせいじゃない。第2に、上司は弁解の余地がない失敗をしている。あなたが歩み出て、責めを負うべき状況じゃないんだ。だから、上司が卑劣にも重大事件の責任をかぶせようとしてきたら、許してはいけない。

だが、**業務やプロジェクトでミスが発生して、上司が責任を取るのを恐れてるなら、あなたが責任を取ろう。長い目で見れば、勝利を収められる。**

さて、ここから一番大事で、一番難しい話をしよう。**あなたが前に出て指揮を執るなら、**

リーダーを踏みつけにしないよう、気をつけなくてはいけない。リーダーが浴びているスポットライトの中に、足を踏み入れちゃいけない。出しゃばって、注目や栄光を横取りしてはいけないんだ。そんなことをすべきじゃないし、してはいけない。むしろ、リーダーに花を持たせるべきだ。とにもかくにも、リーダーを脅かさないほうがいいんだが、これがなかなか難しいんだ。

あなたが責任を負い始めると、上の人間が、威嚇されてるような気分になることがあるから。相手はこう思うかもしれない。「何だよ。厚かましいやつだな。前に出て仕切り始めたよ」。そんな不安を感じるかもしれないから、気をつけなくちゃいけない。

つまり、やんわりと機動戦を仕掛けることだ。心の柔術、というやつだよ。たとえば、リーダーが計画を立てたがらないなら、こう言ってみよう。「あの、こういうのはどうでしょう？　なかなかいい計画だと思いませんか？」。計画を立てたのはあなただが、指導や承認を求める体《てい》で、リーダー自身の計画だと思わせるんだ。

リーダーが若手の指導をしないなら、こう言ってみよう。「仕事のあとに、彼らと少し時間を取りたいんですが。ミーティングして、前回の任務で学んだことをおさらいしても構いませんか？」。許可を求めてるんだから、勝手に行動してるわけじゃない。

こう言ってもいいかもしれない。「こういうのをやると、すごくいいチームに見えると思うんですよ」。チームがよく見えるなら、リーダーもよく見える。それに、あなたが上司をよく見せたい、ということでもある。本当に。

リーダーの領域を侵さずに、積極的に指揮を執る方法は、ほかにもたくさんある。リーダーの領域を侵せば怖がられる、という状況に陥りかねないからね。そうなったら、非難の的にされたり、クビにされたり、降格されたり、トラブルに巻き込まれたりしかねない。何しろ相手は、あなたにおびえてるんだから。そうならないように気をつけよう。

かと思えば、本人はそれほど積極的なタイプじゃないが、部下が積極的に動くのは大歓迎、というリーダーも大勢いる。私自身も、前に出て問題を解決するのを喜んでくれるリーダーに、数多く出会ってきた。喜んでくれた理由の一つは、彼らが、積極的ではないが自信にあふれる優秀なリーダーだったこと。

だから、自信のないリーダーには、気をつけたほうがいい。自信がないからいつも、自分が悪く見えることを心配してる。

それからもう一つ、ここで伝えておきたいことがある。リーダーであるあなたのもとで、**誰かが積極的にリーダーシップを発揮し始めたときに、威嚇されたような気分になったら、自分に問いかけてほしい。「この状況で、私はなぜおびえてるんだろう?」と。おびえてるのは、おそらくあなたのエゴだ。自分が弱いリーダーだから、部下におびえるんだ。**

部下が前に出てあなたの仕事をして、あなたよりうまくやり始めたら、腹を立ててはいけない。あなたも積極的に、どうすればもっと自分の仕事を改善できるか、考え始めよう。

どうすれば、一歩先に目を向けられるだろう? 部下が仕切ってくれるおかげで、ほかのどんな分野に力を注げるだろう?

ちなみに、これはリーダーとして望むべき状況だ。チームが積極的に問題に対処してくれるのは、素晴らしいことなんだ。私たちはそれを願ってる。これが「権限の分散」というやつだ。**部下のリーダーを育て、自分の仕事を引き継がせる——これは常に、リーダーの目標であるべきだ。**

そういうわけで、「うちのリーダーは弱い」と誰かが言えば、「ラッキーじゃないか！」と必ず言うことにしている。

それをうまく利用しよう。**リーダーシップを発揮しよう！　自分のやりたいことをやろう。**上司が弱いリーダーだなんて、素晴らしいチャンスじゃないか。リーダーが励ましてくれない、とめげることはない。自分でやる気を出そう！　自分で仕切るんだ。状況をうまく利用しよう。任務を遂行しよう。弱いリーダーがいるなんて、素晴らしいことだ。私ならうれしい。私なら踏み出すだろう。そのほうが、ずっと仕事がしやすいから。

強いリーダーがいてくれたら、もちろん、それも素晴らしい。でも、弱いリーダーがいたって、何の問題もない。積極的に、それをうまく利用しよう。進んでリーダーシップを発揮しよう。

「ジョッコ・ポッドキャスト32」より

エコー・チャールズ　細かく管理《マイクロマネジメント》して、うまくいくものですか？

ジョッコ・ウィリンク　そうだな、驚く人もいるだろうが、答えはイエスだ。というより、マイクロマネジメントしなくちゃいけない場合があるんだ。

たとえば、仕事が苦手な人間や、きちんと仕事をしない人間、時間通りに来ないやつ、物事をしっかり進められないやつがいたら、どうやって正せばいいと思う？　自分が現場に入って、細かく管理しなくちゃいけない。任務を失敗に終わらせるわけにはいかないから。でも、その後、部下が期待に応えられるようになったら、マイクロマネジメントをやめる必要がある。

私のことを、リーフやもう一人の小隊指揮官《プラトーン》、それに小隊副指揮官たちに聞けば、「ジョッコのもとで働きだした頃は、うるさく管理されました」と言うだろう。四六時中、現場に首を突っ込んでは「こうしなくちゃダメだ。いや、もう少しこっちへ動け。違う、こう直すんだ」と言って、1ミリも自由にさせなかった。

でもその後、部下ができるようになったとわかったら、もちろんすぐ「よし、もう覚えたな」と言って、すべて任せて自分でやらせた。すると、みんな最高の仕事をしてくれた。

要するに、マイクロマネジメントから始めて、「権限の分散」に移行したんだ。つまり、マイクロマネジメントしなくちゃならない時期があるんだ。だが、それがいつもの状態に──当たり前に──なるのは絶対にダメだ。

だから、あなたが細かく管理されてるとしたら、危険信号かもしれないぞ。もちろん、仕切り屋の、いちいち管理せずにいられない上司がいる場合もあるだろう。でも、あなたがまだ信用されてない、という可能性もある。では、どうすれば上司の信頼を得られるだろう？どうすればマイクロマネジメントをやめてもらえるだろう？

上司から隠れればいい？　違う。**オープンになればいいんだ。「すみません、これをこんなふうにやろうと思ってます」と伝えればいい。上司が求める以上の情報を与えて、自分がどんなに信頼できる人間かを示すんだ。状況をどれほどしっかり把握できているのかをね。そうすれば、細かく口出ししてくる上司に対処できる。上司を安心させればいいんだ。**

でも、誰かがやるべきことをやってない、しくじってる、期待に応えてくれない、という場合は、そう、現場に首を突っ込んでマイクロマネジメントしなくちゃいけない。

それ以外でマイクロマネジメントの必要があるのは、誰かのメンターを務めるときだ。隣り合わせに座るから、相手の一挙一動を、まあ見守ることになる。それはマイクロマネジメントに見えるだろうね。

だが、もう一度言うが、それが必要な場合もあるんだ。まだ仕事のコツがつかめない相手には、教えなくちゃいけない。つまり、そばに座って、わかるまで教えなくてはいけないんだ。私が職場で誰かに何かを教えるときも、やはりマイクロマネジメントに見えるだろうし、実際その通りだ。「これはここに置け。あれはあそこに置け」といちいち指示するから。

教えてる相手に、「ちょっと待ってくださいよ。口出ししないで。自分でやらせてほしい」と言われるかもしれない。

そうしたら、こう言わなくちゃいけない。「ダメだ。君はまだやり方をわかってないから、教えなくちゃいけないんだ。今、やり方を教えてる。自分でできるようになったら、そのときは一人でやってくれ」

指導中でなくても、やり方を示さなくてはいけないこともある。あるとき、小隊指揮官が部下を導くのに苦労してたから、こう言ったんだ。「座って見てろ。私が仕切るから」

彼を座らせて、私が分隊を仕切って、強引な態度で、隊員たちに「ここへ行け」「もっとこう動け」と指示を出した。指揮し終わると、小隊指揮官がきっぱりと言った。「わかりました。自分でやれます」。そして、きちんとやり遂げた。私がやるのを一度見ただけで、コツをつかんで理解したんだ。

だから、**時にはマイクロマネジメントしても構わない。問題は、マイクロマネジメントが習慣になって、そこから抜け出せなくなることだ。**私がメンターを務めたり、教えたり、指示したり、やり方を見せたとしても、ずっとそこにいて細かく管理し続けるわけじゃない。マイクロマネジメントを続けていたら、リーダーとしての仕事ができないからだ。

現実の話、部下全員のマイクロマネジメントをする余裕なんてないはずだ。そんな余裕があるとしたら、自分の仕事をしていない。上司に目を向けてもいないし、先のことも考えてない。戦略的に考えてないんだ。こうなったら、部下の隊員たちが、部下のリーダーたちが積極的に指揮を執るべきだし、あなたもそれを期待すべきだ。

それから、エゴのせいで、部下を細かく管理したがる人間もいる。彼らがやりたいことは、誰かに権限を行使することか、知識をひけらかすこと。そのどちらかだ。こういったマイクロマネージャーたちに、どう対処すればいいんだろう?

一生懸命働くことだな。彼らの先を行くこと。相手がほしがる情報をすべて与えて、さらにもう少し余分に与えよう。あなたが仕事の腕を上げれば、上司も信頼して立ち去ってくれる。

あなたが短期間、誰かをマイクロマネジメントしなくちゃならない場合は、嫌な雑用だと感じるだろうし、ずっと続けるべきことじゃない。現場へ行って、一定期間マイクロマネジメントしても構わないが、その後、こう言わなくちゃいけない。

「よし、もう覚えたな。仕事を理解してくれたから、私は消えるよ」

そして、本当に身を引かなくちゃいけない。細かく管理されてうれしい人間はいないから。**相手が期待に応えてくれたら、一歩下がって、自分でやらせよう。部下のリーダーたちに、指揮を執らせるんだ。**

「ジョッコ・ポッドキャスト12」より

エコー・チャールズ　失敗について、おうかがいします。あなたご自身のミスや、尊敬していたリーダーのミスを目にされたときのことを。リーダーは、どのようにして立ち直るのでしょう?　100パーセントの信頼を取り戻せるものでしょうか?

ジョッコ・ウィリンク　これはかなり簡単な質問だな。まず、私のミスについて？　それなら『米海軍特殊部隊《ネイビー・シールズ》　伝説の指揮官に学ぶ究極のリーダーシップ』を読んでくれ。あの本の大半は、失敗について書かれてる。リーフと私が犯したミスについてね。

失敗からどうやって立ち直るのかって？

ミスをしたら、責任を取ること。ミスしたときの最悪の行動は、責任逃れをすることだ。それは、最悪の行為だ。ミスをした上司のことを思い出してみよう。その人がもし「いや、私のせいじゃない」と言ったら、尊敬できただろうか？

だから、そんなことをしてはいけない。ミスの責任を負わなくちゃダメだ。

もう一度、言い訳をした上司を思い浮かべてみてほしい。気の毒に思うどころか、冷めた気分になって、こき下ろしてしまうだろう。だから、ミスをしたら何を置いても、責任を負うべきなんだ。

上の人たちを見ていて、いつもそんなふうに感じてた。ミスをして責任を取る上司を見たら、こう思ったもんだ。「そうか、ボスはミスしたことに気づいて、責任を取ろうとしてるんだな。だったら、みんなで支えよう」

だが、上司がほかの人のせいにして、責任を取ろうとしないときは、つらい思いをしたものだ。尊敬する気持ちも薄れてしまった。

実を言うと、小隊で反乱すれすれの行動を取ったことがある。若手の下士官だった頃、みんなで司令官のところへ行って、訴えたんだ。「あの小隊指揮官のもとでは、もう働けません」と。

世間の人たちは、軍人は何の疑問もなく命令に従うものだ、と思ってるだろうけど、私たちがしたことを考えてみてほしい。司令官のところへ行って、「こんな上司のために働きたくない！」と言ったんだ。

司令官は、さすがにこう言った。「いいか、君たち。反乱はいけないぞ。私の指揮下や私のチームではな。ぐちぐち言ってないで、うまくいく方法を考えろ。戻って指示に従え。さあ、言う通りにしろ」

エコー・チャールズ　つまり、反乱は効果がなかったと？

ジョッコ・ウィリンク　実は1週間後、司令官は指揮官を解雇したんだ。「一度だけチャンスをやる」とはっきり言われたのに、指揮官は結果を出せずにクビになった。事の顚末《てんまつ》を見ていて、嫌になったよ。いつも言ってるんだが、小隊指揮官は戦術的なスキルが足りない、体調が悪い、といった理由でクビになったんじゃない。**最大の理由は、誰のアドバイスも聞かなかったからだ。誰の話も聞こうとしなかった。ミスをしても、いつも自分をかばってた。**それは明らかに、彼自身のためにはならなかったが。

もう一つの質問、**信頼の回復については、「ミスをしました」と認めた途端に、信頼は自**

ずと戻ってくるものなんだ。認めた時点で信頼の回復が始まるから、そこからがスタートだ。

それと、**自分が言ったことを最後までやり通すことも大切だ。信頼を獲得するもう一つの方法は、発言と行動を一致させることなんだ。そうすれば信頼されるし、関係づくりにも役立つ。**あなたが目指してるのは、関係づくりのはずだ。言うまでもないが、みんなにウソをつきながら、どうやって信頼を育むんだ？　ミスをしたのに「おれのせいじゃない」と言うのはウソだし、みんなにバレている。

エコー・チャールズ　でも、人は恐れを抱くものです。チームから、「リーダーは何もわかってない」「状況を把握できてない」と思われるんじゃないかと。

ジョッコ・ウィリンク　そんなことは構わないんだ。何の問題もない。ごまかすよりこう言ったほうが、ずっといい。「みんな、これをどうしたらいいのかわからないんだ。教えてくれないか？」とか「みんな、この武器を使ったことがないんだけど、使い方を教えてくれよ」とね。

最悪なのは、射撃場で一度も使ったことのない武器を持って、射撃線まで歩み出ること。弾の込め方も安全な抜き取り方も知らないのに。そうしたら、本物のバカに見えるだろう。それどころか、助けも求められないほど傲慢なのか、自信がないのかと思われる。実際、**助**

けが必要なのに求められないとしたら、自信がない証拠だ。

恥ずかしくて助けを求められない？　それは、「あなた自信をなくしてますよ！」のサインだ。

部下の誰かに「なあ、今この問題で行き詰まってるんだ」とか「ミスしたから、助けてくれないか」と言っても、バカだなんて思われない。３秒に1回、やらかしてるなら話は別だが。その場合は、学んでないということだから。学ばなくちゃいけないから。

自分の仕事を知り、スキルに通じていなくちゃいけないんだ。通じてないなら、学ぶ必要がある。必死で勉強しなくてはいけない。でも、学んだと思っても、やはりまだわからないことがある。そんなときは、どうすればいいと思う？　質問すればいいだけだ。

前線部隊の隊員たちは、あなたよりそこでの仕事をよくわかってるだろう。わかっているはずだ。私もシールズ・チームで8年間、無線手を務めたが、シールズ・タスクユニットの少佐になる頃にはもう、小隊の無線手ほどの知識はなかった。だから、ひたすら質問しなくちゃいけなかったが、大したことじゃない。**自分のリーダーシップに自信があれば、平気で質問できる。**そんなに大したことじゃないんだ。

だが、みんなにウソをつくのはいけない。言い訳してはいけない。

では、質問に戻ろう。**どのように信頼を取り戻すか？　みんなに真実を語ることだ。本当にシンプルな考え方なんだ。必ずしも簡単ではないが、シンプルで効果は高い。**

リーフ・バビンが出演した「ジョッコ・ポッドキャスト11」より

エコー・チャールズ　指揮官を除いて、軍隊で一番好きな分野はどれですか？　機関銃手？　突破要員？　衛生兵？

ジョッコ・ウィリンク　自分の小隊には「こう考えてほしい」と思っていた、という話をさせてほしい。

私は隊員一人一人に、自分が一番重要な人間だ、と思ってほしかった。無線手には「火力支援を求めるんだから、おれが一番重要だ」と考えてほしかったし、衛生兵（戦闘救護兵）には「みんなを救うんだから、おれが一番重要だ」と考えてもらいたかった。狙撃手にも「おれが一番重要だ」と考えてほしかったし、機関銃手にも「敵に銃火を浴びせて仲間を救うんだから、おれが一番重要だ」と考えてほしかった。私は常に、全員を全力で支援していた。チームだから、全員が必要な人間なんだよ。

リーフ・バビン　中には「これが一番重要なんだ」とか「おれの仕事こそ最高だ」と考えてる者もいますよ。先ほど、映画『アメリカン・スナイパー』でのクリス・カイルの描かれ方について話してたところです。部隊の全員が協力し合う必要があるんですよ。機関銃手も必要だし、衛生兵も必要。無線手が居場所を伝え、味方部隊に自分たちと敵がどこにいるかを知らせてくれなければ、助けを得ることはできません。どの仕事も、なくてはならないものです。

好きな分野について言うなら、私は射撃が好きです。戦闘ライフルやピストルの射撃は、昔から大好きでした。シールズ・チームについても、そこが好きなんですよ。素晴らしい訓練や競争ができる。鋼製標的《スチールターゲット》や動く標的を撃てる。素晴らしい射撃場へ行って、思いきり楽しめます。

ただし、それは私の仕事じゃないんです。リーダーとして、そこは認識しておかなくちゃいけない。私の仕事は、撃つことじゃないんです。撃たなくてはいけないこともあるし、脅威を取り除くには、正確に撃てなくちゃいけない。だから、小隊のほかの隊員のように撃てなくてはいけないいけど、リーダーとしての仕事ではないんです。

それを、BUD／Sのあとに受けた上級訓練で学びました。「シールズ資格訓練」という6カ月間の訓練があるんですよ。ジョッコと私がいつも言ってるように、**失敗はたいてい最高の先生です。**

私は分隊リーダーでしたから、訓練で自分の分隊が「攻撃」されると、自ら敵を銃で攻撃しながら、同時に周りの様子にも目を配ろうとしてました。だから、安全基準に違反してしまった。射程に沿って実弾を撃とうとしながら、同時に周りを見回そうとしてるわけですからね。

意味わかります？　両方は無理。当然、安全基準違反です。危険ですから。銃の照準器も見てないし、銃のコントロールもできてない状態で、絶対に引き金を引いてはいけない。違反に問われて当然です。

でも、おかげで気づけたんですよ。両方は無理だと。そもそも何であのとき、私が撃つ必要があったんでしょう？　分隊にいたほかの８人も、銃撃してました。でも、周りの様子に目を配ってる人間はいなかった。

リーダーである私は「控え銃《ハイポート》」をして――標的を攻撃するんじゃなくて、銃を空に向けて――周りを見回す必要があったんです。戦線から一歩離れる必要があった。ジョッコはよく「距離を置いて、周りに目を配る」という話をしています。

リーダーの仕事は、チームの指揮統制役として、重要な決断をすることです。それをリーダーがやらないなら、誰もやらないでしょう。だから、**リーダーは常に認識していなくちゃいけない。自分の役目は、距離を置くことなんだ、と。**

同時に、チーム内のさまざまな人・分野・部署・資産の能力と限界を理解していなくちゃいけない。だけど、リーダーとして、こまごましたことに巻き込まれてもいけません。細かいことから一歩離れて、控え銃をして、チームの指揮統制役として、大きな戦略的決定を下さなくてはならないんです。

エコー・チャールズ　命令が間違っている、とわかっているけれど、同調しなければひどい罰を受ける、という場合は、どうしますか？

リーフ・バビン　ジョッコ、このポッドキャストで、『*The Military Maxims of Napoleon*』（未邦訳：ナポレオンの軍事にまつわる格言）という本の批評をしたとき、この話をしてましたよね。確か、こんな言葉を紹介してました。

「間違っていると知りながら、計画の実行を請け負う大将は全員、非難に値する。上官からの命令を理由に、負けるとわかっていながら戦う大将も全員、非難に値する」

つまりは、「究極の責任感」ですよ。とにもかくにも、自分に責任がある。

不当な命令に従ってはいけない。あなた次第、あなたの責任なんですよ。それが本当に間違ったものなら、本当に最悪の計画なら、進んで罰を受けなくちゃいけません。それで「私を罰するのか？　わかった」「私をクビにするのか？　いいだろう」と。

間違った命令を実行しないのは、正しい判断をしたほうが、夜ゆっくり眠れるからですよ。私は任務やチームを破滅に導くこんな道を進まない、と。鏡に映る自分の姿をしっかり見なくてはいけません。それが何よりも重要です。それでクビにすると言うなら、それでも構わない、とね。

とはいえ、優先順位をつけることを頭に入れておく必要はあるでしょう。そこまで極端な事態に陥ることはまれですから。大したことじゃないのに、戦略や戦術が変わると聞くと、悲惨な予測を立てて、大げさに反発する人たちもいます。

一つ例を挙げましょう。今日の世界で戦争するとはどういうことかを耳にすると、多くの人はびっくりします。管理上の膨大な書類を求められることに。私も小隊の将校たちも、ひっきりなしに書かなくちゃいけない大量の書類に不満たらたらでした。まあ、一番文句を言ってたのは私ですが！

でも、タスクユニット「ブルーザー」では、ジョッコが即座にこう言ったんです。「厳しい戦闘訓練の真っ最中でも、司令官が書類を求めたら、漏れなく提出するぞ」と。「早めに提出しよう」「ほかのみんなより、きちんとやろう」と。

ジョッコ・ウィリンク　私が何をしてたか、わかるか？　私自身が、司令官との関係づくりをしてたんだ。「ああ、書類が必要なんですね？　お安いご用です」と。私たちは、そういう細かいことを全部やった。だからその後、珍しく上級司令部からの指示を突き返す必要が出てきたときも、賢い議論ができて、必要な支援をしてもらえたんだ。

リーフ・バビン　**本当に大事な場面で命令を突き返せたのは、細かいことを漏れなくやってたから**だったんですね。ほかの人たちは、膨大な書類を出さなかったり、提出しながらも司令官にずっと文句を言ったりしてました。もちろん、キツかったですよ。ほかのことがしたい、と思ってましたけど、きちんとやりました。そんな細かいことの積み重ねで、司令官や上級司令部のとの信頼関係ができた。だから、突き返しても信頼してもらえたんですね。**本当に大事なことを優先したから、必要なことはすべて承認してもらえたんです。**

ジョッコ・ウィリンク　私はよく言ってる。**リーダーは、前線部隊と足並みを揃えてなくちゃいけない。揃ってないなら、何かが大きく間違ってる、と。**言わずもがなだが、私の上司たちは、私たちが悪党を殺害し、部隊の安全を保ち、戦争に勝つことを望んでいた。ビジネスの世界でも、もちろん、上司はあなたが利益をあげ、常にチームを幸せにし、よい商品を届け、顧客の役に立ち、倫理的《エシカル》であることを望んでる。それが普通であり、足並みの揃った状態だ。なのに、あなたがアイデアを上に伝えたとき、あるいは、儲けにつながらない指示に従わないとき、なぜ上司は賛同してくれないんだろう？　**「ノー」と言うべきときをわきまえ、実際に「ノー」と言える意欲と正しいことをする勇気を持とう。**

「ジョッコ・ポッドキャスト（Jocko Podcast）」は、iTunes、Google Play、Stitcherなど、ほとんどのポッドキャスト・プラットフォーム、およびインターネット（www.jockopodcast.com.）で聴取できる。また、動画版も、YouTubeチャンネル「Jocko Podcast」で視聴できる。

著者

ジョッコ・ウィリンク JOCKO WILLINK

アメリカ海軍特殊部隊「ネイビー・シールズ（NAVY SEALs）」に20年勤務し、精鋭部隊「ブルーザー」指揮官となる。最終階級は海軍少佐。退役後、米海軍式リーダーシップに基づいた経営コンサルティング会社Echelon Frontを共同設立。リーダーシップや戦略・政策アドバイザーとして活躍する他、本書を含めて数々のベストセラーの著書を持つ。

リーフ・バビン LEIF BABIN

海軍兵学校（アナポリス）卒業後、海軍配属。「ネイビー・シールズ（NAVY SEALs）」のタスクユニット「ブルーザー」小隊指揮官として、「ラマディの戦い」で主要な戦闘作戦を計画・指揮する。イラクの復興にも従事し、荒廃した都市の安定化にも携わる。2011年退役。ウィリンクと共にEchelon Frontを設立。現在はリーダーシップや戦略・政策アドバイザーとして活躍している。

訳者

長澤あかね AKANE NAGASAWA

奈良県生まれ。関西学院大学社会学部卒業。広告会社に勤務したのち、通訳者を経て翻訳者に。訳書に『メンタルが強い人がやめた13の習慣』（講談社）、『マルチ・ポテンシャライト ── 好きなことを次々と仕事にして、一生食っていく方法』（PHP研究所）、『ウブントゥ ── 自分も人も幸せにする「アフリカ流14の知恵」』（パンローリング）などがある。

装丁＋本文デザイン　Keishodo Graphics
校正　麦秋アートセンター

米海軍特殊部隊《ネイビー・シールズ》
伝説《でんせつ》の指揮官《しきかん》に学《まな》ぶ
究極《きゅうきょく》のリーダーシップ

2021年7月27日　初版発行

著　者　ジョッコ・ウィリンク、リーフ・バビン
訳　者　長澤あかね
発行者　小林圭太
発行所　株式会社CCCメディアハウス
〒141-8205
東京都品川区上大崎3丁目1番1号
電話　販売　03-5436-5721
編集　03-5436-5735
http://books.cccmh.co.jp

印刷・製本　株式会社新藤慶昌堂

ISBN978-4-484-21108-4